Barbara Liegl | Anton Pelinka • CHRONOS UND ÖDIPUS
Der Kreisky-Androsch-Konflikt

Barbara Liegl | Anton Pelinka

CHRONOS UND ÖDIPUS

Der Kreisky-Androsch-Konflikt

BRAUMÜLLER

Gedruckt mit Förderung
des Bundesministeriums für Bildung, Wissenschaft und Kultur in Wien.

Bibliografische Information Der Deutschen Bibliothek

Die Deutsche Bibliothek verzeichnet diese Publikation in der Deutschen Nationalbibliografie; detaillierte bibliografische Daten sind im Internet über http://dnb.ddb.de abrufbar.

Printed in Austria

ISBN 3-7003-1476-0

Cover: Braumüller Verlag, Mario Nepraunig
Lektorat: Ulli Steinwender
Satz: Maria Scherrer
Druck: Novographic, 1238 Wien

Inhaltsverzeichnis

Vorwort

Der Konflikt zwischen Bundeskanzler Bruno Kreisky, dem SPÖ-Vorsitzenden, und Vizekanzler Hannes Androsch, dem Stellvertretenden Vorsitzenden der Partei, war vordergründig der Konflikt zwischen zwei Personen unterschiedlicher Generation und damit unterschiedlicher Erfahrungen. Der Konflikt wurde – ebenfalls vordergründig – Anfang 1981 mit dem Ausscheiden Androschs aus der Bundesregierung und aus der Führungsspitze der SPÖ (aber nicht aus der Partei selbst) gelöst.

Doch der Konflikt ging viel tiefer: Er war mehr als ein Konflikt zwischen zwei Personen, von denen die eine noch zur Zeit der Monarchie, die andere im Jahr des „Anschlusses" geboren worden war; von denen die eine vor allem in der Ersten, die andere vor allem in der Zweiten Republik politisch sozialisiert wurde. Und der Konflikt endete auch nicht 1981 – er schwelte weiter. Er drohte die österreichische Sozialdemokratie, wenn schon nicht zu spalten, so doch wesentlich zu behindern.

Entlang der Konfliktlinie zwischen Kreisky und Androsch hatten sich innerhalb der SPÖ Fraktionen etabliert, zwischen denen Gegensätze mit einer emotionalen Heftigkeit ausgetragen wurden – und zwar in aller Öffentlichkeit, wie es freilich für zwischen-, nicht aber für innerparteiliche Auseinandersetzungen üblich ist. Es entwickelte sich innerhalb der SPÖ eine tiefe Bitterkeit – auf Seiten der einen Fraktion, bezogen auf die andere; auf Seiten der anderen, bezogen auf die eine.

Mehr als 20 Jahre später sind diese Heftigkeit und diese Bitterkeit zwar abgeklungen. Aber noch immer sind die Nachbeben des Konflikts spürbar: Weniger in der Wiederholung dessen, was sich um 1980 innerhalb der SPÖ abgespielt hatte; und mehr in Form von Stellvertreterkonflikten. Viele Spannungen in der SPÖ lassen sich noch immer darauf zurückführen, wo denn bestimmte Protagonisten gestanden waren – damals, als nur wenige innerhalb der SPÖ es verstanden, sich der Zuordnung zu dem einen oder dem anderen Lager zu entziehen.

An der Oberfläche scheint der Konflikt Kreisky – Androsch „verjährt". Einerseits kann und will niemand Bruno Kreiskys überragende Bedeutung schmälern. Er war und ist die dominante Persönlichkeit nicht nur der österreichischen Sozialdemokratie, sondern auch der Zweiten Republik.

Die mit seinem Namen verbundenen Wahlerfolge der SPÖ – 1971, 1975, 1979 – sind nicht nur für Österreich, sie sind auch für das demokratische Europa einmalig. Andererseits ist Hannes Androschs Position in der österreichischen Öffentlichkeit, aber auch und gerade in der SPÖ heute sehr stark: Als erfolgreicher Unternehmer, der sich loyal zu seiner Partei bekennt, steht er für eine mit den Logiken der Marktwirtschaft ausgesöhnte Sozialdemokratie.

Unter dieser Oberfläche sind aber die alten Emotionen kaum gebrochen. Noch immer weiß „man", wer „damals" zur Kreisky- und wer zur Androsch-Fraktion gezählt wurde: z.B. Blecha, Lacina, Salcher zu den einen; Benya. Broda, Firnberg zu den anderen. Und bei denen, die auch heute noch aktiv in der Politik sind – oder diese zumindest beobachten, ist noch immer etwas von der damals entstandenen, oft bitteren Sensibilität spürbar.

Der Konflikt rührte an die Wurzeln der österreichischen Politik generell, an die der österreichischen Sozialdemokratie speziell. Dieser Konflikt, so ist zumindest plausibel zu vermuten, hatte auch erheblichen Einfluss auch die weitere Entwicklung der Zweiten Republik und der SPÖ: Nach dem noch wesentlich von Kreisky (direkt) und Androsch (zumindest indirekt) vorbereiteten „Zwischenspiel" der Kleinen Koalition Sinowatz – Steger gab es die Wiederkehr der Großen Koalition; den Aufstieg der FPÖ und die Etablierung der Grünen als vierte Partei; den Beitritt zur EU und, schließlich, das Ende der Großen Koalition. Das alles war natürlich nicht einfach das Produkt des Konflikts zwischen dem „grand old man" der Sozialdemokratie und dem, der lange Zeit als sein logischer Nachfolger gegolten hatte. Das alles muss aber auch aus der Perspektive eines Konflikts gesehen werden, der die (damals) hegemoniale Partei Österreichs einer schweren Zerreißprobe unterzog.

Das Buch besteht aus zwei Teilen. Der erste, von Barbara Liegl verfasste Teil ist die überarbeitete Fassung eines Forschungsberichtes, der – als Resultat eines vom Jubiläumsfonds der Nationalbank finanzierten Forschungsprojektes und mit Unterstützung der Wissenschafts- und Forschungsförderung der Stadt Wien – die Geschichte des Konflikts nacherzählen will. Die dafür entscheidenden Quellen waren die Interviews mit den Frauen und Männern, die diesen Konflikt – als Zeitzeugen und Zeitzeuginnen – in unmittelbarer Nähe miterlebt und in einigen Fällen auch mitbeeinflusst haben. Damit soll auch eine Forschungslücke geschlossen werden: Durch das Festhalten der Sichtweise von Personen, die damals „dabei gewesen waren" – und zwar von Personen aus dem „Lager" Kreiskys wie auch aus dem Androschs, aber auch von „Neutralen“, konnte der Forschung ein Quellenmaterial erhalten werden, das ohne diese systematische Erhebung verloren wäre.

Barbara Liegl hat in ihrem Abschnitt nicht nur die Interviews verarbeitet, sondern auch diese mit der vorhandenen Literatur angereichert. So entsteht ein komplexes Mosaik der dramatischen Zuspitzung eines Konflikts, der für viele der befragten Zeitzeugen und Zeitzeuginnen höchst unterschiedliche Ursachen hatte.

Im zweiten Teil versucht Anton Pelinka eine Interpretation des Konflikts. Ausgangsüberlegung war, dass es sich nicht um einen Kriminalfall handelt; dass es also nicht darum geht, einen Schuldigen auszumachen – sondern darum, die verschiedenen, sich anbietenden Deutungsmuster (Richtungsstreit, Generationenkonflikt, etc.) mit der Wirklichkeit zu konfrontieren; nach der Funktionalität des Konfliktes zu fragen; und nach vergleichbaren Krisen innerhalb anderer europäischer sozialdemokratischer Parteien zu suchen.

Das Ergebnis ist – natürlich – keines, das unmittelbar zu Schlagzeilen Anlass geben könnte: Die eine und einzige Ursache, die eine und einzige Deutung gibt es nicht. Es mischen sich viele Ursachen und viele Deutungen zu einem vielschichtigen Bild. Doch dieses weist den Konflikt nicht (oder zumindest nicht nur) als das Produkt zufälliger personeller Konstellationen aus. Der Konflikt steht auch für die Transformationskrise der österreichischen Sozialdemokratie.

Das Buch versucht zu zeigen, dass die Krise, die der Konflikt zwischen Kreisky und Androsch ausgelöst hat, auch für die Abkehr von der Zielvorstellung eines demokratischen Sozialismus in einem Land steht. Die „Ära Kreisky“, die auch eine „Ära Androsch“ war, signalisiert eine Grenze des politisch Machbaren: Das Reich der Freiheit, das sich nach der Überwindung des Reiches der Notwendigkeit auftun sollte, war ebenso wenig sichtbar wie der „neue Mensch“, der zu neuen Ufern sozialer Qualität aufbrechen konnte.

In der Ära Kreisky hatte die SPÖ die optimalen Rahmenbedingungen, auf die eine Partei des demokratischen Sozialismus hoffen durfte: Sie regierte allein, gestützt auf die optimale demokratische Legitimation – auf die absolute Mehrheit der Stimmen. In dieser Ära verbesserte die SPÖ vieles an den Lebensbedingungen vor allem der sozial Schwächeren. Dennoch – die messbaren Formen sozialer Ungleichheit veränderten sich wenig oder gar nicht. Die sozialdemokratisch regierte Gesellschaft Österreichs wies 1980 Merkmale vor allem ökonomisch definierter Ungleichheit auf, die den Merkmalen anderer, nicht sozialdemokratisch regierter Gesellschaften Westeuropas ähnlich geblieben waren.

Die SPÖ hatte sich in der Ära Kreisky die bestmöglichen politischen Bedingungen erarbeitet, auf die der Austromarxismus hatte hoffen können. Was die SPÖ nicht erarbeiten konnte, das war eine Gesellschaft, von der die Austromarxisten immer geträumt, die sie vorausgesagt hatten. Am Ende der Ära Kreisky hätte sich daher die SPÖ der Frage stellen müssen, wie diese Kluft zwischen Anspruch und Wirklichkeit erklärt werden könnte. Doch der SPÖ gelang es – fürs erste zumindest, dieser Frage auszuweichen. Die Partei verstrickte sich in eine hoch emotionalisierte Personaldebatte. Die Einsicht in die Grenzen der politischen Machbarkeit kam erst später, und sie kam schrittweise: In einer Gesellschaft, in der staatliche, also politische Grenzen immer weniger ökonomische Grenzen sind, kann staatliche Politik die Ökonomie immer weniger gestalten.

In diesem Sinne war der Konflikt zwischen Kreisky und Androsch ein Stellvertreterkonflikt. Seine Funktion war es, abzulenken – abzulenken davon, dass eine sozialdemokratische Partei auch mit einem Maximum an politischer Macht das nicht herzustellen vermag, was den Sozialdemokratinnen und Sozialdemokraten ein Jahrhundert hindurch als die Quintessenz des Sozialismus erschienen ist.

Das Buch beansprucht nicht, irgendjemandem „Recht" zu geben: Nicht, weil die Autorin und der Autor von einer vorgegebenen Neutralität im Konflikt Kreisky – Androsch ausgegangen wären; sondern weil es sich um die wissenschaftliche Analyse eines politischen Konflikts handelt, in dem es prinzipiell nicht um „Recht" oder „Unrecht" geht; sondern darum, die politische Wirklichkeit zu verstehen und verständlich zu machen. Es wäre daher ein Missverständnis par excellenze, in diesem Buch nach Schuldzuweisungen zu suchen; oder auch danach, ob es insgesamt eher „pro Kreisky" oder eher „pro Androsch" ist.

Unser Buch ist „pro Wirklichkeit".

Wien und Innsbruck
Mai 2004

Barbara Liegl
Anton Pelinka

Barbara Liegl

Der Konflikt: Ablauf und Bewertung aus der Sicht der ZeitzeugInnen

Der 1980/81 seinen Höhepunkt erreichende Konflikt zwischen Bruno Kreisky, Bundeskanzler und Parteivorsitzender der SPÖ, und Hannes Androsch, Vizekanzler und stellvertretender Parteivorsitzender, zählt zu den dramatischsten innerparteilichen Auseinandersetzungen der Zweiten Republik. Er führte zur Verdrängung eines prominenten Sozialdemokraten aus der Regierung, wenn es auch nicht so wie im „Fall Olah" zu einem Bruch des aus der Regierung Ausscheidenden mit der Partei kam. Bisher veröffentlichte biografische Skizzen, Überblicksdarstellungen und Analysen lassen großteils sowohl einen zeitgeschichtlichen als auch politikwissenschaftlichen Zugang zu diesem Konflikt vermissen. Das erkenntnisleitende Interesse umfasst daher die den Konflikt auslösenden Faktoren und die durch das Ausscheiden Androschs aus der Politik möglicherweise erfolgte Beeinflussung des weiteren Kurses der Regierung und der zukünftigen Orientierung der Sozialdemokratie. Neben der Sichtung und Auswertung der Literatur zum Thema und der von der Stiftung Bruno-Kreisky-Archiv und von Hannes Androsch zur Verfügung gestellten Materialien wird eine bisher vernachlässigte Quelle genutzt: Interviews mit ZeitzeugInnen dieses Konflikts.[1]

In der zweiten Hälfte des Jahres 2000 wurden 70 Auskunftspersonen (siehe Tabelle 1) brieflich oder telefonisch kontaktiert, um sie zu einem Gespräch einzuladen. Das Spektrum der potenziellen InterviewpartnerInnen umfasste Regierungsmitglieder aus der Zeit zwischen 1970 und 1981, MitarbeiterInnen des Kabinetts Kreisky, des Finanzministers und späteren Vizekanzlers Androsch und anderer Regierungsmitglieder, Vertreter des ÖGB und der OeNB, Repräsentanten der damaligen Oppositionsparteien ÖVP und FPÖ, Medienvertreter, aber auch Familienmitglieder der Kontrahenten

[1]) Das diesem Buchbeitrag zu Grunde liegende Projekt wurde durch den Jubiläumsfonds der österreichischen Nationalbank (Projektnummer 8431) und eine Unterstützung der Wissenschafts- und Forschungsförderung der Stadt Wien ermöglicht.

und ihnen nahe stehende Personen. Um der Internationalität dieser beiden Politiker Rechnung zu tragen, wurden auch Vertreter der SPD und der CDU/CSU in unser Sample miteinbezogen. 38 Personen erklärten sich letztlich zu einem Interview bereit[2], drei weitere zu einem Hintergrundgespräch, ohne zitiert werden zu wollen, und der ehemalige deutsche Bundeskanzler Helmut Schmidt beschrieb in einem kurzen Brief sein Verhältnis zu Bruno Kreisky und Hannes Androsch.[3] Die übrigen 28 kontaktierten Personen[4] sahen sich entweder nicht ausreichend informiert, lehnten ein Interview zu diesem Thema aus diversen anderen Gründen ab, wollten das Interview nicht autorisieren oder reagierten nicht auf unsere Briefe.

Tabelle 1: Interviewübersicht

InterviewpartnerInnen	Anzahl der Kontakte	geführte Interviews	Gespräch/ Brief	kein Interview
SPÖ oder SPÖ-nahe	39	20	3	16
Regierungsmitglieder (1970–1983)	*6*	*3*	*0*	*3*
MitarbeiterInnen im Kabinett Kreisky	*9*	*5*	*0*	*4*
Mitarbeiter im Kabinett Androsch	*7*	*6*	*0*	*1*
Mitarbeiter anderer Ministerkabinette	*3*	*0*	*3*	*0*
Vertreter des ÖGB	*2*	*2*	*0*	*0*
Nationalratsabgeordnete	*4*	*1*	*0*	*3*
Landeshauptleute	*2*	*0*	*0*	*2*
Vertreter der OeNB	*2*	*1*	*0*	*1*
SPÖ-Mitglieder/-nahe	*4*	*2*	*0*	*2*
ÖVP oder ÖVP-nahe	9	4	0	5
FPÖ	4	2	0	2
Deutsche Politiker	3	1	1	1
Medien	11	7	0	4
Familienmitglieder von Androsch	2	2	0	0
Familienmitglieder bzw. Kreisky nahe stehende Personen	2	2	0	0
Gesamt	70	38	4	28

[2]) Vgl. dazu die Liste der InterviewpartnerInnen (inkl. ihrer Funktionen) im Anschluss an das Resümee.

[3]) Der ehemalige SPD-Kanzler Schmidt schrieb in seinem Brief, dass er über den Konflikt selbst zu wenig wisse, dass sein Verhältnis zu Kreisky ein „freundschaftliches, aber förmliches" und zu Androsch ein „freundschaftliches und herzlicheres" (02.02.2001) gewesen sei.

[4]) In alphabetischer Reihenfolge: Klaus Emmerich, Heinz Fischer, Friedrich Gehart, Alexander Götz, Michael Graff, Karl Just, Theodor Kery, Josef Krainer, Franz Kreuzer, Sixtus Lanner, Peter Michael Lingens, Egon Matzner, Hans Mayr, Alois Mock, Ingo Mussi, Friedrich Peter, Wolfgang Petritsch, Hugo Portisch, Herbert Salcher, Margit Schmidt, Josef Staribacher, Josef Taus, Ernst Eugen Veselsky, Franz Vranitzky, Leopold Wagner, Adolf Wala, Sepp Wille, Hans-Jürgen Wischnewski.

Diese Gespräche ebenso wie die Auswertung der anderen bereits erwähnten Quellen dienen der Nachzeichnung der Vorgeschichte des Konflikts, der Auslotung des Kräfteverhältnisses zwischen „pro-Kreisky"- und „pro-Androsch"-Strömungen in der SPÖ und der Wahrnehmung des Konflikts durch verschiedenste Seiten. Hier steht die Frage im Vordergrund, ob zwischen persönlichen bzw. subjektiven und politischen bzw. objektiven konfliktstimulierenden Faktoren unterschieden werden kann. Zudem wird der Frage nachgegangen, ob ein Zusammenhang zwischen den durch die Regierungskonstellation und die Machtstrukturen in der SPÖ vorgegebenen Rahmenbedingungen und der Form der Konfliktaustragung besteht bzw. ob der Konflikt als ein spezifisch sozialdemokratischer bezeichnet werden kann.

Die folgenden Abschnitte suchen nach einer Antwort auf die von der politischen Psychologie gestellte Frage nach dem Mischverhältnis zwischen individuell-psychologischen und gesellschaftlich-politischen Einflussfaktoren anhand einer spezifischen Fallstudie. Die Nachzeichnung der Entwicklung der einzelnen für den Konflikt ausschlaggebenden Faktoren ermöglicht einen Einblick in das Innenleben einer politischen Partei, nämlich der SPÖ. Parallel dazu können Erkenntnisse über innerparteiliche Demokratie und Entscheidungsfindungen ebenso wie über die politische Kultur insbesondere in der zweiten Hälfte der Ära Kreisky gewonnen werden.

Es erfolgt zunächst die Präsentation der InterviewpartnerInnen und ihre Verortung in der Auseinandersetzung zwischen Kreisky und Androsch. An diese Übersicht schließt eine Darstellung der Rahmenbedingungen des Konflikts an, in der den Motiven Kreiskys – Androsch zum Finanzminister zu machen – ebenso nachgegangen wird wie der Beschreibung des Verhältnisses zwischen Androsch und Kreisky zu Beginn der SPÖ-Alleinregierung und dessen Weiterentwicklung. Weiters wird die Positionierung von Kanzler und Finanzminister in der SPÖ beleuchtet, da sich daraus wichtige Aspekte für die Allianzbildungen auf beiden Seiten ableiten lassen. Auch Androschs Karriere vom Minister zum Vizekanzler und die Motive Kreiskys für diese „Beförderung" werden dargelegt. Die Nachzeichnung des Konflikts aus Sicht der InterviewpartnerInnen in seinen unterschiedlichen Stufen erfolgt im Anschluss, wobei besonders auf die Erklärungsmuster politischer Richtungsstreit versus persönliche Auseinandersetzung untersucht wird. In weiterer Folge wird dargestellt, inwieweit sich die innerparteilichen Strömungen und Machtverhältnisse in der SPÖ mit den Konfliktparteien in Verbindung bringen lassen – oder ob eine andere Gruppendynamik erkennbar wird. Welche Folgen der Konflikt für die Regierungsarbeit und die Entwicklung der SPÖ in den 1980er- und 90er-Jahren hatte, ist Bestandteil der abschließenden Kapitel.

1. InterviewpartnerInnen

Fast alle InterviewpartnerInnen bis auf einen – den Historiker Oliver Rathkolb – waren ZeitzeugInnen des Konflikts zwischen Kreisky und Androsch und zwar in dem Sinn, dass sie während der 1970er-Jahre in einem politischen oder persönlichen Nahverhältnis zu einem der beiden Politiker gestanden bzw. in der politischen Arena oder in der Medienlandschaft aktiv gewesen sind. Aus der SPÖ oder dem SPÖ-nahen Bereich konnten wir 20 Interviewpartner gewinnen, aus den beiden damaligen Oppositionsparteien kommen insgesamt sechs Befragte, aus dem Medienbereich sieben Gesprächspartner. Die deutsche Politik ist durch Helmut Kohl und einen brieflichen Beitrag Helmut Schmidts vertreten. Aus dem privaten Bereich der beiden Kontrahenten befragten wir Julia Androsch, die Mutter, und Brigitte Androsch, die Ehefrau von Hannes Androsch, ebenso wie Peter Kreisky, den Sohn Bruno Kreiskys, und Oliver Rathkolb, den wissenschaftlichen Konsulenten für Kreiskys Memoiren und Leiter der Stiftung Bruno-Kreisky-Archiv. Da der Konflikt immerhin schon fast ein Vierteljahrhundert zurückliegt, bedauerten die InterviewpartnerInnen teilweise ihre verblassende Erinnerung und, dass sie sich nicht mehr bewusst seien, ob sie manche Dinge selbst gehört/erlebt oder den Zeitungen entnommen hatten. Besonders schwierig war es, noch aktiv in der Politik, in Ministerien oder in der Nationalbank Tätige für ein Interview zu gewinnen. Leider zeigten sich auch einige frühere MitarbeiterInnen von Kreisky nicht zu einem Gespräch bereit. Da im Mittelpunkt der Studie eine Nachzeichnung des Konflikts aus der Sicht von ZeugInnen und nicht von Beteiligten steht, haben wir davon Abstand genommen, Hannes Androsch selbst zu befragen. Außerdem wäre durch die Befragung nur einer Konfliktpartei ein verzerrtes Bild entstanden. Generationsmäßig gehören die InterviewpartnerInnen entweder der Zwischengeneration von Kreisky und Androsch an, derselben wie Androsch, oder sind noch ein wenig jünger. Die Generation Kreiskys, die noch während der ersten Republik geboren wurde, war durch Benya und die Mutter Androschs vertreten.

In der Kategorie der SPÖ-Mitglieder oder SPÖ-nahen Personen sind aufgrund der teilweise selbst vorgenommenen Positionierungen bzw. der Aussagen der Befragten vier Gruppen wahrnehmbar. Die pro-Kreisky Gruppe bestehend aus Bundesminister Lanc, dem SP-Zentralsekretär Blecha, den Kreisky-Mitarbeitern Reiter, Nowotny und Lacina ebenso wie Kreiskys Sohn Peter. Lanc habe weder mit dem Kanzler noch dem Finanzminister eine persönliche Freundschaft verbunden, er habe sich aber in der Regierung klar auf die Seite Kreiskys gestellt. Blecha zählte sich zu den engsten Vertrauten Kreiskys und sah die sozialdemokratischen Grundwerte und somit seine eigene politische Richtung durch Kreisky vertreten. Reiter kannte Androsch aus dem Parlamentsklub und hatte zu beiden Seiten ein sehr gutes Verhältnis. Lacina konnte Kreiskys Haltung stärker nachvollziehen als jene Androschs und deklarierte sich eindeutig als pro-Kreisky. Peter Kreisky beschrieb das Verhältnis zu seinem Vater, in dem neben dem in der Privatsphäre gelebten demokratischen Anspruch auch immer „natürliche Autorität" und „patriarchaler Autoritarismus" spürbar waren, als „einerseits von Bewunderung getragen, andererseits von Aspekten der Übererwartung bestimmt, die enttäuscht werden mussten". Das Politikverständnis von Bruno Kreisky sei „stärker traditionell, halb-autoritär und zentralistisch geprägt" gewesen als sein eigenes, daher sei es auch des Öfteren zu politischen Konflikten gekommen, „die von den Medien stark personalisiert wurden" und das Vater-Sohn-Verhältnis überschatteten. Für die späten 1980er-Jahre konstatierte Peter Kreisky eine politische Annäherung zwischen ihm und seinem Vater, v.a. im Bereich der Ökologie und der Sozialen Bewegungen. Bei Hannes Androsch vermisse er bis dato eine „konsequente sozialdemokratische und humanistische Positionierung" nicht nur in Sachen Ökologie und soziale Bewegungen, sondern auch in Hinblick auf den Sozialstaat bzw. den Umgang mit Macht und Geld.

Zur Pro-Androsch-Gruppe zählen der ÖGB- und Nationalratspräsident Benya, die Androsch-Mitarbeiter Mauhart, Auracher, Cordt, Buchacher, Pekarek bzw. die beiden Androsch-Freunde Streicher und Steinbach. Benya hatte vollstes Vertrauen in Androschs Wirtschaftskompetenz, hatte aber auch immer zu Kreisky eine gute Gesprächsbasis. Kreisky habe mit ihm Personalfragen erörtert und auch häufig über Androsch gesprochen, sowohl in Zeiten vor als auch während des Konflikts. Er stellte sich im Parteipräsidium im September 1980 gegen Androschs Ausscheiden aus der Politik, als dieses jedoch nicht mehr zu verhindern war, setzte er sich für seinen Wechsel in die CA ein. Mauhart, Streicher und Steinbach sind mit Androsch über den VSStÖ seit den 1950er-Jahren bekannt. In Folge der Zusammenarbeit im rechten Flügel des VSStÖ haben sich persönliche Freundschaften entwickelt. Mauhart arbeitete während der Oppositionszeit der SPÖ „auf privater Ebene" mit Androsch zusammen, indem er mit Androsch seine Parlamentsreden besprach. Streicher und der Finanzminister diskutierten bei privaten Treffen neben der politischen, auch ihre berufliche und persönliche Situation. Auracher, Cordt, Buchacher und Pekarek lernten Androsch erst während der 70er-Jahre kennen, wobei sie entweder über Empfehlung (Auracher) oder in Folge ihres Arbeitskontakts mit Androsch (Buchacher) in sein Kabinett berufen wurden. Sympathien für beide Seiten hatten der Bundesminister Sinowatz, der Wiener Bürgermeister Gratz, der Generaldirektor der österreichischen Nationalbank Kienzl und der leitende ÖGB-Sekretär Ströer. Sinowatz hatte „ein gutes Verhältnis" zu Kreisky und ist mit Androsch befreundet. Er beschrieb diesen Konflikt als „griechische Tragödie", denn die Schuldfrage sei nicht klärbar gewesen. Gratz empfand sein Verhältnis zu Kreisky in Folge des großen Altersunterschieds als etwas distanzierter, während er in Androsch einen „gleichaltrigen Freund" gefunden habe. Kienzl habe ein „sehr gutes Verhältnis" zu Kreisky und ein „kühleres Verhältnis" zu Androsch gehabt. Ströer war ein „wirklicher Freund" Kreiskys, hatte aber auch eine „enge Verbindung" zu Androsch. Drei weitere Befragte brachten ihren früheren Chefs ein gewisses Maß an kritischer Distanz entgegen – die beiden Mitarbeiter von Kreisky, Jankowitsch und Kunz, und der Androsch-Mitarbeiter Sellner. Kunz sei mit Androsch „persönlich sehr gut" gewesen, Sellner stand Androsch während des Höhepunkts des Konfliktes am nächsten, hatte aber auch mit Kreisky eine gute Gesprächsbasis.

Aus der ÖVP erklärten sich nur wenige bereit, mit uns über den Konflikt zwischen Kreisky und Androsch zu sprechen. Nach Ansicht des ehemaligen deutschen Bundeskanzlers Kohl habe es in der ÖVP keine Parteimeinung zu diesem Konflikt gegeben. Er selbst hat sich mit Androsch derselben Generation zugehörig gefühlt und ist ihm daher verbunden. Die beiden ÖVP-Politiker Steinbauer und Busek ließen anklingen, dass sowohl Kreisky als auch Androsch über den jeweils anderen mit ÖVP-Politikern gesprochen hätten, wodurch es auch für die ÖVP bald deutlich geworden sei, dass es Spannungen innerhalb der SPÖ-Regierung gebe (Steinbauer; Busek). Busek fühlte sich altersmäßig Androsch näher und kannte ihn auch als Klubsekretärkollegen aus dem Parlament. Den Präsidenten der Industriellenvereinigung Igler verband eine „persönliche Freundschaft" mit Kreisky, obwohl in den 70er-Jahren die sachpolitischen Gegensätze zwischen den beiden zugenommen hätten. Mit Androsch habe er in dieser Zeit mehr Übereinstimmung in politischen Fragen gefunden und hatte zu diesem ein sachbezogen konstruktives Verhältnis. Als einen „persönlichen Freund" Androschs bezeichnete sich das ehemalige ÖVP-Mitglied Weiser, der sich allerdings gleichzeitig als „Verehrer Kreiskys" darstellte.

Auch die beiden interviewten FPÖ-Vertreter Broesigke und Steger wussten von Auslassungen der beiden Kontrahenten übereinander im Parlament zu berichten. Steger wurden von beiden Seiten „böse Geschichten" über den jeweils anderen erzählt, er selbst fühlte sich Androsch allerdings verbundener. Broesigke hatte ein gutes Verhältnis zu beiden, arbeitete mit Androsch fachlich gut zusammen und hatte auch Verständnis, so wie seiner Aussage nach die meisten RepräsentantInnen der FPÖ, dass sich Androsch seine Berufsbefähigung erhalten wollte.

Da die Medien wesentlich dazu beigetragen hatten, dass der innerparteiliche Konflikt zwischen Kreisky und Androsch vor den Augen einer breiten Öffentlichkeit ausgetragen wurde, haben wir Journalisten der „AZ", von verschiedenen bürgerlichen Zeitungen, vom Wochenmagazin „profil" und vom ORF interviewt. Unter den Medienvertretern waren Lendvai, Scheuch und Worm dem Kanzler zugetan. Lendvai hatte ein enges, aber nicht unkritisches Verhältnis zu Kreisky, der mit ihm „über alles" gesprochen habe. Scheuch wurde von Kreisky zum „AZ"-Chefredakteur berufen und fühlte sich ihm persönlich verpflichtet. Worm wiederum spielte eine zentrale Rolle in der Aufdeckung von behaupteten Vergehen Androschs und diente Kreisky als Informationsquelle. Auf der anderen Seite sind Barazon und Bacher einzuordnen, die beide freundschaftlich mit Androsch verbunden sind. Barazon kritisierte zwar Androschs Finanzpolitik heftig, verteidigte ihn aber, als die „ungeheuerlichen Verleumdungen und Verhetzungen" begannen. Dibold hatte bis Ende der 70er-Jahre zu Kreisky ein gutes Verhältnis, zu Androsch hatte er während ihrer gemeinsamen VSStÖ-Zeit keine freundschaftliche Beziehung. Als Wirtschaftsjournalist war er dann aber häufig Zeuge der steigenden internationalen Reputation Androschs und konnte einen guten Kontakt zu ihm entwickeln. Auch Chorherr ist als ein Neutraler im Konflikt Kreisky – Androsch einzuschätzen.

Wir haben durch unsere Auswahl an InterviewpartnerInnen versucht, ein möglichst ausgewogenes Verhältnis zwischen Kreisky- und Androsch-BefürworterInnen herzustellen. Die Verbindungen der einzelnen Befragten zu den beiden Kontrahenten wurden transparent gemacht, was bei der Ein- und Zuordnung der Aussagen in den nachstehenden Kapiteln hilfreich sein soll. Allgemein kann jedoch gesagt werden, dass bei allen Befragten ein sehr reflektierter und wenig emotionalisierter Zugang zum Kreisky-Androsch-Konflikt erkennbar wurde. Die historische Distanz ließ wahrscheinlich auch teilweise einen selbstkritischen Blick auf die damaligen Verhaltens- und Vorgehensweisen zu. Gleichzeitig stellen sich im Rückblick manche Ereignisse in einem anderen Licht dar, und vor allem im Zusammenhang mit den Konfliktursachen wird deutlich, dass gewisse Querverbindungen nur aus heutiger Sicht hergestellt werden können.

2. Rahmenbedingungen des Konflikts

Während ihrer Oppositionsjahre bereitete sich die SPÖ unter dem am Parteitag 1967 in einer Kampfabstimmung[5] gewählten Parteivorsitzenden Kreisky auf die Regierungsübernahme im Jahr 1970 vor. Als Kreisky selbst noch Außenminister war, begann Androsch als Sekretär im Parlamentsklub der SPÖ zu arbeiten und im Oktober 1967 wurde ihm das Nationalratsmandat der tödlich verunglückten Rosa Weber übertragen (Palme 1999, 80 ff.). Kreisky wollte vor allem das wirtschaftspolitische Defizit der SPÖ wettmachen und beschäftigte „1400 Experten" (Veselsky 1982), um in allen relevanten wirtschaftspolitischen Bereichen Grundlagen für ein zukünftiges Regierungsprogramm auszuarbeiten. Androsch leitete einen der unzähligen Arbeitskreise und erarbeitete gemeinsam mit seinem damaligen Klubsekretärkollegen Reiter ein Finanzierungskonzept für das Wirtschaftsprogramm (Palme 1999, 91 ff.). Als die SPÖ bei den Wahlen 1970 mit 48 Prozent der Wählerstimmen eine relative Mehrheit erzielte und Kreisky der FPÖ eine Wahlrechtsreform (Kreisky 1996, 89) versprochen hatte, um im Gegenzug ihre Zustimmung zu einer SPÖ-Minderheitsregierung zu sichern, stand der Bildung einer sozialistischen Regierung nichts mehr im Wege.

Um die Ängste der Bevölkerung gegenüber einer sozialistischen Alleinregierung abzubauen, sollte auch bei der Bildung der neuen Regierung Wirtschaftskompetenz demonstriert werden. Androsch hatte durch seine Beteiligung an der Erarbeitung des SP-Wirtschaftsprogramms und des dafür notwendigen Finanzierungsplans seine Wirtschaftskompetenz unter Beweis gestellt. Die „Wirtschaftskompetenz" des Abgeordneten Androsch wurde neben seiner „Jugend", seiner „Intelligenz", seiner „Effizienz" und seiner „politischen Erfahrung" von unseren InterviewpartnerInnen des Öfteren als Beweggründe Kreiskys genannt, Hannes Androsch zum Finanzminister zu machen. Wenngleich auch darauf verwiesen wurde, dass Androsch nicht die erste Wahl Kreiskys[6] für diesen Posten gewesen sei. Der Wiener Vizebürgermeister Slavik und der Länderbank-Generaldirektor Ockermüller leg-

---

[5]) Kreisky hatte die Gewerkschafter, allen voran ÖGB-Präsident Benya, gegen sich, die gemeinsam mit Karl Waldbrunner im Vorfeld des Parteitags versucht hatten, durch den Vorschlag eines Kompromisskandidaten, Hans Czettel, die Kampfabstimmung zu vermeiden (Benya 19.04.2001; Benya 1992, 83). Gratz bestätigte im Interview (09.01.2001), dass er nicht für Kreisky gestimmt habe, und Lacina, hätte er damals die Gelegenheit gehabt, am Parteitag mitzustimmen, hätte sich auch nicht für Kreisky entschieden (05.10.2000). Im Gegensatz dazu hatte Androsch Kreisky versichert, dass „er mit ihm voll rechnen könnte" (Kreisky 1996, 84).

[6]) Kreisky soll den Posten Alfred Schachner-Blazizek, Rudolf Häuser, Felix Slavik und Franz Ockermüller angeboten haben (Palme 1999, 101).

ten jedoch dem Parteivorsitzenden Androsch als Finanzminister nahe, und Kreisky war mutig genug, einen 32-jährigen mit dieser Verantwortung zu betrauen. Im Kabinett von Androsch war man sich relativ sicher, dass es sich um eine zeitlich begrenzte Aufgabe handle, da es schwierig werden würde, in einer Alleinregierung ein Budget zu erstellen. Auch Androsch selbst habe sich „sehr große Sorgen gemacht" (B. Androsch), denn er wollte nicht, ohne ein Budget zustande gebracht zu haben, aus seinem Amt scheiden. Androsch habe während seines Urlaubs in Altaussee sehr viele Gespräche mit seinem Freund, dem Freiheitlichen und damaligen dritten Landtagspräsidenten im steirischen Landtag, Franz Scheer, geführt, der die Möglichkeiten der Zustimmung zu verschiedenen Punkten durch die Freiheitlichen abgewogen habe (B. Androsch).

Die in der SPÖ vorherrschende Aufbruchstimmung am Beginn der 70er-Jahre wurde von vielen InterviewpartnerInnen angesprochen und eng mit der Person des Kanzlers in Verbindung gebracht. Diese Atmosphäre habe die großen gesellschaftlichen Reformen in der ersten Hälfte der 1970er-Jahre mit ermöglicht. Nicht nur in der Regierung selbst, sondern auch in den Kabinetten förderte diese Grundstimmung das große Engagement in der täglichen Arbeit, man hatte das Gefühl, einen Beitrag zur Gestaltung der Politik und somit des Landes zu leisten. Diese Jahre wurden als die erfolgreichsten der österreichischen Politik bezeichnet, wobei in den ersten Jahren der Alleinregierung Kreisky die gut funktionierende Regierungsachse Kreisky – Androsch als wesentlicher Teil des Erfolgs gesehen wurde. Auf Basis dieser Zusammenarbeit nahmen viele Reformen Gestalt an und gelangten zur Umsetzung.

2.1. Verhältnis zwischen Kanzler und Finanzminister

Das von fast allen Interviewten beschriebene Naheverhältnis zwischen Kanzler und Finanzminister zu Beginn der SP-Alleinregierung machte Androsch zum wichtigsten Regierungsmitglied für den Bundeskanzler. Die Achse zwischen Kanzler und Finanzminister war für das reibungslose Funktionieren der Regierung wesentlich. Broesigke erinnerte sich an gemeinsame Besprechungen von SPÖ und FPÖ Anfang der 70er-Jahre, wo Kreisky und Androsch „durchaus derselben Meinung" waren, „d.h. besser, der Androsch hatte eine Meinung und der Kreisky hat ihm vertraut". Kreisky vertraute Androsch jedoch nicht nur in der Wirtschaftspolitik, sondern band ihn in viele Entscheidungen ein, die nicht in seinem Kompetenzbereich lagen. Reiter, Kabinettschef von Kreisky in der ersten Hälfte der 1970er-Jahre, beschrieb die Zusammenarbeit der beiden Regierungsmitglieder folgendermaßen:

> Mir ist es sehr häufig passiert, dass in Abwesenheit des Androsch, wenn Entscheidungen angestanden sind, [...] der Kreisky sehr häufig gesagt hat: ‚Und was sagt der Androsch zu dem?' Diese Frage war so zu verstehen gewesen: Geht sich das finanziell im Budget aus? Welche finanziellen Konsequenzen hat das? Bringen wir das unter? Aber sie war auch so zu verstehen gewesen, dürfen wir das als vernünftig betrachten, passt das in unsere Konzepte hinein. Die Beurteilung, ob das so gewesen ist, hat er sehr, sehr häufig auch in Fragen, die mit dem Finanzressort überhaupt nichts zu tun gehabt haben, dem Androsch überlassen (09.10.2000).

Durch diese enge Zusammenarbeit und den ständigen Austausch wurden in allen wichtigen Politikbereichen etwaige Meinungsunterschiede im Vorfeld der Entscheidungen abgeklärt und nach außen konnte das Bild entstehen, dass die beiden immer an einem Strang ziehen würden. Diese Kooperation wurde auch als äußerst produktiv bezeichnet, denn wenn Kreisky und Androsch „am Wochenende beisammen waren", dann gab es am Montag für die Androsch-Mitarbeiter eine lange Liste an zu erledigenden Dingen, was die Arbeit einfach „schön" (Auracher) gemacht habe. Diese gut funktionierende Achse schuf daher auch die für die großen Reformen notwendigen Rahmenbedingungen (Kunz).

Personen mit einem engeren persönlichen Verhältnis zu Androsch beschrieben für Anfang der 70er-Jahre ein durch „Respekt", „Achtung" und „Verehrung" gekennzeichnetes Verhalten des Finanzministers dem Kanzler gegenüber. Der junge Politiker sah im Kanzler ein „Vorbild" bzw. eine „Identifikationsfigur", an der er sich zumindest hinsichtlich des „Umgangs mit Menschen" und der „Lebensweise" orientierte, denn in „seinen politischen Zielrichtungen" sei er schon „ziemlich gefestigt" (Mauhart) gewesen. Gerade diese gefestigte politische Orientierung mag anfangs die Anerkennung Kreiskys für Androsch bedingt haben, die den Kanzler auch dazu bewog, seinen Finanzminister in Entscheidungen außerhalb von dessen Kompetenzbereich einzubeziehen. Möglicherweise hat Kreisky auch die für ihn nutzbaren Vorteile des gänzlich anderen und als effizient geltenden Arbeitsstils von Androsch erkannt. Der Finanzminister habe seine Aufgabe als eine „Managementfunktion" (Reiter) begriffen und organisierte seine Entscheidungsstrukturen effizienter als der Kanzler. Streicher attestierte Androsch „einen soliden, variationsreichen Führungsstil":

> In einem klassischen Qualifikationsportfolio, in dem horizontal die Kooperationsfähigkeit und vertikal die Vitalität/der Sachverstand und die

> Kompetenz steht, besetzt er viele Felder. Nicht nur das Links-Oben, wo der Einzelkämpfer mit geringer Kooperationsbereitschaft positioniert ist, der temporär eine Sturheit entwickeln konnte, sondern auch Rechts-Oben, wo Teamgeist und Sacherverstand liegt (29.03.2001).

Nowotny war überzeugt, dass der Finanzminister stärker delegieren und besser in einem Team arbeiten konnte als der Kanzler. Kreisky sei ein „Einzelgänger" und „Einzelkämpfer" gewesen, auf den der Wahlslogan aus dem Jahr 1971 „Laßt Kreisky und sein Team arbeiten" nicht wirklich gepasst habe (vgl. auch J. Androsch). Nowotny sah in Androschs Teamfähigkeit auch eine Erklärung für die breite Unterstützungsfront, die er sich in der Partei sichern konnte. Diese stärkere Einbindung hätte einem späteren Parteivorsitzenden Androsch den Umgang mit dem Parteiapparat erleichtert, er hätte ihn „besser nutzen" und „motivieren" können. Auch Peter Kreisky attestierte der Teamarbeit Androschs Effizienz, kritisierte jedoch gleichzeitig den dazugehörenden „Lobbyismus im Hintergrund", den sein Vater „wahrscheinlich nicht immer so mitbekommen" habe. Sellner, der in der zweiten Hälfte der 70er-Jahre für Androsch arbeitete, sah seine Teamfähigkeit nicht als so allgemein gegeben an. Sellner konstatierte, dass sich zwar Kreisky und Androsch „einen Clan[7] gehalten" hätten, aber keiner ein „wirklicher Teamarbeiter" gewesen sei, Androsch jedoch im Rahmen seines Kabinetts wahrscheinlich noch stärker als Kreisky.

Kreiskys wichtigstes Arbeitsinstrument war das Telefon, er besprach seine Ideen mit ihm wichtigen Personen inner- und außerhalb der SPÖ. Anhand der Reaktionen konnte er sich einen breiten Überblick über die Stimmungslage verschaffen und durch seine Hellhörigkeit atmosphärische Untertöne[8] aufnehmen. Seine Mitarbeiter litten teilweise unter seinem Arbeitsstil, denn der Kanzler sei durch sein Kabinett terminlich „nicht administrierbar" (Nowotny) gewesen. Kreisky habe seine Arbeit als Bundeskanzler und noch viel mehr die des Parteivorsitzenden als „eine Art künstlerische Tätigkeit" gesehen, wodurch er in der operativen Arbeit zu wenig Prioritäten setzte und immer wieder Besprechungstermine mit seinen Sekretären, aber auch mit Regierungsmitgliedern, u.a. auch Androsch verschieben musste.

---

[7]) Vgl. dazu die Ausführungen über Kreisky von Horvath (1989, 53), die den Kanzler als „Einzelgängernatur" beschreibt, der „nie einen Clan" hatte und dessen Freundschaften „außerhalb der Partei" lagen.

[8]) Androsch wollte diese Fähigkeit Kreiskys, „für kurzfristige Stimmungen ein unglaubliches Sensorium" zu haben, auf seine „besten Zeiten" – „zwischen 1965 und 1975" (Weber/Venus 1993, 194) – beschränkt sehen.

> Jede Woche ist es mehrfach vorgekommen, dass der Androsch Termine, die er selber gehabt hat, z.B. auch private Termine oder wenn er einmal ins Theater gegangen ist, ununterbrochen – oft eine Viertelstunde vorher – umwerfen musste, weil ihm der Kreisky wieder einen anderen Termin auferlegt hat (Reiter 09.10.2000).

Zu Beginn der 70er-Jahre wirkten sich diese unterschiedlichen, aber einander ergänzenden Arbeitsstile gedeihlich auf die Zusammenarbeit zwischen Kanzler und Finanzminister aus, jeder der beiden schien für sich die Vorteile dieser komplementären Zugangsweise zu nutzen.

Die Befragten verwendeten häufig das Bild einer Vater-Sohn-Beziehung, um das Verhältnis der beiden zueinander zu charakterisieren. Einige Androsch nahe stehende Personen verstanden darunter ein sentimentales Verhältnis zur politischen Identifikationsfigur Kreisky. Diese Sichtweise habe auch noch angehalten, als der Konflikt zwischen den beiden Regierungsmitgliedern bereits ausgebrochen (Pekarek) war. Androsch sei enttäuscht gewesen, dass sich die Vaterfigur vom Sohn abgewendet habe als Reaktion auf dessen „Ausreißen". Er bedachte nicht das Muster des „Sohnesmordes", der meistens dann stattfinde, wenn der Sohn „zu erfolgreich, zu üppig" (Barazon) werde. Diese „Wegentwicklung" des Vaters habe Androsch dazu „gezwungen, sich zu emanzipieren." (Buchacher). Der Sohn des Kanzlers interpretierte die Entwicklung des Verhältnisses zwischen Bruno Kreisky und seinem „politischen Sohn" Androsch genau umgekehrt, nämlich dass sich der politische Ziehvater „mehr persönliche und politische Loyalität" erhofft habe.

Die beiden interviewten Familienmitglieder Androschs sahen das Verhältnis zwischen ihm und Kreisky eher als einseitige Vater-Sohn-Beziehung. Es sei zwar ein „herzliches Verhältnis" gewesen, aber Androsch habe in Kreisky keinen „Vaterersatz" gesehen, wenn dann eher in „Waldbrunner, vielleicht bis zu einem gewissen Grad sogar in Slavik". Kreisky habe in Androsch eigentlich auch keinen Sohn sehen können, denn er hatte „einen leiblichen Sohn", der allerdings öffentlich „gegen ihn gearbeitet" habe. Vielleicht habe er sich gedacht, dass er gerne einen Sohn hätte, der mit ihm „an einem Strang ziehen würde" (B. Androsch). In Ergänzung dazu meinte die Mutter Androschs, dass er viel zu sehr an seinem eigenen Vater gehangen sei, als dass er sich dann einen Vaterersatz in Kreisky gesucht hätte.

Zwei Befragte lehnten die Charakterisierung der Beziehung zwischen Kreisky und Androsch als Vater-Sohn-Verhältnis gänzlich ab. Lanc war sich sicher, dass Kreisky, „auch wenn er nicht immer mit seinem Sohn zufrieden" gewesen sei, „ihn nie verleugnet" und „auch nie einen anderen angenommen" habe. Androsch sei außerdem „gar nicht der Mensch von seiner

Struktur her, der Väter such[e], also eine gewisse Anlehnungsbedürftigkeit" habe. Diese Aussage deutet auf die von Mauhart bei Androsch angesprochene und bereits am Beginn von dessen Regierungslaufbahn vorhandene politische Festigung hin, die eine durch eine Vaterfigur bereitgestellte politische Orientierungshilfe als nicht relevant erscheinen lässt. Rathkolb war der Auffassung, dass man mit diesem familiären Bild vorsichtig umgehen müsse, da Kreisky weniger in persönlichen Beziehungen dachte, bei ihm galt „der Primat der Politik".

2.2. Prozess der Entfremdung

Anfangs verstanden es beide, wechselseitig den Erfolg des jeweils anderen zu genießen. Worm bezeichnete diese Situation als ein „wunderbares Spiel", in dem „Androsch sich immer weltweit in den Lichtschatten des Sonnenkönigs gestellt" habe und umgekehrt Kreisky stolz gewesen sei, dass „er einen derart tüchtigen Finanzminister" habe. Ab einem laut Worm nicht genau zu definierenden Zeitpunkt in der Mitte der 70er-Jahre änderte sich dies. Es wurde weniger miteinander kommuniziert, wodurch die persönliche und politische Distanz zwischen den beiden Regierungsmitgliedern größer wurde. Waren in den Anfängen der Regierungszeit Kreisky politische Entscheidungen aus der gemeinsamen Diskussion heraus entstanden, wodurch etwaige unterschiedliche Standpunkte der beiden Regierungsmitglieder gar nicht an die Öffentlichkeit gelangten, so fehlte später diese intensive gemeinsame Herangehensweise im Vorfeld eines politischen Entschlusses.

In der Phase des gegenseitigen Vertrauens stellte die Kommunikation kein Problem dar, denn Kanzler und Finanzminister sahen einander täglich, kaum hatten sie sich voneinander getrennt, telefonierten sie miteinander (Reiter). In so einem Naheverhältnis bleiben viele Dinge ungesagt, werden aber vom Gegenüber trotzdem richtig verstanden und interpretiert. Meistens entwickelt sich dabei auch eine eigene Sprache, die für Außenstehende unverständlich ist. Mauhart sprach davon, dass sich die beiden „in Kürzeln verständigt" hätten, was allerdings nur funktioniere, „wenn die Harmonie stimmt, wenn der Gleichklang da ist". Als sich die Nahebeziehung aufzulösen begann, ging „jeder mit einem anderen Ergebnis des Gesprächs weg", was zu Missverständnissen führte und Reibungspunkte heraufbeschwor. Auch Reiter sah in der aus der zeitlichen und räumlichen Distanzierung Androschs resultierenden mangelnden Synchronisierung der beiden eine Quelle für Missverständnisse.

Streicher wies Androsch während einer Autofahrt von Linz nach Wien explizit auf dieses das Misstrauen des Kanzlers fördernde Kommunikationsdefizit hin: Er empfahl Androsch, Kreisky jede Woche zu einem „Informationsgespräch" zu drängen, um Kreiskys Gefühl, „schlecht informiert" zu sein, zu entkräften. Androsch habe diese Strategie probiert und Streicher einige Wochen später mitgeteilt, dass er mit diesen „Ratschlägen auch nicht weiterkomme". Die Spannungen zwischen Kanzler und Finanzminister seien auch in den Ministerratsvorbesprechungen und -sitzungen spürbar gewesen, dort sei aber nie offen über Themen, die nicht nur die beiden, sondern bereits ganz Österreich bewegt hätten, gesprochen worden (Kunz). Beide hatten wohl kein Talent zur offenen Aussprache.

Beide Seiten suchten die Bildung von Allianzen, um ihrem jeweiligen Standpunkt zum Durchbruch zu verhelfen, wodurch für die Öffentlichkeit sichtbar wurde, dass die beiden nicht mehr an einem Strang zogen. Diese Entwicklung ist an unterschiedlichen Standpunkten festzumachen, die sich in der Wirtschaftspolitik im Allgemeinen, in der Hartwährungspolitik und in der Verstaatlichtenpolitik im Besonderen, aber auch in Bereichen wie der Energiepolitik, der Budgetpolitik und der Sozialpolitik herauskristallisierten.

Weniger auf die funktionierende Kommunikation und Bildung von Allianzen als auf die äußeren politischen Umstände führte Peter Kreisky die anfänglich weitgehende Einigkeit Androschs, Benyas, Kienzls und Kreiskys trotz wichtiger Unterschiede im Grundmuster ihrer Politik zurück. Sie sei durch die Phase raschen Wirtschaftswachstums und hoher Einkommenszuwächse begünstigt gewesen, während der sich der Kanzler durch „den übertriebenen Technopragmatismus Androschs" habe blenden lassen. Später seien die negativen Aspekte dieses Pragmatismus nämlich die „politisch-moralische Indifferenz" und „die zynische Machtpolitik im eigenen Interesse" offensichtlicher und für den Kanzler untragbar geworden.

Mauhart beschrieb diesen Prozess des „Abnabelns" als einen, der bei Kreisky Unverständnis hervorgerufen habe, denn dessen „subjektives Erleben" sagte ihm: „Ich habe alles für den Androsch getan." Das „subjektive Erleben" Androschs führte laut Mauhart zu der Überlegung: „Ich bin ihm sehr dankbar, aber ich habe auch alles getan, um ihm zu seinem Erfolg zu verhelfen." Bacher beschrieb dies als einen raschen Verlust an „Nachwuchsdankbarkeit":

> Androsch hat sich die ganze Zeit gedacht: ‚Ja, ja, das stimmt schon, man hat mir eine große Chance gegeben, aber ich bin ja auch ein außerordentliches Kaliber.' Diese Nachwuchsdankbarkeit, mein Gott der Meister hat mir diese Chance gegeben, die hat bei Androsch nie lange angehalten,

der hat gesagt: ‚Das ist ein großer Mann, ich bin unter den Jüngeren aber auch ein großer Mann' (05.04.2001).

Es wurde allerdings in den Interviews nicht nur davon gesprochen, dass sich Androsch von seiner Identifikationsfigur zu emanzipieren begann, sondern ein Befragter konstatierte auch eine Emanzipation Kreiskys. Kreisky sei zu Beginn der 1970er-Jahre vor allem in Steuerfragen und deren Umsetzung von der Kompetenz des Finanzministers abhängig gewesen. Die „Abhängigkeit des Kreisky vom Androsch in diesem Bereich" habe sich jedoch mit der Zeit reduziert, „weil der Kreisky auch ein lernfähiges System" (Sellner) gewesen sei und sich bei anderen Leuten als Androsch wirtschaftspolitisch zu informieren begonnen habe.

2.3. Androschs Ernennung zum Vizekanzler 1976

Mehrere Befragte sahen die Ernennung Androschs zum Vizekanzler als eindeutiges Zeichen Kreiskys an die Partei, dass Androsch der kommende Bundeskanzler und Parteivorsitzende sei – vor allem auch deshalb, weil er außerordentlich respektierten und fähigen Regierungsmitgliedern vorgezogen wurde (Lacina). ÖGB-Präsident Benya war der Meinung, dass „die Partei, bis auf wenige vielleicht", auf Androsch als Nachfolger „ausgerichtet" gewesen sei. Für den damaligen AZ-Chefredakteur Scheuch war es ein ziemlich klares Zeichen für die Nachfolge, denn „so reich an Persönlichkeiten, denen man das zugetraut hat und die sich das zugetraut haben, war man nicht". Ähnlich argumentierte Sinowatz, der Androsch als legitimen Nachfolger sah, „weil er wirklich für diese Aufgaben alles mitgebracht" habe.

Auch für die Oppositionspartei ÖVP bedeutete die Ernennung des Finanzministers zum Vizekanzler, dass Androsch der kommende Wahlkampfgegner sein werde. „Aus der Sicht Kreiskys" habe sich Androsch Mitte der 70er-Jahre als Finanzminister „soweit bewährt", so der Präsident der Industriellenvereinigung Igler, „dass Androsch als Vizekanzler zu Kreiskys unbestrittenem Kronprinzen aufstieg". Der VP-Abgeordnete Steinbauer hob die gestiegene Wichtigkeit Androschs für die Opposition hervor, da er „der nächste" sein würde, auf den es sich zu konzentrieren gelte, „wenn aus irgendeinem Grund Kreisky abtritt".

Die Ernennung Androschs zum Vizekanzler sei nicht nur ein Zeichen für die Opposition, sondern ein Alarmzeichen für das „linke Lager" in der SPÖ gewesen. Dessen VertreterInnen hätten den Kurs der Sozialdemokratie gefährdet gesehen, weil „ein Rechter", der „eine moderne Form des Sozialismus" vertrete, in die Position des Nachfolgers aufgerückt sei. Der rechte Flügel hätte Kreisky „angeheizt" und „benutzt" (Buchacher), um den Durchbruch des sozialdemokratischen Weges zu verhindern.

Sinowatz und Benya gaben zu verstehen, dass nicht alle mit dieser Entscheidung Kreiskys einverstanden gewesen seien. Es habe zwar keine „Bewegung geben, die verlangt hätte, dass ein zweiter Kandidat in Erwägung gezogen würde", so Sinowatz, aber es gab Diskussionen um Hertha Firnberg, die nicht nur „angesehen" war, sondern weil die SPÖ mit einer Frau als Vizekanzlerin auch ein deutliches Zeichen hätte setzen können. „Die, die den späteren Wechsel an der Spitze vor Augen gehabt haben, waren natürlich für den Hannes Androsch." Benya trat gegen Androsch als Vizekanzler auf, er hätte lieber „ältere Funktionäre" wie Hertha Firnberg oder Oskar Weihs in dieser Position gesehen. Kreisky wollte aber aus der Sicht von Benya Androsch belohnen, denn dieser habe sich „mit seiner Politik verdient gemacht", insbesondere durch die im Land herrschende Vollbeschäftigung.

Ein paar Interviewte erinnerten an die Aussage Kreiskys über Wissenschaftsministerin Hertha Firnberg. Der Kanzler antwortete auf die Journalistenfrage, warum er nicht Firnberg zu seiner Vizekanzlerin gemacht habe, mit dem Satz: „Alt bin ich selber!" Blecha sah in der Ernennung Androschs zum Vizekanzler weniger die persönliche Wertschätzung Androschs gegenüber als viel mehr ein Signal für einen Generationswechsel und eine Verjüngung der Partei. Blecha schränkte allerdings ein, dass Kreisky sich Androsch von Beginn an nur als Bundeskanzler, nicht aber als Parteivorsitzenden habe vorstellen können, er sei „zu wenig in den guten Traditionen der Arbeiterbewegung verankert" (P. Kreisky). Androsch wurde eher dem „roten Parteiadel" zugeschrieben, da er über seine Frau Brigitte Androsch, geb. Schärf, noch vor dem Beginn seiner Karriere als Finanzminister gute Verbindungen zum ehemaligen Bundespräsidenten Adolf Schärf und zum ehemaligen Innenminister Josef Afritsch hatte.

Einige InterviewpartnerInnen, die das Verhältnis zwischen Kreisky und Androsch schon vor 1976 als spannungsgeladen einstuften, sahen die Ernennung zum Vizekanzler als Rettungsversuch der Regierungsachse Kreisky – Androsch bzw. als Kreiskys Beitrag, der wachsenden Entfremdung Einhalt zu gebieten. Androsch sollte das Gefühl der besseren „Einbindung" (Lendvai) bzw. „der Normalisierung des Verhältnisses" (Busek) zwischen ihm und dem Kanzler bekommen. Teilweise klang durch, dass Kreisky diesen Schritt mit Androsch nicht abgesprochen und der Minister aus den Medien erfahren habe, dass er zum Vizekanzler ernannt werden sollte. Das wurde dahingehend interpretiert, dass Kreisky seinen Finanzminister „festnageln" wollte, weil Androsch bereits ein Gespräch mit Kreisky über sein Ausscheiden aus der Politik geführt habe (Palme 1999, 239), auf das Kreisky ziemlich „sauer" (B. Androsch) reagiert habe. Trotz der sich bereits abzeichnenden „unterschiedlichen Meinungen" habe der Kanzler ein Zeichen der Anerkennung des „großen politischen Talents" (Pekarek) Androschs gesetzt.

Mauhart bezeichnete rückblickend die Annahme dieser Ernennung durch Androsch als Fehler, denn er hätte zugunsten von Hertha Firnberg verzichten müssen. Wahrscheinlich sei Androsch „dankbar gegenüber einer Geste" gewesen, die der Überbrückung der sich damals bereits entwickelnden unterschiedlichen Standpunkte diente. Andere interpretierten die Ernennung als einen Fehler Kreiskys. So sah Chorherr keine Notwendigkeit, Androsch so hinaufzuheben, denn das hätte seinen Ehrgeiz beflügelt, schon früh zu zeigen, dass er „nur einen Herzschlag vom Präsidenten entfernt" sei.

2.4. Parteiallianzen, MitarbeiterInnen und Freundschaften

Kreisky und Androsch hatten eine sehr unterschiedliche Stellung innerhalb der SPÖ. Kreisky sei „durch die Ereignisse der Geschichte eigentlich erst relativ spät in die vorderste Reihe der Politik gekommen" und gehörte nie dem „SPÖ-Establishment" (Reiter) an. Lendvai sah Kreisky als einen Außenseiter in der Partei, der sich als „Fremdkörper" fühlte, weil er „seine Karriere von außen gemacht" habe. Diese Außenseiterrolle machte es für Kreisky schwieriger, sich seine Allianzpartner in der Parteielite zu suchen, und war vielleicht ein Grund dafür, dass einige Interviewpartner die Parteibasis eher auf Seiten Kreiskys als Androschs sahen. Kreisky suchte sich seine Freunde vornehmlich außerhalb der Partei, das bestätigte auch Gratz, der sich an keinen „engen Freund" Kreiskys aus dem „Parteibereich" erinnern konnte. Zu den parteiexternen Freunden zählten Oskar Strakosch, der Besitzer der Hohenauer Zuckerfabrik, Kurt Grimm, Konsulent bei der Creditanstalt, Hans Igler, Präsident der Industriellenvereinigung, und der Unternehmer Karl Kahane. In der Gesellschaft dieser „alten, gebildeten Großbürger, die natürlich auch alle sehr betucht waren", habe sich Kreisky am wohlsten gefühlt.[9] Es sei „ganz typisch" gewesen, dass Kahane, „einer der ausgeprägtesten österreichischen Kapitalisten", „der vielleicht einzige Freund des so-

---

[9]) Kreisky schätzte an ihnen ihren bewussten Umgang mit Geld, während im Vergleich dazu Aufsteiger nie genug bekommen könnten (Horvath 1989, 89).

zialdemokratischen Bundeskanzlers“ (Bacher) gewesen sei. In diesen Kreisen wurden auch wirtschaftspolitische Fragen diskutiert, inwieweit sich Kreisky letztendlich allgemein von diesem Meinungsaustausch politisch leiten ließ, entzieht sich der Beurteilung. Zumindest in der Hartwährungspolitik gibt es Anzeichen, dass er ein offenes Ohr für die Gegner dieser Politik unter seinen privaten Freunden hatte.

Androsch hatte anders als Kreisky den Vorteil, dass er von Anbeginn seiner politischen Tätigkeit einen starken Rückhalt in der SPÖ gehabt hatte. Er brachte politische Erfahrung aus seiner Arbeit im VSStÖ mit und hatte in seinem Heimatbezirk Floridsdorf „eine Hausmacht“ (Jankowitsch). Rathkolb führte diese starke Verankerung in der Partei auf Androschs „Familiensozialisation“ über die Schärfs und seine Verbindung zu Waldbrunner[10] zurück. Während der ersten Jahre in der Regierung erlangte Androsch großes Ansehen in der SPÖ, wodurch er seine fundierte Verankerung innerhalb der Partei durch weitere Allianzen ausbauen konnte. Dazu zählten unter anderen die Achsen zum ÖGB-Präsidenten Benya und den Gewerkschaften, zum Vizekanzler Häuser ebenso wie zu den MinisterInnen Broda und Firnberg. Diese Achsenbildung bezeichnete Lendvai als die Etablierung einer „Minihausmacht“ und Bacher als die Suche Androschs nach einer „eigenen ‚Fraktion‘“ in der SPÖ.

Androsch und Kreisky unterschieden sich nicht nur in ihrer parteipolitischen Verankerung, sondern auch in der Auswahl und im Verhältnis zu ihren Kabinettsmitgliedern. Kreisky hatte stets ein eher distanziertes Verhältnis zu seinen MitarbeiterInnen (Gratz, Nowotny), was sich auch darin ausdrückte, dass der Kanzler mit allen per Sie gewesen sei, obwohl in der Partei, aber auch im Außenministerium, von wo Kreisky einige seiner Mitarbeiter rekrutierte, das Du gegolten habe (Nowotny). Der Finanzminister hatte zu seinen Mitarbeitern ein näheres Verhältnis, wahrscheinlich bedingt dadurch, dass sie seiner Altersklasse angehörten und er einige aus seiner Studienzeit kannte. Kreisky waren diese Mitarbeiter Androschs zu „jung“ und zu „unerfahren“ (Ströer), vor allem in Mauhart sah Kreisky „den bösen Geist“ Androschs (Lendvai; Horvath 1989, 98).

Mauhart wusste eine Begründung für das schlechte Verhältnis zwischen Kreisky und ihm. Er erinnerte sich an einen während des oberösterreichischen Landtagswahlkampfes erfolgten Abwerbungsversuch durch Kreisky im Jahr 1973. Mauhart wog damals die unterschiedlichen Arbeitsstile der beiden

---

[10]) Rathkolb wies darauf hin, dass der „Waldbrunner-Hintergrund“ Androschs bei Kreisky als „verschüttetes Wissen“ immer vorhanden gewesen und „im Konfliktfall wieder aufgetaucht“ (29.05.2001) sei.

gegeneinander ab und resümierte, dass er lieber weiterhin für den Finanzminister arbeiten würde. Kreisky wäre nämlich selbst „sein allerbester Pressereferent", der „aus Prinzip nicht wollen hätte, dass jemand ihn zitiert, der nicht mit ihm gesprochen hat". Als Pressereferent von Kreisky wäre er „ein Zuträger" gewesen, während er im Kabinett Androsch in den „Meinungsbildungsprozess für Projektentwicklungen" eingebunden gewesen sei und der Finanzminister Journalistenkontakte an ihn delegierte. Wenn Mauhart zu den Journalisten sagte, dass sie dem Finanzminister etwas „in den Mund legen" könnten, dann wussten sie, dass keine Rücksprache mit diesem mehr erforderlich sei. Androsch war aber der Auffassung, dass sich Mauhart „dem Werben des Bundeskanzlers nicht entziehen" könne, und so ging Mauhart „schweren Herzens" auf den Ballhausplatz, um Kreisky seine Entscheidung mitzuteilen. Der Kanzler zeigte dann aber Verständnis dafür, dass Androsch und Mauhart weiter zusammenarbeiten wollten. Im Anschluss an dieses Ereignis sei bereits in der Partei darüber gesprochen worden, dass sie „einen Fehler gemacht" (Mauhart) hätten, weil Kreisky ihnen das nie vergessen würde. Mauhart maß diesem Ereignis allerdings keine große Bedeutung den Konflikt betreffend bei.

Gelegentlich seien „kleine abfällige Bemerkungen zum Stil dieses Hofes, den Androsch hielt" (Nowotny) gemacht worden. Kreisky schien Androschs „Hof" aus verschiedenen Gründen abzulehnen. Die Mitglieder dieses „riesigen", teilweise „sichtbaren und unsichtbaren Netzwerks" hätten so eine „Art Fraktionssitzungen" abgehalten und es habe sich eine Gruppe, „fast wie eine Partei in der Partei", zusammengesetzt aus „rechten, liberalen Typen" (Jankowitsch), herauszubilden begonnen. Die Entwicklung solcher Parallelstrukturen schien bei Kreisky generell das Gefühl auszulösen, dass ihm die Kontrolle entgleiten könne. So habe Kreisky „Zusammenkünfte aller Ministersekretäre, um Informationen auszutauschen" (Nowotny) sehr rasch unterbunden. Ein weiterer Grund für die ablehnende Haltung des Kanzlers lag darin, dass dieses Netzwerk aus „einem Freundeskreis von jungen Nachwuchsmanagern" bestanden habe, die sich in Folge ihrer Freundschaft zu Androsch „Aufstiegsmöglichkeiten erwarteten" (Igler). Personalentscheidungen seien vom Finanzminister durchaus „aus Freundschaft" getroffen worden und hätten zur Folge gehabt, dass „an sich verdiente Leute deswegen vorzeitig aus Positionen gehen mussten" (Gratz). Da Androsch seine Entscheidungen auch „gegen so manche Kritik in der Öffentlichkeit" durchgebracht habe, musste er den Betreffenden „für geeignet halten", um dann in weiterer Folge zu seiner Entscheidung stehen zu können. Wenn die Kritik nicht verstummen wollte, forderte der Minister die Kritiker auf, ihre Vorwürfe der Unfähigkeit laut und deutlich zu formulieren. Danach sei „relativ oft diese Kritik verstummt" (Reiter). Diese Politik der Belohnung der Treue von Mitarbeitern habe Kreisky gestört (Jankowitsch). Der Kanzler andererseits habe sich „gar nicht die Frage gestellt", was seine Mitarbeiter nach dem Ausscheiden aus der Politik machen würden, was „ihn menschlich eigentlich ein bisschen disqualifiziert" (Reiter) habe.

Kreisky sei aber auch nicht mit Androschs Freunden außerhalb der Partei einverstanden gewesen, als Beispiel wurde Gerd Bacher genannt (Jankowitsch). Der Androsch-Mitarbeiter Cordt berichtete, dass Kreisky sich „darüber alteriert" habe, dass Bacher zu Androschs Geburtstagsfeier im April 1978 eingeladen war und eine Rede halten durfte.[11] Kunz erzählte, dass die Wahl Bachers zum Generalintendanten 1978 eine inhaltliche Verstimmung zwischen Kreisky und Androsch herbeigeführt habe:

> Da gab es immer die Vermutung, die natürlich nie bewiesen werden konnte, dass damals im Kuratorium, wo ja die SPÖ an sich eine Mehrheit hatte, Kuratoren, die dem Androsch nahe standen, für den Bacher votiert haben (13.10.2000).

Beide Politiker bauten sich unterstützende Strukturen auf, die sich qualitativ voneinander unterschieden. Androsch war stärker in der SPÖ verankert als Kreisky, während der Kanzler sich beispielsweise an die Medien wandte, wenn er sich in der Partei nicht durchsetzen konnte (Horvath 1989, 77). Rathkolb vertrat die Ansicht, dass Androsch der geschicktere Netzwerkbauer gewesen sei – und daher seine Netzwerke besser funktioniert hätten.

[11]) Vgl. dazu die Sicht Kreiskys in Kreisky 1996, 95.

3. Stationen des Konflikts

Die bisherigen Ausführungen haben den Rahmen für den Konflikt abgesteckt, im folgenden Abschnitt sollen dessen einzelne Stationen dargestellt werden. Mit Hilfe dieser Nachzeichnung wird der Frage nachgegangen, welche Erklärungsmuster die Befragten für diese Auseinandersetzung haben. Wird der Konflikt als ein politischer Richtungsstreit gesehen, in dem zwei unterschiedliche Vorstellungen von Sozialismus aufeinandertreffen? Einigen InterviewpartnerInnen zufolge habe es in der SPÖ sowohl Visionäre, die sich dem historischen und traditionellen Sozialismus verpflichtet fühlen, als auch Pragmatiker, die eine neue, ideologisch weniger fundierte Form des Sozialismus vertreten, gegeben – also „Grundsatztreue" und „Abtrünnige". Kreisky und Androsch verkörperten diese beiden Pole. Bei manchen fand sich eine ähnliche Argumentationslinie, bei der allerdings weniger das Ideologische, sondern vielmehr die unterschiedliche Wirtschaftskompetenz in den Vordergrund gerückt wurde. Eine zweite Sichtweise durch die Befragten des Konflikts lässt statt der ideologischen Unterschiede persönliche Elemente als erklärende Faktoren überwiegen, nämlich dessen Interpretation als Generationen- bzw. als Vater-Sohn-Konflikt, aber auch als Gegensatz zwischen Großbürgertum und Aufsteigertum. Auch Kreiskys Krankheit, die zu einer Persönlichkeitsveränderung und Wahrnehmungsverzerrung geführt habe, wurde vereinzelt als Hintergrund für die Auseinandersetzung gesehen. Diese persönlichen Ursachen können allerdings nicht völlig getrennt vom politischen Richtungsstreit gesehen werden, denn sie entwickeln teilweise im Laufe des Konflikts auch eine politische Funktionalität. Überlagert werden diese beiden Kategorien Richtungsstreit und Persönliches von einem politischen Machtkampf um die Nachfolge in der SPÖ. Die Meinungen über den Zeitpunkt des Konfliktbeginns ebenso wie über die Ursachen des Konflikts gehen deutlich auseinander. Einigkeit zeigten die Befragten lediglich in ihrer Ablehnung einer monokausalen Erklärung des Konflikts.

3.1. Der politische Richtungsstreit

Die sich vermehrt herauskristallisierenden unterschiedlichen Standpunkte von Kreisky und Androsch in verschiedenen Bereichen der Wirtschaftspolitik seien, laut Interviewten, auf das teilweise generationsbedingt divergierende Verständnis von Wirtschaftspolitik und auf das unterschiedliche ökonomische Fachwissen zurückzuführen. Kreisky war in seinen wirtschaftspolitischen Ansichten ausschlaggebend durch seine Erfahrungen aus der Ersten Republik und durch seine Jahre im schwedischen Exil[12] geprägt. Er hielt am Primat der Politik über die Wirtschaft fest und zielte darauf ab, die Wirtschaft mittels unterschiedlicher Politiken zu gestalten. Seine Skepsis dem Kapitalismus gegenüber wurde ihm im Zuge der Ölpreis-Steigerungen und der Verlangsamung des Wirtschaftswachstums deutlich bewusster, in diesem Zusammenhang wurde dessen „Krisenanfälligkeit und Unrechtserzeugung" (P. Kreisky) noch wesentlich sichtbarer.

Kreisky galt als politischer Visionär, der die unterschiedlichen Strömungen in der Gesellschaft aufnehmen konnte, um sie dann aufzugreifen und in seine Politik einfließen zu lassen. Einige Androsch-Mitarbeiter bezeichneten Kreisky daher als Taktiker, der sich eher an der Tagespolitik als an längerfristigen Strategien orientiert habe.[13] Androschs Politik schien weniger visionär und stärker pragmatisch, da sein ökonomisches Fachwissen ihn immer an die Kosten und die Folgekosten seiner politischen Entscheidungen denken ließ. Bereits in den 70er-Jahren orientierte er seine Politik vermehrt an ökonomischen Kriterien wie Effizienz und Effektivität. Seine politischen Gegner bezeichneten diese Zugangsweise als eine moderne, entideologisierte Form der Sozialdemokratie (Lacina; Blecha) bzw. als „relativ gemäßigte frühe neoliberale Aspirationen" (P. Kreisky). Dieses divergierende Politikverständnis fand auch Ausdruck in einem unterschiedlich stark ausgeprägten Bestreben, die für die Sozialdemokratie typische Widersprüchlichkeit von Programm und Praxis zu überbrücken. Während der Kanzler zu jenen Sozialdemokraten zählte, die „den Versuch einer Überbrückung dieser Kluft" anstrebten, obwohl es auch für ihn galt „vermeintlichen oder wirklichen realpolitischen Zwängen" (P. Kreisky) zu folgen, so sei bei Androsch stets der Pragmatismus im Vordergrund gestanden.

Die Befürworter der politischen Linie des Finanzministers wiederum betonten die Geradlinigkeit seiner Entscheidungen. Auracher und Mauhart erinnerten sich beispielsweise an die Empörung Kreiskys über den Zeitpunkt der Diskussion über die Anhebung der Mehrwertsteuer und der Pensionsbeiträge (Cordt/Mauhart 1988, 243) im Jänner 1975, da der Wahlkampf für die Oktoberwahlen bereits begonnen hatte. Androsch habe ein solches opportunistisches Verhalten vor Wahlen abgelehnt, was seiner „nicht immer positiv zu bewerten-

[12]) Zu Kreiskys Jahren im schwedischen Exil vgl. Secher 1993, 55 ff.

[13]) Sie teilen die Meinung von Androsch, der Kreisky „wenig Sensorium [...] für längerfristige strategische Überlegungen" und „sehr wenig Sensorium" [...] für wirtschaftliche Zusammenhänge" (Weber/Venus 1993, 194) attestierte.

den Geradlinigkeit" entsprochen habe. Dies habe Kreisky „manchmal irritiert", „weil er ein anderer Taktiker" (Mauhart) gewesen sei.

Die Befürworter der Politik Androschs sahen in seiner Zugangsweise eine Weiterentwicklung der Sozialdemokratie. Buchacher führte als Beispiel dafür Androschs Rede „Entscheidung für morgen" (Weber/Venus 1993, 102) in Linz (Herbst 1977) an, in der er für Eigenverantwortung, Eigeninitiative und Eigenvorsorge eintrat. Der Finanzminister habe die Sozialisten nicht mehr als „die ausgebeuteten Proletarier" gesehen, sondern vertrat die Ansicht, dass der Wohlfahrtsstaat „ein gewisses Maß an Niveau" erreicht habe und das „soziale Netz eng genug geknüpft" sei, um den Menschen mehr Eigenverantwortung für ihre soziale Absicherung zu übertragen. Auch Steger ordnete Androsch und Kreisky „zwei verschiedenen sozialistischen Wegen" zu. Kreisky sei „traditionell sozialdemokratisch" gewesen und habe sich „über das Aufbrechen der Gesellschaft und der Strukturen" definiert, Androsch habe „einen weitgehend, mit Ausnahme der Antifaschismus-Linie[14], nicht ideologisch stark geprägten Kurs" verfolgt, den „man heute als den Schröder-Kurs bezeichnen würde".

Kreisky war sich dieser Unterschiede von Anfang an durchaus bewusst, denn als Lacina bei einem Parteitag 1973 „ziemlich blauäugig" eine sozialistisch geprägte Wirtschaftspolitik einforderte, habe Kreisky ihm zwar in vielem Recht gegeben, aber darauf hingewiesen, dass Androsch einer Generation angehöre, „in der die Entpolitisierung und Entideologisierung" vorherrsche. Daher könne von ihm „nicht viel an sozialistischer Substanz" (Lacina) erwartet werden. Auch Rathkolb sprach die Unterschiede im wirtschaftspolitischen Verständnis der beiden an, meinte aber, dass diese eher in Details unterschiedlicher Politiken zum Tragen gekommen seien und nicht in der großen politischen Linie: Kreiskys Generation habe „sehr stark versucht, [...] mittels Politik Wirtschaft zu gestalten", während Androsch „der Typ der nächsten Generation" gewesen sei, die mittels „privatwirtschaftlicher

[14]) Androsch-Gegner wie Ferdinand Lacina und Peter Kreisky verweisen auf die Borodajkewycz-Affäre (Kasemir 1996), in der der VSStÖ-Politiker Androsch nicht bereit war, sich gegen Borodajkewycz zu engagieren (Kreisky 1997, 54; Kreisky 12.03.2001; Lacina 5.10.2000). Im Interview sprach Peter Kreisky davon, dass sein Vater, die „Politik, tief greifende Auseinandersetzungen mit nazistischen und alltagsfaschistischen Ideologien zu vermeiden, im Großen und Ganzen" fortgesetzt habe. Ihm sei jedoch, „ohne einige seiner Handlungen in diesem Bereich zu beschönigen, seine jüdische Herkunft und die daraus sich ergebenden Verhaltensprobleme vor dem besonders unaufgeklärten und antisemitischen österreichischen Hintergrund, sowie seiner eigenen Erfahrung mit dem menschlichen Dilemma von begründeter Angst ums Überleben in Diktaturen in Rechnung zu stellen". Androsch stehe jedoch bezüglich seiner Vergangenheitspolitik „weitgehend in der Tradition des Zudeckens und Arrangierens" (12.03.2001).

Strategien" oder durch „das Mitdenken privatwirtschaftlicher, privatkapitalistischer Interessen, Politik zu machen" versuchen würde. Androsch sei daher ein steter „Verteidiger liberaler Entwicklungen" gewesen, die zur „Befreiung des Kapitals bei gleichzeitiger Verschlechterung der menschenrechtlichen, sozialen und ökologischen Standards" (P. Kreisky) geführt hätten.

Diese unterschiedlichen Zugangsweisen wurden nicht nur in der Hartwährungspolitik, sondern ebenfalls in der Verstaatlichtenpolitik offensichtlich. Auch in der Sozialpolitik[15] habe Androsch eine andere Linie als Kreisky vertreten, indem er gegen Ende seiner Amtszeit immer mehr ein Abgehen von der Verschuldungspolitik für richtig gehalten habe. Der Finanzminister habe zwar die „Notwendigkeit der Freiheit von Not und Angst sowie der Solidarität betont", habe aber „wie viele Befürworter der verteilungspolitischen Treffsicherheit" des Sozial- und Bildungsstaates das Problem der Aushöhlung der Legitimation des Sozialstaates bei Leistungskürzungen für die Mittelschichten gravierend unterschätzt oder in Kauf genommen" (P. Kreisky). Diese sachpolitischen Differenzen in den späten 1970er-Jahren seien zwar „nicht mehr so an die Öffentlichkeit gekommen", aber Kreisky habe Androschs Versuche, die keynesianistische Politik zu „modifizieren" bzw. von ihr „abzurücken, nicht ganz goutiert" (Sellner). Diese Beobachtung teilte auch der langjährige Kreiskyfreund Igler: Androsch sei es „gegen Ende der 70er-Jahre gedämmert, dass die österreichische Version der Ära der Anspruchsberechtigung mit Verschuldung sich dem Ende zuneigte" und daher ein „grundlegender Wechsel der Wirtschaftspolitik erforderlich sein würde".

Mehrfach wurde das verschieden gewichtete Interesse der beiden Politiker an der Ökonomie, ebenso wie ihr unterschiedliches ökonomisches Fachwissen angesprochen. Während ein Kreisky-Mitarbeiter das große Interesse Kreiskys an der Wirtschaftspolitik unterstrich (Nowotny), war ein Androsch-Mitarbeiter wiederum der Auffassung, dass bei Kreisky „die Ökonomie" lediglich „ein notwendiges Beiwagerl" (Auracher) der Politik gewesen sei. Streicher war der Meinung, dass „das wirtschaftliche Verständnis von Kreisky" „unterentwickelt" gewesen sei, er dieses Defizit jedoch als „Blitzkneisser" und „Schnelldenker" ausgleichen konnte, ohne sich wirklich mit wirtschaftlichen Zusammenhängen auseinander setzen zu wollen, weil ihm die Befassung damit „höchst zuwider" gewesen sei.

---

15) Androsch hat beispielsweise immer die Gratisschulbuchaktion abgelehnt (Palme 1999, 151; Weber/Venus 1993, 195 f.).

Wie bereits erwähnt, war die Wirtschaftskompetenz des jungen Abgeordneten Androsch ein ausschlaggebendes Moment für Kreisky, ihn zum Finanzminister zu machen. Die herausragende Kompetenz des Ministers ließ einige Interviewpartner das Kreiskysche Fachwissen in diesem Bereich als deutlich weniger fundiert bewerten. Kreiskys Kabinettchef Reiter zeigte sich überzeugt, dass Androschs wirtschaftliches Fachwissen größer gewesen sei als jenes von Kreisky. Bacher hob diesen Unterschied zwischen Kreisky und Androsch noch deutlicher hervor:

> Androsch litt darunter, dass sich Kreisky für einen großen Ökonomen hielt. Er war ein großer Politiker, aber überhaupt kein großer Ökonom. Androsch dagegen ist ein politischer Ökonom und ein großer Unternehmer (05.04.2001).

Besonders wenn sich Kreisky „ein bisschen darüber geärgert" habe, dass „die Wirtschaftskompetenz in den Händen anderer Personen lag", wollte er zum Ausdruck bringen, dass er sich „eigentlich auch in Wirtschaftsfragen kompetent" (Buchacher) fühlte. Buchacher, der, bevor er zu Androsch ins Kabinett wechselte, Wirtschaftsjournalist gewesen war, erinnerte sich an eine solche Begebenheit im Jahr 1974: Er sei gemeinsam mit anderen Wirtschaftjournalisten von Kreisky ins Bundeskanzleramt eingeladen worden, um mit dem Kanzler Wirtschaftsfragen zu diskutieren. In seiner Einleitung habe Kreisky seine Wirtschaftskompetenz damit begründet, dass er „eine Diplomarbeit in Volkswirtschaft geschrieben" habe, von der zwar zwanzig Seiten fehlen würden, die ersten hundert aber noch erhalten seien. Kreisky habe im Terrain der Wirtschaftspolitik „seine übliche 150-prozentige Sicherheit auf 120 hinunterschrauben" (Steinbauer) müssen, und er habe sich schwer getan", die ihm von Androsch erklärten wirtschaftlichen Zusammenhänge und die von diesem als einzig gangbaren wirtschaftspolitischen Weg vorgeschlagene Politik nachzuvollziehen.

Ein großer Teil der Befragten sah die Entwicklung eines eigenständigen (wirtschafts-)politischen Profils durch Androsch und das bei Kreisky entstehende Gefühl des Kontrollverlustes als einen wesentlichen Konfliktfaktor. Teilweise wurde dieser Punkt sogar als Auslöser des Konflikts gesehen. Einzelne, Androsch verbundene Interviewpartner führten das bei Kreisky entstehende Misstrauen gegenüber seinem Finanzminister darauf zurück, dass im Umfeld Androschs die Auffassung laut wurde, die Wirtschaftspolitik liege in den Händen des Finanzministers, die Innen- und Weltpolitik werde dagegen vom Kanzler gemacht (Benya; Steinbach). Der Androsch-Mitarbeiter Buchacher beschrieb die unterschiedlichen politischen Domänen der beiden etwas vorsichtiger und hob deren ergänzenden Charakter hervor, denn beide seien „keine engstirnigen, national orientierten" Politiker gewesen, sondern sie hätten „die Weltweiterentwicklung toll im Griff gehabt".

Im Folgenden wird kursorisch auf die Diskussion um ein Budgetüberschreitungsgesetz 1974 und im Detail auf die Politikbereiche Hartwährung und Verstaatlichte eingegangen, in denen die bereits erwähnten Elemente des politischen Richtungsstreits besonders deutlich werden. Allerdings soll in diesem Kontext nicht unerwähnt bleiben, dass auch Kreisky sich ab und an erfolgreich in die Kompetenzen des Finanzministers „einmischte und sich durchsetzen" (P. Kreisky) konnte. Dies geschah 1978 als sowohl das Budget- als auch das Handelsbilanzdefizit sprunghaft anstiegen und Androsch für eine Erhöhung der beiden Mehrwertsteuersätze eintrat. Die AK sah darin verteilungspolitisch eine degressive Wirkung und befürwortete eine Luxussteuer – eine Position der sich auch Kreisky anschloss und sich damit durchsetzte.

3.1.1. Diskussion um ein Budgetüberschreitungsgesetz 1974

In Folge des Ölschocks 1973 und des dadurch bedingten Konjunkturabschwungs wurden 1974 Steuerausfälle von etwa 145 Millionen Euro (ca. zwei Mrd. Schilling) registriert. Um diese fehlenden Einnahmen überbrücken zu können, hätte der Finanzminister ein Budgetüberschreitungsgesetz im Parlament einbringen müssen. Androsch setzte allerdings mit Hilfe der PSK und der Kontrollbank eine andere Finanzierungslösung durch, die im Nationalrat heftig diskutiert und kritisiert wurde. Cordt erinnerte sich, dass sich der Finanzminister „heftig verteidigen musste", ohne jedoch von „der Regierung, v.a. von Kreisky" unterstützt zu werden. Pekarek empfand Kreiskys damalige Aussage, neben dem Finanzminister zu stehen und nicht hinter ihm, als „bemerkenswert für die damalige politische Konstellation". Bei Androsch hatte dieses Ereignis, laut seiner eigenen Darstellung, eine gewisse Irritation ausgelöst.[16] Buchacher vermutete, dass sich der Kanzler durch Androschs heikle Entscheidung „verunsichert" gefühlt und sich gefragt habe, ob „sein toller Finanzminister alles im Griff" habe.

---

[16]) Androsch hatte diesen Weg gewählt, „um die politische Option vorgezogener Neuwahlen nicht zu gefährden", daher war er verwundert, dass der Kanzler „auf die diesbezüglichen 145 Millionen Euro angesprochen, ob er noch hinter seinem Finanzminister stehe, nur gesagt hat, er stehe neben ihm". Er habe dann „eineinhalb Jahre Zeit gebraucht, um das Problem politisch wegzukriegen". 1974 habe seine „innere Distanzierung von Kreisky" begonnen, denn er vermisste die „brauchbare Grundlage einer Zusammenarbeit". Dies sei auch ein Grund für seinen Versuch gewesen, „in die Notenbank überzuwechseln" (Weber/Venus 1993, 198).

3.1.2. Hartwährungspolitik

Die Anbindung des österreichischen Schilling an die deutsche Mark, die so genannte Hartwährungspolitik, war ein permanent wiederkehrendes politisches Thema in den 70er-Jahren. 1971 wurde erstmals die Aufwertung des Schilling gegenüber der DM beschlossen, weitere Aufwertungen folgten 1973 und 78. Die Befürworter der Hartwährungspolitik waren in den Reihen der OeNB zu finden und standen den Vorstellungen Kreiskys entgegen, für eine Abwertung des Schilling traten Repräsentanten der exportorientierten und der verstaatlichten Industrie ein. Letztlich setzte der Finanzminister mit Hilfe der von ihm überzeugten Sozialpartner und der OeNB die von ihm vertretene Hartwährungspolitik durch, die er nicht nur aus Gründen der Inflationsbekämpfung, sondern auch als Druckmittel für die Umstrukturierung der österreichischen Wirtschaft favorisierte.

Mehrere Befragte wiesen auf die Hartwährungspolitik als Anfangspunkt für den Konflikt Kreisky – Androsch hin. Einige von ihnen waren der Auffassung, dass es bereits im März 1973 Unstimmigkeiten zwischen den beiden gegeben hatte. Der Finanzminister kündigte Kreisky an, dass er eine Gesprächsrunde samt Sozialpartnern ins Ministerium eingeladen habe, um die Frage der Schilling-Aufwertung zu diskutieren. Als in dieser Runde ein Konsens gefunden worden war, wurde der Kanzler[17] darüber in Kenntnis gesetzt. Er zeigte sich irritiert, nicht in die Entscheidung eingebunden worden zu sein (Palme 1999, 237). Kreisky habe es „zum ersten Mal in seinem Ego gestört, dass Androsch gegen seinen Willen" die Hartwährungspolitik gegenüber den Sozialpartnern und der Industrie (Pekarek) durchgesetzt habe. Wahrscheinlich war es auch die Art und Weise Androschs ihm von der Durchsetzung seiner Linie zu berichteten, die Kreisky verärgert hatte, da er, aus seiner Sicht, vor vollendete Tatsachen gestellt wurde. Diese „Niederlage" habe bei Kreisky „irgendetwas bewirkt" (Weiser), wodurch sich auch das Verhältnis der beiden zu verändern begann. Es sei dadurch ein Riss entstanden, Kreisky habe es nicht verziehen, dass Androsch „nicht seiner Meinung war" und seinen gegensätzlichen Standpunkt „erfolgreich durchgesetzt" (B. Androsch) habe. Kienzl maß dieser Auseinandersetzung als Ausgangspunkt zwar auch Bedeutung bei, betonte aber, dass dieser Konflikt stets ein sachlicher geblieben sei. Er stellte den generationsbedingten unterschiedlichen Zugang des Kanzlers und seines Finanzministers in den Vordergrund:

---

17) In Kreiskys Memoiren wird die Auseinandersetzung um die Hartwährungspolitik sehr kurz abgehandelt (Kreisky 1996, 147 f.).

Kreisky habe die Frage der Hartwährungspolitik „aus seiner Erfahrung in der Ersten Republik“ heraus „falsch eingeschätzt“.

Andere Gesprächspartner setzten den Beginn des Konflikts nicht schon mit 1973, sondern erst mit 1977 an, als in den Sommermonaten die Diskussion über die Beibehaltung der Hartwährungspolitik in der Regierung immer nachdrücklicher wurde. Broesigke deutete dies als „Meinungsverschiedenheit“ und nicht als Konflikt, ebenfalls also als eine sachliche Differenz. Auch Igler teilte diese Einschätzung, fühlte sich allerdings von seinem Freund Kreisky ein wenig missverstanden, weil er, Igler nicht ein generelles Abgehen von der Hartwährungspolitik forderte, sondern dies lediglich in der Kredit- und Budgetpolitik, nicht aber in der Wechselkurspolitik umgesetzt sehen wollte. „Diese etwas komplizierten Zusammenhänge“ seien „in wirtschaftspolitischen Gesprächen Kreiskys im Rahmen seiner Partei als Wunsch zur Auflockerung der Hartwährungspolitik interpretiert“ worden und „führten zu Reibungen zwischen Kreisky und Androsch“.

Frühere Androsch-Mitarbeiter wiederum sahen den Konflikt eskalieren, weil der Finanzminister, so wie bereits 1973, erfolgreich eine Allianz mit Vertretern der Sozialpartner und der Nationalbank schloss, ohne den Kanzler selbst und Repräsentanten der Verstaatlichten, die Kreisky immer wieder für ein Abgehen von der Hartwährungspolitik gewinnen wollten, in den Konsensfindungsprozess einzubinden. Cordt stellte einen solchen Entscheidungsfindungsprozess sehr anschaulich dar:

> Eines Nachts, im Herbst 1978, ruft Androsch mich an, und sagt um 3 Uhr in der Früh: ‚Haben Sie gehört, die Deutschen haben aufgewertet? Was sollen wir denn machen?‘ [...] Da es keine Alternative zum Mitziehen mit der DM gegeben hat, musste nur mehr das politische ‚Marketing‘ und die entsprechende Überzeugungsarbeit geleistet werden. Für 7:30 wurde Dr. Koren [Nationalbankpräsident] nach Neustift eingeladen und in die Vorgangsweise eingebunden. Er brauchte nicht lange überzeugt zu werden. Der nächste war Dr. Mussil, Generalsekretär der Bundeskammer, und Verfechter einer weicheren Linie. Koren und Androsch überzeugten Mussil, allerdings nicht ohne ein Zugeständnis an den gewieften Politiker: Als Abfederung von Härten für die Exportwirtschaft wurde eine geringe Verbilligung der Exportkredite vereinbart. Dieses ‚Federl‘ konnte sich die Kammer an den Hut stecken. Nun musste Kreisky eingebunden werden, der dieses ‚fait accompli‘ auch nunmehr zur Kenntnis nehmen konnte. Androsch legte großen Wert darauf, Kreisky immer einzubinden (21.11.2000).

Kreisky hat diese Vorgehensweise vermutlich wie schon 1973 nicht als Einbindung verstanden, sondern als Konsensfindung ohne seine Beteiligung und Anhörung. Sellner wies darauf hin, dass es dem Kanzler besonders missfallen haben musste, dass Androsch auch den von Kreisky als Nationalbankpräsidenten eingesetzten Koren für die Hartwährungspolitik gewinnen konnte. Kreisky habe sicher angenommen, dass Androsch „mit dem Koren nie können" werde.

Das Thema Hartwährungspolitik beschäftigte noch weitere Interviewte, die dieses Thema jedoch nicht als Auslöser des Konflikts ansahen. Vorwiegend Androsch nahe stehende Interviewte betonten den Aspekt der Niederlage Kreiskys in diesem politischen Bereich und dass aus seiner Nichteinbindung bzw. aus dem Widerspruch Androschs eine Verstimmung resultierte (vgl. u.a. Barazon; Steinbach; Gratz; J. Androsch). Benya machte Kreiskys Ärger daran fest, dass einerseits der Kanzler es nicht „verkraftet" habe, sich in dieser Frage nicht durchsetzen zu können, und dass andererseits Androsch die Beibehaltung der Hartwährungspolitik mit seinem Verbleib in der Politik verknüpft hatte, wie Kreisky Benya in einem ihrer Montagsgespräche berichtet habe:

> [D]er Bruno ist ziemlich wütend und sagt: ‚Der Hannes hat mir erklärt, wenn er die Hartwährungspolitik nicht beibehalten kann, dann tritt er zurück.' Sage ich: ‚Bruno. Reg dich nicht so auf. Aber die Frage, Abwertung oder bei der Hartwährungspolitik zu bleiben, ist bei uns auch diskutiert worden. Und bei uns sind [...] unsere Wirtschaftspolitiker einhellig der Meinung, wir müssen bei der Hartwährungspolitik [bleiben] (19.04.2001).

Benyas Erzählung lässt deutlich erkennen, dass er gemeinsam mit einigen anderen Gewerkschaftsvertretern eindeutig die Linie Androschs unterstützte. Ein Androsch-Mitarbeiter war der Überzeugung, dass Kreisky das Nichtdurchsetzen seines Standpunktes „tief getroffen" habe. Die jugendliche Euphorie über die erfolgreiche Umsetzung der politischen Linie auf Seiten des Mitarbeiterstabes von Androsch und des Finanzministers selbst an der Spitze habe zu einer Verschärfung der Situation beigetragen und „den Frust" auf der Seite von Kreisky „verdoppelt" (Auracher).

Einige Androsch-Vertraute betonten in diesem Zusammenhang, dass der Finanzminister von der Richtigkeit seiner Entscheidung überzeugt war und daher unter keinen Umständen von seiner Position abweichen konnte (Mauhart; Buchacher; Streicher). Aus diesem Grund machte Androsch diese Entscheidung auch zu einer „Kabinettsfrage" (Mauhart). Streicher wusste über ein Telefongespräch zwischen dem Kanzler und dem Finanzminister zu berichten, in dem Androsch keinen Zweifel aufkommen ließ, dass das Entscheidungsrecht über die Frage der Ab- oder Aufwertung dem Finanzminister obliege. Das Gespräch sei „heftiger und heftiger" geworden und am Schluss hörte Streicher den Finanzminister sagen: „Bruno, der Finanzminister bin ich!" Dieses klare Einfordern der alleinigen Entscheidungskompetenz habe nicht zur Förderung der „Herzlichkeit" im Verhältnis zwischen Kanzler und Finanzminister beigetragen. Allerdings hatte Streicher den Eindruck, dass Androsch „eine Contraposition zum Kanzler" nicht gleichgültig gewesen sei und er solche Gespräche nicht „mit Kaltschnäuzigkeit verarbeitet" habe.

Mehrere vorwiegend Kreisky nahe stehende Befragte bewerteten die Differenzen in der Hartwährungspolitik als eine temporäre sachliche Auseinandersetzung, die beim Kanzler zu keinen dauerhaften persönlichen Irritationen geführt habe (vgl. u.a. Lanc; Blecha; Sinowatz). Diese unterschiedlichen Standpunkte hätten „natürlich eine Rolle gespielt", „aber nicht in der Tiefe und in der langfristigen Tendenz des Konflikts" (Rathkolb). Kreisky habe zwar „noch manchmal über die Hartwährungspolitik gemotzt", aber eingesehen, dass sie „psychologisch" wichtig war, auch wenn er „wirtschaftlich" (Scheuch) nicht überzeugt werden konnte. Auch Reiter meinte, dass sich Kreisky „diesbezüglich mehr gefügt" habe, als „überzeugt worden" zu sein, er wollte aber „offenbar nicht den Megakonflikt".

3.1.3. Verstaatlichtenpolitik

Die Zuständigkeit für die verstaatlichte Industrie ressortierte in den 1970er-Jahren im Bundeskanzleramt. Trotzdem überschnitten sich die Kompetenzen des Finanzministers in diesem Politikfeld mit jenen des Kanzlers, da die Budgethoheit beim Finanzministerium lag. Durch diese Kompetenzüberschneidung wurden die unterschiedlichen politischen Standpunkte die Verstaatlichte betreffend sichtbar. Androsch wollte die Subventionen zurückschrauben, um die verstaatlichte Industrie zu einer Umstrukturierung zu zwingen. Kreisky hatte das Ziel der Vollbeschäftigung vor Augen und wollte durch die Subventionierung Arbeitsplätze erhalten. Zahlreiche Interviewpartner sprachen das Thema Verstaatlichtenpolitik an, wobei es von niemandem als den Konflikt auslösendes Moment bezeichnet wurde.

Dem Kanzler sei „die Rückgratfunktion der verstaatlichten Industrie für eine relativ autonome österreichische Wirtschaft und die österreichische Arbeiterbewegung (insbesondere die Gewerkschaften) bewusst" gewesen. Das Ausmaß an Mitbestimmung in diesem Sektor sei ihm „grundsätzlich als Fortschritt gegenüber frühen oder modernen rabiat-kapitalistischen Ausbeutungs- und Verelendungserscheinungen, wenn auch nicht immer als unproblematisch" (P. Kreisky) erschienen. Der Wirtschaftspolitiker Androsch hatte einen wesentlich pragmatischeren Zugang. Er habe die Krise der Verstaatlichten rechtzeitig erkannt und die aus den Veränderungen am Weltmarkt abzuleitenden Umstrukturierungsprozesse dieses Wirtschaftsbereichs vor Augen gehabt (Steinbach; Steinbauer; Pekarek). Diese Erkenntnisse veranlassten Androsch, sich über die Verstaatlichte kritisch zu äußern, was Kreisky „immer sehr persönlich genommen" habe, „weil er dafür zuständig war" (Cordt). Steinbach erinnerte sich an ein Ereignis vor der Nationalratswahl 1979, bei dem deutlich wurde, dass Kreisky sich von der Verstaatlichten auch eine Gegenleistung dafür erwartete, dass er ihr zu Subventionen verholfen hatte:

> Da war wieder einmal das Problem, es gibt zu wenige Lehrstellen für die Jugendlichen, da hat er die Generaldirektoren der verstaatlichten Industrie im Bundeskanzleramt versammelt und hat ihnen allen Lehrlingskontingente zugeteilt. Irgendeiner hat sich dann schüchtern getraut zu sagen, ja, aber er braucht die nicht und er hat eh Schwierigkeiten. Den hat er ganz schön niedergebügelt, er hat gesagt: ‚Ich habe euch da Subventionen verschafft und jetzt werdet ihr mir da nicht [in den Rücken fallen]' (06.11.2000).

Weil Kreisky die verstaatlichte Industrie „besonders am Herzen" lag, nahm er sie ins eigene Ressort. Dieses Nahverhältnis und den sich daraus ergebenden direkten politischen Einfluss Kreiskys auf die Betriebe betrachtete Androsch mit einer gewissen Skepsis (Reiter; Igler). Kreisky war eine Anlaufstelle für Betriebsratsdelegationen aus den verstaatlichten Unternehmen, weil sie wussten, dass er immer ein offenes Ohr für ihre Anliegen hatte. Diese engen Kontakte mit den Betriebsräten waren für Kreisky möglicherweise auch so wichtig, weil er so den ÖGB umgehen konnte (Reiter). Der Kanzler machte den Betriebsräten Subventionszusagen, ohne diese vorher mit dem dafür zuständigen Finanzminister abzuklären (Ströer). Der VP-Abgeordnete Steinbauer beschrieb dieses Nahverhältnis zwischen dem Kanzler und den „Deputationen der Betriebsräte" mit dem Bild eines Monarchen, der „die Vertreter der Verstaatlichten wie Hofzwerge" um sich versammelte, um ihnen „Gnaden zu spenden" und sie „glücklich nach Hause zu schicken", weil sie auf Verständnis gestoßen waren, ganz unabhängig davon, ob sich etwas ändern würde oder nicht.

Kreisky empfand es als irritierend, wenn „er beim Finanzminister um Geld betteln musste", weil das nicht seinem „Selbstverständnis" (Pekarek) entsprochen habe. Androsch wollte die Politik des Schuldenmachens zurückschrauben und vertrat den Standpunkt, dass er nicht aus seinem Budget die Löhne von Verlustbetrieben bezahlen wolle (Buchacher). Daher versuchte er Kreisky zu erklären, dass es keinen Sinn mache, in eine hochverschuldete Firma Milliarden zu investieren, da diese damit nicht gerettet werden könne (Barazon), aber Kreisky habe Androschs Erklärung nicht akzeptiert.

Kreisky beschwerte sich dann bei Parlamentariern (vgl. auch Mauhart) oder bei Benya darüber, dass er kein Geld für die Verstaatlichte bekomme. Benya erinnerte sich an folgenden Dialog:

> Kreisky: ‚Ja, der Hannes, für die verstaatlichten Betriebe bekomme ich kein Geld.'
> Benya zu Androsch: ‚Warum?'
> Androsch: ‚Schau, der muss mir einen Gesetzesentwurf machen, dann geht alles. Aber so kann ich ihm kein Geld geben, das geht nicht.'
> Benya sagt das Kreisky – darauf Kreisky: ‚Ja, das ist nur da so, woanders geht es auch. Bei seinen Betrieben [die dem Finanzminister unterstehen] geht es auch.'
> Benya: ‚Pass auf, da muss ein Gesetz eingebracht werden, wo er die Grundlage hat.' (19.04.2001)

Auch Lacina sprach die von Kreisky empfundene Ungleichbehandlung der im Bundeskanzleramt ressortierenden verstaatlichten Unternehmen und der dem Finanzminister unterstellten Gesellschaften wie beispielsweise die Salinen oder die Austria Tabak bzw. die verstaatlichten Banken an. Er wertete diese Auseinandersetzung als „Machtpolitik".

Zusätzlich erfuhr die Verstaatlichtenpolitik durch Kreisky eine Verknüpfung mit der Hartwährungspolitik. Er forderte für die exportorientierten Unternehmen einen weicheren Schilling (Buchacher), was bei Androsch auf Ablehnung stieß, weil er die Hartwährungspolitik als Instrument für Strukturreformen begriff. Cordt erinnerte sich an eine Begebenheit, wo es zu einer heftigen Auseinandersetzung zwischen dem Generaldirektor der ÖIAG, Oskar Grünwald, und dem Finanzminister gekommen sei. Anlass dafür sei eine von Grünwald „verlangte Subvention in der Höhe von 2,2 Mio. Euro (30 Mio. Schilling) für ein Exportgeschäft der VEW" (Vereinigte Edelstahlwerke) in den Sudan gewesen. Der Finanzminister hatte bereits davor zahlreiche Maßnahmen gesetzt, um die Zahlungs- bzw. Leistungsbilanzkrise zu entschärfen und hätte daher nur wenig Verständnis für die Forderung Grünwalds gehabt. Außerdem sei bekannt gewesen, „dass der Betriebsrat der VEW einen Betriebsausflug ins Ausland durchgeführt und dazu angeblich einen eigenen Jumbo angemietet hatte". Androsch wies die Forderung Grünwalds zurück und hatte nach diesem Gespräch „zwei Kritiker mehr in einflussreichen Positionen" (Cordt) – Grünwald und den ebenfalls bei diesem Treffen anwesenden Lacina.

3.1.4. Machtpolitische Aspekte der Wirtschaftspolitik

Die immer deutlicher werdenden unterschiedlichen wirtschaftspolitischen Standpunkte[18] wurden noch zusätzlich von einer machtpolitischen Entwicklung begleitet und verstärkt. Die Position des Finanzministers ist von ihrer Funktion her eine besondere, da das Finanzministerium ein Querschnittsministerium ist und durch seine Budgethoheit in alle anderen Politikbereiche „hineinregieren" und diese stark beeinflussen kann. In einer Alleinregierung hat der Finanzminister noch mehr Pouvoir als in einer Koalitionsregierung, da die Handlungsspielräume weniger durch Kompromisse beschränkt werden und zu einer höheren Problemlösungskapazität führen. Androsch sei sich seiner Macht kraft seiner Position als Finanzminister von Anfang an bewusst gewesen (Benya) und habe seine Kompetenzen auch in vollem Umfang wahrgenommen – er habe „auf dieser Orgel gespielt". Diese faktische Macht habe ihn „vielleicht etwas blind" werden lassen für die Realität, wodurch er Kreisky gegenüber etwas zu „undiplomatisch" (Pekarek) geworden sei.

Da eine Menge Angelegenheiten über den Schreibtisch des Ministers gingen, wandten sich auch viele Personen direkt an ihn. Darunter waren laut Barazon nicht nur „Anbeter" Androschs, sondern auch „Intriganten" und „Kriecher", für die Androsch nur so lange interessant gewesen sei, so lange er erfolgreich war. Das Interesse an Androsch könne auch so interpretiert werden, dass die Leute „zu dem Jüngeren und nicht zum Alten" gingen, „der nicht sehr viel geben" (Lendvai) konnte. Diese Querschnittskompetenz und das Ausfüllen dieser Kompetenzen durch Androsch habe ein „Superministerium" (Pekarek) entstehen lassen, dem Kreisky eher skeptisch gegenübergestanden sei. Er konnte dieses Ministerium selbst auch nicht umgehen, weil er für in seinen direkten Kompetenzbereich fallende Politik, wie die Verstaatlichtenpolitik, mit dem Finanzministerium in Verhandlung treten musste.

Das Entstehen eines zweiten Machtzentrums in der Himmelpfortgasse sei für den „strahlenden Sonnenkanzler irgendwie irritierend" gewesen. Es sei nicht nur um Kanzler Kreisky eine „Art Hofatmosphäre" entstanden, in der „um seine Gunst gebuhlt wurde", sondern auch Androsch habe seine „eigene politische Kraft" entwickelt und sei daher umworben worden. Es sei ihm daher nicht mehr notwendig erschienen, sich an „diesem Spiel" (Jankowitsch) um Kreisky zu beteiligen. Der Kanzler habe seine Macht nicht

[18]) Zur Akzentverschiebung in Androschs Politik vgl. Leser 1988, 229.

teilen wollen und entwickelte eine Abneigung gegen rivalisierende Machtzentren. Dies sei auch im problematischen Verhältnis zu „wirklich starken Persönlichkeiten" (Nowotny) zum Ausdruck gekommen bzw. in seiner Missbilligung von „selbstständigen politischen Hoffnungsträgern" (Steinbach) in seiner näheren Umgebung.

Dieses Verhalten Androschs kann als eine Facette dessen gesehen werden, was Streicher als „Respektdefizit" Androschs dem Kanzler gegenüber bezeichnete, Lanc fand für dieses Verhalten weniger schmeichelhafte Worte wie „harsch" und „bockig". Dieses Verhalten trat immer mehr in den Vordergrund, je misstrauischer Kreisky wurde. Vielleicht fehlte es Androsch „an öffentlicher Anerkennung" dem Kanzler gegenüber und er habe somit am Höhepunkt seiner Karriere „den Neid einfach herausgefordert" (Kohl). Auch Julia Androsch meinte, dass „ein junger Spund", der das Verhalten „wer bin ich, was kann ich, was kann ich noch werden" zeige, Neider provozierte, zu denen später auch Kreisky gehörte. Das „politische Standing", das Androsch entwickeln konnte, und seine Erfolge wie beispielsweise jener in der Hartwährungspolitik hätten sein ohnehin ausgeprägtes Selbstbewusstsein noch weiter gestärkt und ihm das Gefühl gegeben, „dass er tatsächlich eine politische und fachliche Potenz" habe. Diese Haltung sei „sicher in seinem Verhalten zum Ausdruck gekommen" (Steinbach), wahrscheinlich auch in Diskussionen mit dem Bundeskanzler. Kreisky bekam dadurch das Gefühl, dass das Regierungsmitglied Androsch es nicht mehr als notwendig befand, sich unterzuordnen. Im Nachhinein, so Brigitte Androsch, sei sich der Finanzminister bewusst, dass er im Verhalten dem Kanzler gegenüber Fehler gemacht habe, weil er „zu pampig" gewesen sei. Der frühe Erfolg Androschs habe ihn zu wenig aus Fehlern lernen lassen, Cordt verwies auf Peter F. Drucker, der sagte: ‚Wen Gott liebt, dem schenkt er eine Niederlage – rechtzeitig.'

Je länger Androsch Finanzminister war und je mehr Erfolg er hatte, desto sattelfester wurde er in dieser Position. Er konnte seine „beträchtliche Stellung" (Jankowitsch) sogar noch weiter ausbauen, weil er eines der stabilen, fixen Elemente in der Regierung Kreisky gewesen sei, während es in anderen Ressorts Wechsel gab. Dies nutzte er, um dem Kanzler häufiger zu widersprechen, vor allem ab dem Zeitpunkt, als er Vizekanzler geworden war (Kunz). Dadurch konnte Androsch andere sich auch nicht stets unterordnen wollende Regierungsmitglieder an sich binden.

3.2. Nachfolge von Bundespräsident Jonas

Als Bundespräsident Jonas 1974 während seiner Amtszeit verstarb, machten sich nicht nur einige Regierungsmitglieder, sondern auch der ÖGB-Präsident Gedanken über seinen Nachfolger. Benya erzählte, dass er nach einem Telefonat mit Kreisky, in dem ihm der Kanzler vom äußerst prekären Gesundheitszustand Jonas berichtet hatte, ins Spital gefahren sei und nur mehr die Nachricht vom Tod des Bundespräsidenten entgegennehmen konnte. Im Anschluss daran entwickelte sich ein Gespräch zwischen ihm und Kreisky, in dem Benya dem Kanzler darzulegen versuchte, dass dieser der einzige Nachfolgekandidat mit echten Siegeschancen sei. Im Gegensatz zum Kanzler sahen nicht nur Benya, sondern alle Mitglieder der Parteispitze keinen anderen geeigneten Nachfolger als Kreisky selbst. Kreisky wertete dieses Angebot jedoch nicht als eine anerkennende Geste durch seine Parteifreunde, sondern verstand es als Hinwegloben eines alternden Politikers. Seine ablehnende Reaktion und seine Deutung, ihn so aus der aktiven Politik hinausdrängen zu wollen, stießen in der Partei auf teilweises Unverständnis.

Einzelne Interviewte werteten als ein wesentliches auslösendes Moment in der Auseinandersetzung zwischen Kreisky und Androsch, dass auch Androsch sich Kreisky als Bundespräsidenten wünschte. Kreisky beschwerte sich bei Benya über die jungen Leute wie Androsch und Gratz, die ihn „weg haben" wollten. Der ÖGB-Präsident zeigte sich verwundert über die Reaktion des Parteivorsitzenden, denn er habe ihm denselben Vorschlag gemacht und Gratz bzw. Androsch seien eben, ohne dass Benya mit ihnen darüber gesprochen hätte, der gleichen Auffassung gewesen wie er, dass Kreisky der beste Kandidat für dieses Amt sei. Benya glaubte nicht, dass irgendjemand „daran gedacht" habe, den Kanzler „abzulösen". Gratz berichtete, dass er und Androsch sehr behutsam vorgegangen seien, als sie Kreisky den Vorschlag zur Kandidatur unterbreiteten. Sie hatten beide gedacht, dass „man dem Parteivorsitzenden das jedenfalls einmal anbieten" müsse, Kreisky habe dieses Angebot „abgetan, als ob das eine Beleidigung wäre".

Aus Sicht Kreiskys wirkte diese Vorgehensweise wie eine Verschwörung (Kunz), vor allem, weil er einen Beleg für ein konspiratives Treffen zwischen Gratz und Androsch in einem gemeinsamen Gästebucheintrag der beiden in einem Gasthaus, dem Lusthaus, gefunden hatte (Sinowatz). Sinowatz versicherte ihm, dass die beiden diese Frage „durchaus wissend von allen anderen Freunden" an ihn gerichtet hätten, weil er „aufgrund der Seniorität" gefragt werden musste, ob er nicht kandidieren wolle. Sinowatz vermutete als Ursache für Kreiskys Misstrauen, dass es wohl auch Diskussionen gegeben habe, für die er allerdings keine Beweise habe, mit dem Tenor, dass es „schon Zeit" wäre, „wenn einmal gewechselt werden würde". Dies sei dann wahrscheinlich „sofort von irgendwem dem Bruno Kreisky hinterbracht worden" und man wisse nicht, „mit welchen Worten".

Lendvai (vgl. auch Lendvai 1996, 307) meinte, dass ein Teil der SPÖ sich damals bereits auf einen Bundeskanzlerkandidaten Androsch eingestellt habe. Androsch selbst habe ihm erzählt, dass ihm Teile der Partei im Falle der Kandidatur Kreiskys für den Posten des Bundespräsidenten Unterstützung als Bundeskanzler signalisiert hätten. Falls es diese Tendenzen in der SPÖ gegeben hat, dann kann es durchaus die von Sinowatz vermuteten Zuträgereien gegeben haben, die Kreisky vorsichtig und misstrauisch werden ließen. Allerdings blieb diese Aufforderung Androschs an den Parteivorsitzenden ein Ereignis ohne unmittelbare Folgen, wie auch einzelne Kreisky verbundene Interviewte feststellten. Das Vorgehen Androschs hatte vorerst keine negativen Auswirkungen auf seine Karriere (Scheuch; Jankowitsch; Rathkolb), da Kreisky ihn 1976 zu seinem Vizekanzler machte und somit ein deutliches Zeichen für seine Nachfolge setzte (Kreisky 1996, 95). Rathkolb sah dieses Ereignis als den „ersten emotionalen Bruch" in der Beziehung zwischen den beiden späteren Kontrahenten, den Kreisky „aber noch immer irgendwie zugedeckt" habe, obwohl er das Ansinnen als „wirklichen Affront aufgefasst" habe.[19] Auch Kreiskys Sohn wusste zu berichten, dass dieser Versuch des Hinweglobens seinen Vater sehr enttäuscht habe. Er habe diese Vorgehensweise nicht nur als „schwere Illoyalität" empfunden, sondern wollte gleichzeitig einen Kanzler Androsch verhindern, mit dem eine sozialdemokratische Reformperiode ein jähes Ende gefunden hätte – „gestaltende tendenziell progressive Reformpolitik" wäre durch ein „bloß reaktives technokratisches Machertum" ersetzt worden.

Der Kanzler wusste aus eigener Erfahrung über solche Machtspiele[20] Bescheid, denn er habe in den späten 1950er-Jahren „gemeinsam mit Slavik und anderen" ähnlich „gegenüber Adolf Schärf" gehandelt. Er wusste genau, dass dies „eine politische Entmachtung" bedeute für jemanden, der sich „am

[19]) Auch Ströer bestätigte, dass Kreisky den Posten des Bundespräsidenten als Abstellgleis gedeutet habe. Es sei in der Partei hinlänglich bekannt gewesen, „wie einsam" sich die von der SPÖ kandidierten Bundespräsidenten „in der Hofburg oder der Villa" (28.09.2000) gefühlt hätten.

[20]) Kreisky habe dies als eine Art „Iden des März" interpretiert, weil er geglaubt habe, dass man ihn „abschieben" wolle und Androsch es „nicht erwarten" könne, „ihn zu beerben" (Steinbach 06.11.2000).

absteigenden Ast" befinde. Blecha hielt diese Vorgehensweise Androschs und Gratz' nicht für ausschlaggebend in Hinblick auf den Konflikt, er gab sich überzeugt, dass weder Androsch noch Gratz die Absicht gehabt hätten, Kreisky „auf die Position des Bundespräsidenten abzuschieben, damit Hannes Androsch als Kanzler nachrücken und Leopold Gratz eventuell Parteivorsitzender werden" könne.

3.3. Androschs Wunsch, Notenbankpräsident zu werden

Dieses Thema wurde in einem Großteil der Interviews angesprochen, jedoch lediglich ein Befragter wertete diesen Wunsch Androschs als Konfliktursache. Erwin Lanc sah die grenzenlose Enttäuschung Kreiskys darüber, dass der Mann, den er als seinen Nachfolger auserkoren hatte, 1977 aus der Regierung ausscheiden und in die Nationalbank wechseln wollte. Diese Vorstellung passte nicht in Kreiskys „Vorstellungswelt" – „der zweite Mann der österreichischen Arbeiterbewegung", dem der „Weg geöffnet wird, erster Mann zu werden", dürfe nicht daran denken, in die Nationalbank zu gehen. Kreisky hatte einen „fast biblisch-archaischen Zugang" zu politischen Funktionen und es gab für ihn nichts Wesentlicheres[21], „als die Bewegung des Jahrhunderts zu führen" (Lanc).

Kreiskys Irritation resultierte aus seiner Sicht vom Primat der Politik, wodurch er wenig Verständnis für die wirtschaftliche Tätigkeit eines/r Politikers/in aufbrachte und für ihn daher kein finanzieller Anreiz ausschlaggebend sein konnte, um von der Politik in die Wirtschaft zu wechseln. So interpretierte auch Nowotny Kreiskys Enttäuschung darüber, „dass jemand, dem er den Parteivorsitz zugedacht hatte, es vorziehen könnte, stattdessen in die Nationalbank zu gehen und viel Geld zu verdienen." Es sei für den Kanzler offensichtlich geworden, dass er „diese Partei, dieses historische Gebilde, dieses Vermächtnis eines Victor Adler und Otto Bauer", für das er selbst „ins Exil gegangen ist, im Gefängnis gesessen ist", nicht einem Mann überantworten konnte, der „viel lieber Nationalbankpräsident" werden würde. Für den Kanzler sei dies „eine Art Fahnenflucht" (Gratz) gewesen.[22] Vielmehr noch sah sich Kreisky in seiner Skepsis gegenüber Androschs „menschlicher und sozialdemokratischer Qualitäten" bestätigt, indem er eine Funkti-

---

[21]) Als der Kabinettschef Kreiskys, Reiter, in seinen Beruf zurückwechselte, soll Kreisky gesagt haben, dass er nicht verstehe, dass er „wieder zu den Geldwechslern zurück" (Lanc 28.01.2000) wolle.

[22]) Kreiskys Memoiren ist nicht zu entnehmen, warum er Androschs Wechsel in die Nationalbank nicht akzeptieren konnte (Kreisky 1996, 95).

on anvisiere, die nicht allzu viele „konkrete, gesellschaftspolitische Gestaltungsmöglichkeiten" (P. Kreisky) offen ließ.

Außerdem irritierte es Kreisky, dass Androsch durch den Wunsch, aus der Politik auszuscheiden, seine Nachfolgepläne durchkreuzte. Kreisky sei enttäuscht gewesen, weil er „lange Zeit gemeint" habe, Androsch „werde sein Nachfolger" (Ströer). Der Finanzminister demonstrierte durch diesen Wunsch, dass er entweder kein Interesse an der Nachfolge hatte oder dass er nicht mehr länger auf die Nachfolge warten wollte (Bacher). Der Kanzler habe Androschs Verhalten als unverzeihbare „Undankbarkeit" gedeutet, und es habe ihn „umgeworfen", dass der gerade erst zum Vizekanzler „hochgehobene" Androsch diesen Posten annehmen wolle. Kreisky soll dieses Ereignis so enttäuscht haben, dass ab dem Zeitpunkt „Hass herrschte" (Worm).

Kienzl interpretierte den aus diesem Vorfall resultierenden Konflikt zwischen Kreisky und Androsch deshalb als „schlimm", weil Androsch hinter dem Rücken Kreiskys Verhandlungen mit der ÖVP über die Nachfolge von Nationalbankpräsident Hans Kloss geführt und ausgelotet haben soll, ob er selbst Kloss nachfolgen könne. Kreisky sei zur gleichen Zeit gemeinsam mit Koren in die USA geflogen und habe diesen angesprochen, ob er nicht Notenbankpräsident werden wolle. Als Kreisky nach Wien zurückkehrte und die Verhandlungen mit Koren bereits abgeschlossen hatte, erfuhr er aus der ÖVP von Androschs Vorstoß (Kienzl). Die Eigeninitiative Kreiskys, einen Nachfolger für Kloss zu suchen, sei in Zusammenhang damit zu sehen, dass Androsch gegen den Widerstand Kreiskys Waldbrunner zum Vizepräsidenten der Nationalbank gemacht habe. Kreisky wollte sicher gehen, dass er – und nicht Androsch – den Präsidenten auswählen würde (Reiter).

Dem Finanzminister nahe stehende Personen interpretierten diesen Schritt aus einer Frustration[23] Androschs heraus, der spürte, dass sich zwischen ihm und dem Kanzler zunehmend eine Konfliktsituation entwickelte. Androsch habe „Indizien" (Mauhart) für negative Entwicklungen im Verhältnis zum Kanzler sehr früh registriert. Die Umgebung des Finanzministers habe „dieses blinde Vertrauen", „das zu Beginn der Regierungstätigkeit vorhanden war", nicht mehr gespürt, „der Umgang mit dem Kanzler war einfach schwieriger geworden" (Pekarek). Aus Sicht Androschs sei „dieses Zweiergespann, Kanzler und Finanzminister" ausschlaggebend für das gute Funktionieren der Regierung gewesen, als er nicht mehr den Eindruck hatte, dass sie „gemeinsam durch Dick und Dünn" (B. Androsch) gehen konnten,

[23]) Androsch hat (Palme 1999, 239 ff.) Kreisky drei Mal darauf angesprochen, dass er aus der Politik ausscheiden möchte. Zum ersten Mal 1975, ein zweites Mal vor 1977 und ein drittes Mal 1977 in Verbindung mit dem Wechsel zur OeNB.

wollte er die Regierung verlassen. Die bereits offensichtlichen Spannungen machten es für Androsch unumgänglich, sich Optionen zu überlegen, „die nichts mit der Politik zu tun" (Reiter) hatten. Eigentlich sei „der Notenbankpräsident im Vergleich zum Finanzminister [...] ein Abstieg in der Hierarchie", aber wahrscheinlich sei dahinter „längerfristig strategisches Denken" (Sellner) gestanden – nämlich den Posten des Notenbankpräsidenten als internationales Sprungbrett[24] nutzen zu wollen.

Neben den bereits erwähnten Interpretationen der Reaktion Kreiskys gab es auch Stimmen, die seine Unsicherheit in der Wirtschaftspolitik dafür verantwortlich machten, dass er Androsch nicht gehen lassen wollte (Sellner). Kreisky habe „zwei Seelen in seiner Brust" gehabt, die eine sagte ihm, dass er den Finanzminister noch brauchen würde, die andere, dass er ihn ganz „gerne angebracht" hätte. „In jedem Fall wollte er Androsch nicht auf einem ‚semipolitischen' Posten sehen, der noch dazu so gut bezahlt war. Er hätte ihm den Posten und das hohe Gehalt einfach nicht vergönnt" (Streicher).

3.4. Wachsende Popularität Androschs

Einige Befragte thematisierten den Erfolg Androschs, der sich in seiner wachsenden Popularität in der Öffentlichkeit und bei den Medien niederschlug, als eine der Konfliktursachen. Androsch sei nicht nur populär gewesen, weil die „kleinen Leute" stolz gewesen seien, dass es „einer von ihnen geschafft" habe, sondern es hätten „viele nur tiefenpsychologisch erfassbare Übertragungsmuster wie Wunschsohn, -schwiegersohn oder erotische Anziehungskraft auf den jungen, attraktiven, für sein Alter ungewöhnlich erfolgreichen ‚Modernisierer'" gewirkt. Androsch bediente sich außerdem des Effektes, dass einem sozialdemokratischen Politiker dann Applaus von bürgerlichen und Boulevardmedien sicher sei, wenn er sich „von traditionellen sozialdemokratischen Werten wie sozialer Gerechtigkeit oder Gleichheit" (P. Kreisky) entfernte. Einzelne Interviewpartner sahen die Beliebtheit Androschs sogar als Ausgangspunkt für den Konflikt. „Wenn ein Junger wie Androsch so viel Erfolg hat, so provoziert das die Neider", und auf dem Höhepunkt seiner Karriere habe Androsch „den Neid einfach herausgefordert" (Kohl). Nicht nur der ehemalige deutsche Kanzler Kohl sah darin ein wichtiges Konfliktelement, sondern auch der Androsch-Freund Streicher hatte „den

---

[24]) Buchacher berichtete, dass Androsch 1977/78 seine „Fühler" in Richtung Weltbank ausgestreckt habe, da sei das Kabinett Androsch „de facto fast vor der Auflösung" gestanden, Androsch habe „den Rücktritt vor Augen gehabt", weil es zwischen ihm und dem Kanzler „einfach nicht mehr gegangen" (03.11.2000) sei.

subjektiven Eindruck, dass die doch sehr stark wachsende Popularität des Hannes Androsch in der Folge von Kreisky nicht immer mit väterlichem Wohlwollen betrachtet wurde".

Verstärkend wirkte sich aus, dass dem Kanzler besondere Popularitätskundgebungen Androsch gegenüber berichtet wurden. Sinowatz erinnerte sich an eine Kundgebung in Schwechat, bei der Androsch „mit großem Beifall begrüßt worden" ist, was „sofort dem Kreisky hinterbracht worden" sei und diesen „furchtbar" geärgert habe. Auch Benya verband „die ungeheuer gute Presse", die Androsch „aufgrund seiner wirtschaftlichen Leistungen" hatte, mit Gesprächen unter Androschs Freunden, die seine Wirtschaftskompetenz hervorstrichen, was dem Kanzler wiederum von Zuträgern berichtet worden sei.

Mauhart gelang es durch „die Vermarktung" des Finanzministers, seine mediale Akzeptanz noch zu steigern, wobei diese Vorgehensweise „für damalige Verhältnisse" (Auracher) einzigartig gewesen sei. Eine dieser Vermarktungsstrategien war beispielsweise Androschs Teilnahme am Turnier auf der Schallaburg im Jänner 1978, wo er und Mauhart sich über Kreisky „sehr lustig" gemacht hatten, so dass am nächsten Tag „sogar ein Dreispalter auf der ersten Seite des Kurier" erschienen sei. Androsch erklärte Kreisky zwar im Nachhinein, wie das zustande gekommen sei, aber „die Journalisten haben das nur gespielt, weil sie genau gewusst haben, da entwickelt sich etwas" (Mauhart). Diese permanente Medienpräsenz und das Auftreten des „jungen, eleganten, erfolgreichen" Finanzministers dürfte „beim älteren Partner eine gewisse Frustration, um nicht das Wort Neid zu verwenden" (Auracher), hervorgerufen haben. Dazu seien noch die Meinungsumfragen gekommen, die Androschs wachsende Beliebtheit und seine Akzeptanz in der Öffentlichkeit widerspiegelten (Barazon). Als der Finanzminister „einmal beliebter als Kreisky war", sagte seine Frau zu ihm: „Na, da kann ich dir aber nicht gratulieren, wenn ich das lese" (B. Androsch). Ein Interviewpartner sah weniger persönliche Elemente des Neides und des Frusts, sondern ihm zufolge befürchtete Kreisky vielmehr, dass Androsch das „hohe Maß an Akzeptanz und Popularität" nutzen könnte, um eine „Art von Politik" (Steger) zu machen, die Kreisky ablehnte.

3.5. Steigende internationale Anerkennung Androschs

Während der ersten Hälfte der 70er-Jahre war Bruno Kreisky darauf bedacht, Androsch in die Arena der internationalen Politik einzuführen. 1974 nahm der Kanzler seinen Finanzminister zu einem Staatsbesuch bei

US-Präsident Ford mit. Es sei eher „untypisch" gewesen, dass der Finanzminister und nicht der Außenminister den Kanzler begleitete. Kreisky wollte Androsch zeigen, wie man sich im Weißen Haus benimmt und wie solche Besuche ablaufen, sprich ihn „in die große Welt" (Jankowitsch) einführen. Androsch konnte sich allerdings durch seine Teilnahme an den Jahrestagungen des Währungsfonds und der Weltbank über die politischen Netzwerke hinaus auch ein internationales ökonomisches Netzwerk aufbauen. 1978 wurde Androsch zum Vorsitzenden des OECD-Rates gewählt und 1980 zum Vorsitzenden des Interimkomitees des Weltwährungsfonds. Weiser meinte, dass Androsch sich dadurch, dass er die „ganze Finanzwelt gekannt" habe, als Junger zu sehr „in Szene" gesetzt habe. Wenn Androsch einen renommierten Gast eingeladen hatte, habe er Kreisky empfohlen, diesen kennen zu lernen. Das habe Kreisky „misstrauisch" (Weiser) gemacht, denn er war zu Beginn derjenige, der Androsch mit anderen bekannt gemacht hatte.

Dibold, der als Wirtschaftsjournalist oft an Jahrestagungen des Währungsfonds und der Weltbank bzw. an OECD-Treffen teilgenommen hatte, erinnerte sich an die „Anerkennung", die dem Finanzminister bei seinen Auftritten entgegen gebracht worden sei und an die „gute Resonanz". Androsch sei auch ein häufiger Gast im State Department gewesen und habe sich in den USA mit österreichischen Emigranten und Bankern getroffen, „die andere Meinungen als Kreisky" vertreten hätten. Inwieweit Kreisky dadurch irritiert gewesen sei, konnte Dibold allerdings nicht beurteilen. Weiser berichtete von einem Vortrag Androschs über die „zukünftige Finanzpolitik Europas" am Royal Institute of International Affairs 1979, wo er selbst von einem Sekretär Thatchers gefragt wurde, wer denn dieser Redner gewesen sei, weil Thatcher den Vortrag mit Interesse gelesen habe. Pick (1999, 206) schreibt, dass Kreisky über den Erfolg Androschs in London berichtet wurde und er lapidar gemeint haben soll, dass dies typisch für die Botschafter sei: ‚Wer immer ins Ausland fährt, dem besorgen sie eine Claque. Das ist das einzige, das sie noch zusammenbringen.' Weiser sah in diesem Zusammenhang noch ein weiteres konfliktverstärkendes Element. Androsch sei schon in den 70er-Jahren „ein unerhörter Befürworter" der „wirtschaftlichen Einheit Europas", also der europäischen Integration, gewesen und habe erkannt, dass sich die Wirtschaftspolitik langsam mit der Außenpolitik „verzahnen" würde. Er wollte sich daher als Finanzminister nicht nur auf die Wirtschaftspolitik beschränken, sondern auch in der Außenpolitik Akzente in Richtung Europa setzen. Kreisky duldete allerdings nicht, wenn man sich in „seine" Außenpolitik einmischte.

Auch Barazon und Mauhart sahen in der Steigerung des internationalen Bekanntheitsgrads und der internationalen Anerkennung für Androschs Wirtschaftspolitik eine Ursache für den Konflikt. „Der Minister und seine unmittelbare Mitarbeiterumgebung" hätten diese Entwicklung allerdings damals falsch eingeschätzt: Sie hätten geglaubt, dass alles, was sie „für den Finanzminister tun", auch das „Wohlwollen", die „Anerkennung" und „Zustimmung" des Kanzlers finden würde, weil er „stolz auf seinen Finanzminister" (Mauhart) sei.

3.6. Machtspiel – die Nachfolge von Kreisky

Das Thema der Kreisky-Nachfolge wurde von fast allen Befragten angesprochen, aber nur wenige sahen diesen Machtkampf als Ursache für den Konflikt zwischen den beiden. Häufiger wurde die Nachfolgefrage als eine der Eskalationsstufen bezeichnet. Die Auffassungen der Befragten unterschieden sich in einigen Punkten: Hatte sich Kreisky auf Androsch als seinen Nachfolger festgelegt, oder nicht? Wenn ja, wann kam der Wendepunkt, an dem er sich definitiv gegen seinen Vizekanzler als Nachfolger entschied? Wollte Androsch überhaupt Bundeskanzler werden bzw. Kreisky als Kanzler nachfolgen? Wie sehr hing Kreisky an der Macht[25] und wollte sich gar nicht mit der Nachfolgefrage auseinander setzen? Viele vertraten die Auffassung, dass es Aufgabe eines Parteiführers sei, einen Nachfolger aufzubauen.[26] Prinzipiell gibt es zwei Modelle der Rekrutierung eines Nachfolgers: Entweder es bildet sich ein Pool an KandidatInnen heraus, aus dem dann kurz vor der Machtübergabe eine/r ausgewählt wird, oder es erfolgt von vornherein die Auswahl eines/r Nachfolgers/in, der/die auf seine/ihre Aufgabe vorbereitet wird.

Auch wenn Androsch nie expressis verbis eingefordert habe, dass er Bundeskanzler und Parteivorsitzender werden wolle, konnte man dieses Wollen in seinem Auftreten und Verhalten spüren. Androsch sei von seinen Fähigkeiten überzeugt gewesen (Cordt) und seine Präsenz habe ihn als Nachfolger unumgänglich gemacht (Barazon). Der Finanzminister sei an einer permanenten Weiterentwicklung interessiert gewesen und habe daher „manche Dinge in der Partei inszeniert", um „zumindest zum engsten Kreis der

---

[25]) Kreisky bestreitet diese Sichtweise (Kreisky 1996, 95).

[26]) „Anders als sein Freund Willy Brandt hatte es Kreisky nicht geschafft, eine Riege von möglichen Nachfolgern um sich zu scharen. Während in Deutschland heute die ‚Brandt-Enkel', die Achtundsechziger, die Mehrheit erobert haben, gibt es in Österreich weit und breit keine ‚Kreisky-Enkel'" (Brandstaller 2000, 58).

Nachfolgekandidaten zu zählen" (Sellner). Androsch entglitt die Kontrolle über die Reaktion seiner Umgebung auf dieses als doch offensichtlich empfundene Verhalten (Cordt). Die Begabung und das Charisma Androschs ließen spüren, dass er „der Mittelpunkt" (Bacher) und der Nachfolger sei. Aufgrund seiner „fachlichen Kompetenz" habe Androsch „sehr früh" begonnen, seine „Pole-Position zu arrondieren und sukzessive auszubauen" (Rathkolb). Wahrscheinlich sei er mit diesem Verhalten „zu früh aus der Reserve gegangen" (Kunz), wodurch bei Kreisky der Eindruck von Androschs Ungeduld entstehen konnte.

Die Androsch-Seite nahm wahrscheinlich zu wenig zur Kenntnis, dass einem Nachfolger viel eher „gewisses Misstrauen" als „so viel Wohlwollen entgegengebracht" (Broesigke) werde. Erst rückblickend begriffen sie das Nichterkennen dieses Faktums als Problem: Uns allen hätte bessere Geschichtskenntnis gut getan, denn dann hätten wir gewusst, dass Herrscher ihre Kronprinzen nie lieben (Cordt).

In den 70er-Jahren war der Freundeskreis Androschs weniger zurückhaltend und diskutierte seine Vorzüge gegenüber Kreisky, der sich auf die Innen- und Weltpolitik konzentrieren sollte, während der Finanzminister für die Wirtschaftspolitik zuständig sei. Sie empfanden Androsch als „Macher" und Kreisky als „Chef" (Benya). In solchen Runden ist wahrscheinlich auch angeklungen, dass sich „Kreisky zurückziehen solle" (Streicher; Kienzl) bzw. es „Zeit für einen Wechsel" (Sinowatz) sei. Als Gründe für die Ablöse seien das Alter und die Krankheit Kreiskys (Worm), ebenso wie Androschs Fähigkeiten für die Nachfolge (Streicher; Kienzl) diskutiert worden. Wahrscheinlich habe auch der Minister selbst laut über seinen „nächsten Karrieresprung" (Reiter) nachgedacht, der den Rückzug Kreiskys auf den Parteivorsitz für zwei bis drei Jahre und seine eigene Übernahme des Bundeskanzleramts beinhaltete.

Der Inhalt solcher Gespräche sei Kreisky von Leuten, „die vielleicht eifersüchtig auf Androsch waren" (Benya) oder die sich „unter einer Parteiführung Androsch wenig Chancen ausgerechnet haben" (Mauhart), übermittelt worden. Um 1975 seien Kreisky solche Geschichten nur vereinzelt zugetragen worden, im Laufe der Zeit hätten sich diese Zuträgereien verdichtet (Reiter). Das parteiinterne Gerede über die Kreisky-Nachfolge und das mediale Interesse daran wirkten sich besonders konfliktverstärkend aus. Auch außerhalb des engeren Freundeskreises Androschs habe es Signale gegeben, dass er im Falle des Abtretens Kreiskys mit ihrer Unterstützung rechnen könne (Streicher). Auch solche Ereignisse wurden dem Kanzler berichtet. Die Übermittlung solcher Wahrnehmungen schürte bei Kreisky Misstrauen gegenüber seinem präsumtiven Nachfolger und ließ ihn an der Richtigkeit seiner Auswahl zweifeln.

In Kreisky wurde dadurch wahrscheinlich das Gefühl geweckt, dass er durch Androsch immer mehr marginalisiert werde. Der Kanzler habe dies beispielsweise so empfunden, als sein Vizekanzler in seiner Abwesenheit – Kreisky war auf Kur – das Energiesparpaket im Rahmen einer Pressekonferenz präsentiert habe. Der Minister habe beweisen wollen, dass er es ohnehin schon besser könne als Kreisky (Kunz). Ein Androsch-Mitarbeiter hingegen erzählte, dass der Minister ganz auf die Zusammenarbeit mit Kreisky ausgerichtet gewesen sei und durch die Übertragung der Verantwortung für die Energiepolitik „neue Motivation getankt" habe, nachdem er eigentlich schon habe aus der Politik aussteigen wollen (Cordt). Trotzdem konstatierten einige Androsch-Mitarbeiter rückblickend, dass sich Androsch in einigen Bereichen hätte mehr zurücknehmen müssen.

Enge Androsch-Vertraute gründeten Androschs Ungeduld auf eine durch ihn und auch durch andere Regierungsmitglieder wahrgenommene Führungsschwäche des Kanzlers. In Folge dieser Schwäche sei es beispielsweise zur Zahlungsbilanzkrise im Jahr 1977 gekommen, die aus Kreiskys Ankündigung, den Schilling abwerten zu wollen, resultiert habe (Cordt). Androsch habe gespürt, dass Kreisky „nicht mehr der alte sei" und nicht mehr so führen würde wie am Beginn seiner Regierungszeit, was er nach außen durch seine „blendende Rhetorik" (Buchacher) überdecken konnte. Während des Wahlkampfes 1979 habe sich „Androsch Sorgen gemacht", dass die SPÖ zum letzten Mal die absolute Mehrheit gewinnen würde. In Folge seiner Krankheit habe Kreisky „die Bodenhaftung in der Partei verloren", denn er habe „nur noch seine Sekretäre gehört" (Weiser) und zu wenig den Kontakt zur Partei gesucht.

Dieser Sichtweise stehen die Aussagen von zwei anderen Androsch sehr nahe stehenden Personen entgegen, die den Selbstzweifel des Finanzministers, in die Fußstapfen Kreiskys treten zu können, ansprachen. Mauhart glaubte, dass Androsch „sehr sorgenvoll" gewesen sei, ob er tatsächlich in der Lage wäre, dieses „Erbe so fortzusetzen", denn er hatte „immer großen Respekt vor Kreisky", vor seinem „Weltbild" und dem „Großbürgertum, das er ausstrahlte", vor seiner „Souveränität, auch intellektuell, im Umgang mit Künstlern und Intellektuellen" und seinem „politischen G'spür", „so dass Androsch nie einen leichtfertigen Zug zur Nummer eins entwickelt" habe. Brigitte Androsch erinnerte sich an viele Gespräche mit ihrem Mann, in denen er eine direkte Nachfolge ausschloss. Jeder direkte Kreisky-Nachfolger sei „zum Scheitern verurteilt", er würde daher, falls überhaupt, erst „ein oder zwei Perioden" verstreichen lassen.

Kreiskys durch die bereits erwähnten Umstände gefördertes Misstrauen bewog ihn wahrscheinlich darüber nachzudenken, ob der auserkorene Nachfolger überhaupt der Richtige sei. Reiter sah die Abkehr Kreiskys von seinem Vizekanzler in einem für den Vater-Sohn-Konflikt typischen Motiv. Anfangs sei Androsch für den um fast 30 Jahre älteren Kreisky kein „Konkurrent" gewesen und daher habe Kreisky als „Vater" alles für die Übergabe an den „Sohn" Androsch vorbereitet. Ein Vater sei bereit, seinem Sohn alle „materiellen Dinge", aber auch „Privilegien, über die er verfügt, zu übergeben. Er konnte über das „Privileg, Androsch zum Nachfolger zu machen" entscheiden. Diese Übergabe sei allerdings an vom „Vater" festgelegte „Nebenbedingungen" geknüpft, die die Festlegung des Zeitpunkts der Übergabe durch den Vater beinhalten. Wenn der Sohn den Vater zur Übergabe zwinge, dann würde die Liebe des Vaters zum Sohn in Hass umschlagen. Dies sei im Verhältnis zwischen Kreisky und Androsch passiert, wobei die Rahmenbedingungen der Politik – wie Medien und Meinungsumfragen – diesen Konflikt noch verschärft hätten (Reiter).

Neben dieser Begründung des Konflikts wurde auch die sich verschlechternde Krankheit Kreiskys als Erklärungsmuster für seinen Umgang mit der Nachfolgefrage und seine immer größere Verbitterung verwendet (Mauhart; Streicher; Auracher). Das Gerede über den jungen Finanzminister, der dem alten Kanzler nachfolgen solle, und das offensichtliche Machtstreben Androschs hätten den bereits durch verschiedene Schwächeanfälle gezeichneten Kreisky unter Druck gesetzt (Lendvai). Durch die Erkrankung stellte sich „wahrscheinlich für ihn alles in düstereren Farben" dar, daraus resultierte auch seine „Überzeugung", dass Androsch ihn gerade „aushebeln" wollte, „als er krank war". Wäre er gesund gewesen, hätte er das wahrscheinlich „weggesteckt" und gesagt: „Na, den Lauser, den werde ich schon bändigen" (Kienzl). Vielleicht habe Kreisky gemerkt, „dass er nicht mehr richtig kann", und war enttäuscht darüber, dass gerade jetzt „ein Junger da ist, der sich anmaßt, das auch oder vielleicht noch besser machen zu können" (Scheuch). Kreisky habe sich wahrscheinlich auch „isoliert" oder „eingekreist" gefühlt, weil Androsch ein „gutes Verhältnis zu einer Reihe von Regierungskollegen hatte" und der Kanzler vor allem im Wahlkampf 1979 das Gefühl hatte, „dass Androsch nicht mit voller Kraft an seiner Seite steht, sondern eigentlich erwartet, dass die politischen Karten neu gemischt werden" (Lacina; vgl. auch Kreisky 1996, 107).

Es gab aber auch Argumente, die die Nachfolgefrage im Kontext eines politischen Richtungsstreits erscheinen lassen, da für den Kanzler mit der Zeit klarer zu werden schien, dass Androsch eine nicht seinen Werten entsprechende Form der Sozialdemokratie vertrete. Er hatte Angst, dass die SPÖ „zu weit nach rechts“ (Weiser) abdriften bzw. sich ein von ihm verachtetes Rollenbild durchsetzen würde, nämlich das des „glamourösen“ und „im großen Business“ (Steger) vertretenen Kanzlers. Der Journalist Worm führte Kreiskys letztendliche Ablehnung Androschs als seinen Nachfolger auf die Ereignisse rund um die Steuerberatungskanzlei „Consultatio“ und die Villenfinanzierung zurück: Ein Mann mit einer solchen Vorgeschichte dürfe „nicht an der Spitze dieser Republik“ stehen. Vor allem die Eisenbahner hätten Kreisky darauf hingewiesen, „dass der Genosse Androsch nicht einer von uns sein kann, so wie der lebt und wie der das Geld hinauswirft“. Eine ähnliche Sichtweise vertrat Blecha, der davon überzeugt war, dass in Folge der Ereignisse um die „Consultatio“ es für Kreisky offensichtlich wurde, dass „Androsch die Partei in eine andere Richtung“ führen würde, „die nichts mit der Tradition“ der SPÖ zu tun habe.

Ein weiterer Grund für Kreiskys Distanzierung von seinem ursprünglichen Vorhaben könnte ferner in der Medien-Berichterstattung liegen. Die Nachfolgefrage wurde von ihnen beharrlich thematisiert (Steinbach) und im Zuge der Vorfälle um „Consultatio“, Villenfinanzierung und AKH war Kreisky der permanenten Journalistenfrage ausgesetzt, ob Androsch noch sein „Thronfolger“ (Steinbauer) sei. Dies könnte bei Kreisky dazu geführt haben, dass er immer weniger Gefallen an einem Nachfolger Androsch gefunden habe.

Hin und wieder kam der Hinweis, dass Kreisky davon überzeugt gewesen sei, dass niemand das Kanzleramt und noch weniger den Parteivorsitz so führen könne wie er. Er wollte daher eigentlich seine Ämter nicht abgeben und konnte sich von der Politik nicht trennen (Ströer; Igler). Er hätte „sonst keinen Sinn mehr im Leben gesehen, er war so 100 Prozent ein politischer Mensch und er war auch ein ungemeiner Könner“ (Weiser). Kreisky war immer sehr „machtbewusst“ und schaffte es nicht, „einen starken Nachfolger aufzubauen[27]“ (Nowotny). Barazon zeichnete ein aus seiner Sicht damals vorstellbares Zukunftsszenario Kreiskys: Er würde „den Hof von seiner Gnade übergeben“ und dann „als Altmeister in der Armbrustergasse“ thronen, Androsch würde täglich „in der Früh zum Frühstück“ kommen, um „sich die Ratschläge vom alten Weisen“ zu holen, und „dann auf den Ballhausplatz“ fahren.

---

[27]) „Durchaus möglich, dass Kreisky an dieser Entwicklung [dass es keine Persönlichkeiten in der SPÖ gab, die unter geänderten politischen Rahmenbedingungen in die Fußstapfen seiner Politik treten konnten] nicht gänzlich unbeteiligt war, weil mögliche geeignete Nachfolger es auch besonders schwer hatten, sich zu entfalten“ (Höll 2000, 85 f.).

3.7. Die politische Funktionalisierung der persönlichen Konfliktursachen

Die Vorgehensweise Kreiskys in den Angelegenheiten „Consultatio"[28], AKH-Skandal und Villenfinanzierung wurde von einigen Befragten als Mittel zum Zweck oder „Teil der Kriegsführung" (Auracher) interpretiert, um einen Grund zu haben, Androsch seiner politischen Ämter entheben zu können. „Wenn man jemand nicht sachlich politisch ins Eck treiben kann, dann sucht man solche Dinge" (Dibold). Auch Sinowatz und Rathkolb sahen die Funktionalisierung dieser Fragen in der Auseinandersetzung mit Androsch, während Lanc betonte, dass durch diese Affäre den Pro-Androsch-Leuten der „Boden unter den Füßen weggezogen" worden sei. Peter Kreisky begründete das Vorgehen seines Vaters, nachdem sich „teilweise beweisbare Vorwürfe gegen Hannes Androsch und manche seiner Freunde" gehäuft hatten, als den Versuch, eine nachhaltige Beschädigung des „bis dahin relativ integren Profils der SPÖ" zu vermeiden. Das „große, oft uneigennützige und häufig sehr riskante Engagement hunderttausender Menschen über ungefähr hundert Jahre Sozialdemokratie" durfte nicht durch die „Insensibilitäten Androschs bei der Akquirierung von Aufträgen für seine Steuerberatungskanzlei „Consultatio" aus dem Bereich der verstaatlichten Industrie und Wiener kommunalen Unternehmen" und den „grenzenlosen Lobbyismus" in Frage gestellt werden.

3.7.1. Die Steuerberatungskanzlei „Consultatio"

Um seine Berufsbefähigung zu erhalten, hielt Androsch an seiner eigenen Kanzlei „Dr. Hannes Androsch – beeideter Wirtschaftsprüfer" fest, die bis Ende der 70er-Jahre allerdings nur fünf Klienten vertrat. Androsch war die Erhaltung seiner Berufsbefähigung ein großes Anliegen, da er in ihr eine Garantie für seine Unabhängigkeit sah und sich eine Rückkehroption im Falle des Ausscheidens aus der Politik offen halten wollte. Etwa zwei Monate nachdem Androsch 1970 zum Finanzminister ernannt worden war, wurde die Steuerberatungskanzlei seines verstorbenen Vaters mit dem Namen „Consultatio" ins Handelsregister eingetragen, da die Weiterführung als Witwen- und Deszendentenfortbetrieb auf fünf Jahre begrenzt und keine Verlängerung mehr möglich war. Androsch behielt 50 Prozent der Anteile

[28]) Auch Leser vertrat die Ansicht, dass Kreisky die „Consultatio" lediglich benützt habe, um mit Androsch „eine offene Rechung" (1988, 229) zu begleichen.

und setzte Franz Jonasch als Geschäftsführer ein, der 1973 von einem aus dem VSStÖ kommenden Freund Androschs, Franz Bauer, abgelöst wurde. Im Jahr 77 begannen die Diskussionen über die Unvereinbarkeit der Funktion des Finanzministers mit der Beteiligung Androschs an der Steuerberatungskanzlei „Consultatio", die seit ihrer Gründung einen deutlichen Personalzuwachs sowie eine Umsatzsteigerung erfahren hatte. Anfang Dezember 1978[29] wollte Kreisky in einer außerordentlichen Sitzung des erweiterten Parteivorstandes die Ablöse Androschs bewirken. Gegen Jahresende übergab Androsch seine fünfzigprozentigen Eigentumsanteile an der „Consultatio" den drei Präsidenten der Kammern der Freien Berufe zur treuhändigen Verwaltung. Im April 1980 kam es in Folge eines von Kreisky an Androsch gerichteten Briefes, in dem er seinen Vizekanzler aufforderte, über eine Neuordnung der Verhältnisse nachzudenken (Kreisky 1996, 300), zu einer Vierpunkte-Vereinbarung (Schmid 1999, 268), die der „Consultatio" untersagte, Aufträge von öffentlichen Unternehmen oder anderen öffentlichen Organisationen anzunehmen. Ende April wurde bereits über eine Verschärfung der eben erst durchgesetzten Unvereinbarkeitsbestimmungen verhandelt. Im September 1980 verlangte das SPÖ-Präsidium von Androsch, die „Consultatio" zu verkaufen. Zunächst wollte er diesem Wunsch nachkommen, teilte dann aber am 9. Dezember 1980 dem Parteipräsidium seinen Rücktritt mit und hielt in weiterer Folge an der Steuerberatungskanzlei fest (Palme 1999, 244 ff.).

Es stellt sich die Frage, warum eine striktere Trennung der beiden Funktionen Androschs erst gegen Ende der 70er-Jahre thematisierte wurde[30], denn eigentlich hätte Kreisky bereits im Jahr 1970 „eine klare Trennung der Aktivitäten des Finanzministers von seinen früheren Berufstätigkeiten" (Igler) einfordern müssen. Damals habe Kreisky jedoch die berufliche Erfahrung Androschs als selbstständiger Steuerberater und Wirtschaftsprüfer als spezielle Qualifikation für den Posten des Finanzministers hervorgehoben[31] (B. Androsch; Mauhart). Diese positive Wahrnehmung verkehrte sich allerdings immer mehr ins Gegenteil und habe im Sommer 1978 bei einem von Mauhart selbst veranlassten ORF-Interview in der Aussage gegipfelt, dass

---

[29]) Dieses Ereignis wurde von keinem der Interviewten angesprochen.

[30]) Einen Grund für das langsame Aufbrechen dieser Diskussion sah Steinbauer darin, dass der Finanzminister zu Beginn seiner politischen Karriere zu wenig Zeit gehabt hätte, dem Geschäftsführer der „Consultatio" „über die Schultern zu schauen" (30.04.2001).

[31]) Im Gegensatz dazu meinte Kienzl, dass Androsch auch als Finanzminister „immer wieder ein bisschen ein Wirtschaftsprüfer und Helfer in Steuersachen" (24.10.2000) gewesen sei. Als Beispiel dafür nannte er eine von Androsch als Finanzminister herausgegebene Anleitung zum Steuersparen.

Kreisky die „Consultatio" nicht kennen würde (Mauhart). Blecha erklärte dies damit, dass der Kanzler nicht „realisiert" habe, dass Androsch neben seiner zur Aufrechterhaltung der Berufsberechtigung notwendigen Kanzlei auch noch Anteile an der Gesellschaft „Consultatio" halte (Blecha). Worm definierte diese Aussage als „Schutzbehauptung" Kreiskys, da er „alles, was ihm unangenehm war, zu verdrängen wusste" (auch Gratz). Der FP-Politiker Broesigke stellte allerdings in Frage, ob Kreisky auch von der „Bedeutung" und dem „Umfang" der „Consultatio" unterrichtet gewesen sei.

Kreiskys Begründung für seine immer weiter gehenden Forderungen die „Consultatio" betreffend war die von ihm vermutete Vermischung von politischen und wirtschaftlichen Interessen durch Androsch. Aus Sicht Kreiskys unterschied der Minister „nicht scharf genug zwischen Wirtschafts- und persönlichen Interessen einerseits und politischen Interessen der ‚Sozialdemokratischen Weltherrschaft'" (Steger). Auch Kunz verwies auf die „verschiedenen moralischen Wertigkeiten" oder die „verschiedene Sicht des moralischen Aspektes". Ein anderer Grund für Kreiskys Irritation war die von ihm als überzogen empfundene wirtschaftliche bzw. kapitalistische Ausrichtung seines Finanzministers. Kreisky habe sich bei Benya beklagt, dass Androsch nur das „Geld vor Augen" habe (Benya), und bei Blecha, dass der Minister die „Consultatio" lediglich zum „schamlosen Geldverdienen[32]" (Blecha) gegründet habe. Worm berichtete, dass vor allem die „Genossen aus der Sektion Floridsdorf" Kreisky über die Erträge der „Consultatio" informiert und sich über „den Genossen Kapitalisten Finanzminister" beschwert hätten. Der Kanzler war auch besonders hellhörig in Bezug auf etwaige Interventionen Androschs im Bereich der Auftragsakquirierung für die „Consultatio". Diese Hellhörigkeit scheint allerdings erst eingesetzt zu haben, als es bereits Spannungen zwischen dem Kanzler und seinem Finanzminister gab. Der Kreisky-Mitarbeiter Nowotny erinnerte sich nämlich, dass im Jahr 1973 oder 74 der Kanzler auf den Hinweis, dass die „Consultatio" die VOEST prüfe, gesagt haben soll: „Ihr seid neidig, weil der Androsch so erfolgreich ist" (Telefonat mit Nowotny). Zu einem späteren Zeitpunkt habe Grünwald Kreisky in einem Brief auf Interventionen Androschs hingewiesen und nachgefragt, ob diese im Sinne Kreiskys wären (Lacina). Kreisky habe groß „Nein" auf den Brief geschrieben und die Antwort an Grünwald sei dann wohl eher mündlich als schriftlich ergangen (Lacina). Auch Kunz wies darauf hin, dass es Kreisky „nicht vertretbar" gefunden habe, dass die Steuerberatungskanzlei „Aufträge der verstaatlichten Industrie" annehme.

[32]) Laut Blecha Originalzitat Kreiskys.

Der Androsch-Mitarbeiter Buchacher führte das Aufbrechen der Diskussion über die „Consultatio“ auf die sich verschlechternde wirtschaftliche Lage zurück, die Einsparungen der öffentlichen Hand mit sich brachte und das Verteilungspotenzial verringerte. Ein Finanzminister mit einer gutgehenden Steuerberatungskanzlei widersprach gerade in einer solchen Phase auch aus der Sicht Kreiskys der Philosophie der linken Sozialdemokratie. Einen weiteren Grund für Kreiskys Forderungen Androsch gegenüber fand Buchacher darin, dass der Kanzler nicht mehr selbst die Themen habe ins Spiel bringen können, sondern diese ihm durch die Medien aufgezwungen wurden. Er wurde permanent aufgefordert, zu Androsch und der „Consultatio“ bzw. dem AKH-Skandal Stellung zu nehmen.

3.7.2. Der AKH-Skandal

Im April 1980 wurde ein parlamentarischer Untersuchungsausschuss unter der Leitung von FPÖ-Obmann Norbert Steger zur Durchleuchtung des AKH-Skandals (Pelinka 1996) eingesetzt. Androsch war in Verdacht geraten, an der von seinem „Consultatio“-Geschäftsführer Bauer 1976 gegründeten Firma „Ökodata“ beteiligt zu sein und von den Aufträgen zur Betriebsorganisationsplanung im Rahmen der AKH-Errichtung zu profitieren. Diese behaupteten Verwicklungen Androschs (Worm 1981) wurden jedoch nie nachgewiesen. Anfang September 1980 verkündet Kreisky bei einer Veranstaltung in Linz das „Zehn-Punkte-Programm“, auch die „10 Gebote“[33] genannt, in dem er „Sauberkeit im öffentlichen Leben“ und „eine rigorose Trennung von Politik und Geschäft“ forderte. Kreisky verlangte eine „Offenlegung der Vermögensverhältnisse der Regierungsmitglieder und ihrer nächsten Angehörigen“ (Schmid 1999, 269) und dass sich kein Regierungsmitglied an Wirtschaftsbetrieben beteiligen dürfe. Neben dem geforderten Verkauf der „Consultatio“ akzeptierte Androsch auch das Zehn-Punkte-Programm in der Parteipräsidiumssitzung vom September 1980.

Dem AKH-Skandal und der behaupteten Verwicklung Androschs wurde in den Interviews nur wenig Bedeutung für den Konflikt zwischen den beiden Politikern beigemessen. Gratz deutete an, dass sich Kreisky nie um das AKH gekümmert habe, und Sellner machte eine ähnliche Andeutung

---

[33]) Kreisky setzte sich zu wenig für die „Überwindung der Privilegiengesellschaft“ ein, es kam zu einer „Umverteilung innerhalb der Privilegiengesellschaft“ (Leser 1988, 220). Diese 10 Gebote seien zu spät verkündet worden und ihre Forderungen seien nicht weitreichend genug gewesen (ibid., 224).

den Finanzminister betreffend: „Da wirklich stark selber zu kontrollieren oder auch auf die Idee zu kommen, das kontrollieren zu lassen", das habe ihm nicht entsprochen. Sellner war sich vollkommen sicher, dass der Minister nichts mit der „Ökodata" zu tun gehabt und er auch seinen „Consultatio"-Geschäftsführer nie kontrolliert hatte, weil er sich um diese „Niederungen" nicht gekümmert habe (Sellner).

Lacina meinte, dass sich für ihn die Liste der Führenden in den vielen Firmen, die in die „Geschichte um das AKH" verwickelt waren, „wie ein Adressbuch der rechten VSStÖ-Fraktion" gelesen hätte, dass aber „andere Punkte ausschlaggebend[er]" für den Konflikt gewesen seien. Worm stellte fest, dass Kreisky „das ganze AKH-Desaster [Androsch] in die Schuhe" schieben wollte, „was natürlich in dieser Einfachheit" nicht richtig gewesen sei. Der AKH-Ausschussvorsitzende Steger gewann den Eindruck, dass durch den Untersuchungsausschuss und dessen Schlussbericht der Opposition die Entscheidung im Konflikt mit Androsch übertragen werden sollte. Steger konnte und wollte „aber mit halben Andeutungen und mit den Vorwürfen, dass ein Freund etwas verdient habe", diesen Wunsch Kreiskys nicht erfüllen. Der AKH-Skandal ließ eine neue Qualität in den innerparteilichen Auseinandersetzungen sichtbar werden: Die beiden Kontrahenten handelten ihre Gegensätze in aller Öffentlichkeit ab (Pelinka 1996, 542).

3.7.3. Einkommen und Vermögen

Kreisky sei irritiert gewesen, dass sich ein um so viele Jahre Jüngerer, einen so aufwändigen Lebensstil leisten konnte. Worm wusste zu berichten, dass Kreisky 1975 bereits „schwerst erschüttert" gewesen sei, als er erstmals von der Villa in Neustift gehört hatte. Er könne sich in seinem Alter „keine Villa kaufen", aber der Kronprinz habe „dieses riesige Imperium". Auch Streicher hielt die unterschiedliche Kaufkraft der beiden für ein Spannungsfeld und erinnerte sich an Aussagen von Freunden über Kreisky, „der ja ein bekannt neidiger Mensch war": „Kreisky, ärgert sich sehr, dass sich der Hannes ganz selbstverständlich das persönlich leisten kann, was sich er auf irgendeinem anderen Weg verschaffen muss".

Brigitte Androsch meinte, dass Kreisky den familiären Hintergrund der Androschs und der Schärfs gekannt habe, und berichtete von Kreiskys erstem Besuch im neuen Haus der Androschs: Er sei „bis ins letzte Kellerwinkerl" gegangen und habe immer gefragt „was hat das gekostet und was hat das gekostet?" Das Haus der Androschs sei viel kleiner gewesen und sei auch nicht in einem so schönen Park gelegen wie Kreiskys Villa, aber es war alles neu eingerichtet. Vielleicht dachte sich Kreisky: ‚Ich habe das nicht und wieso hat das der?'

Solchen Überlegungen, die das Verhalten Kreiskys seinem Neid zuschreiben wollten, wurde aber zumeist eine eher geringere Bedeutung für den Konflikt beigemessen (Rathkolb). Einige Befragte brachten jedoch eine moralische und ideologische Komponente im Zusammenhang mit dem Lebensstil in Spiel. Kreisky sah sich als „den ersten Vertrauensmann der Sozialdemokratie", was für ihn „einen Wert an sich" darstellte. Er verband damit

> [...] eine gewisse materielle – ich will nicht sagen Enthaltsamkeit, aber Selbstbeschränkung. Um so härter hat es ihn getroffen, dass jemand offenbar diese Hemmungen nicht hat, und dafür hat er kein Verständnis gehabt und jedenfalls noch weniger als ich, der ich altersmäßig ein bisschen dazwischen stehe. (Lanc 28.08.2000)

Auch Lacina sah in der Frage des Lebensstils einen „Gegensatz zwischen Rechten und Linken", er sah bei den Rechten „eine stärkere Ausrichtung auf Karriere" und ein „Upstarter-Syndrom", das für ihn im Widerspruch zum großbürgerlichen Lebensstil Kreiskys stand.

Bacher beschrieb Androsch als „eine merkwürdige Mischung zwischen – obwohl er nie in einem solchen wohnte – Gemeindebauaristokraten und Kapitalisten", wobei „das erste natürlich am Anfang das hervorstechendere war". Kreisky habe nur „Altkapitalisten sehr geschätzt", nicht aber „Jungkapitalisten in der eigenen Partei". Nowotny bestätigte Bachers Beobachtung, indem er Kreisky als äußerst misstrauisch dem reinen Geld gegenüber bezeichnete.

3.8. Zwischenresümee

Die Begründungen der InterviewpartnerInnen, warum sie welche Konfliktbereiche als für die Auseinandersetzung zwischen Kreisky und Androsch ausschlaggebend halten, weisen mit unterschiedlicher Gewichtung die Erklärungsmuster sowohl eines politischen Richtungsstreits als auch eines stark mit persönlichen Elementen besetzten Konflikts auf. Diejenigen Befragten, die die Ursache in den sich immer weiter voneinander entfernenden wirtschaftspolitischen Standpunkten der beiden Kontrahenten sehen, bieten dafür drei unterschiedliche Erklärungen an. Die VertreterInnen des ersten Erklärungsansatzes sehen das generationsbedingt divergierende Verständnis von Wirtschaftspolitik bzw. das ungleiche ökonomische Fachwissen in unterschiedlichen Sichtweisen der Sozialdemokratie münden. Es sei um die Frage des Primats der Politik über die Wirtschaft oder umgekehrt bzw. um Ideologie versus Pragmatismus gegangen. Ein weiteres Erklärungsmuster ist der Verlust der Autorität des alternden Kanzlers über seinen jungen Finanzminister, der seiner Kontrolle entgleitet und eine eigenständige Politik verfolgt. Ein dritter erklärender Ansatz betont die unterschiedlichen Ziele, die mit der jeweiligen Politik verfolgt werden: Dabei stehen Taktik bzw. die Verfolgung von kurzfristigen Strategien einer langfristigen Orientierung gegenüber, die versucht auch unpopuläre Maßnahmen, populär zu machen.

Ebenso im Konfliktfeld um Androschs Wunsch, Notenbankpräsident zu werden, lassen sich vier Erklärungsmuster aufdecken: erstens das Argument der Kreiskyschen Unsicherheit in der Wirtschaftspolitik und die daraus folgende Ablehnung von Androschs Begehren, weil der Kanzler seinen Experten nicht verlieren wollte. Der zweite Erklärungsansatz verweist wieder auf Kreiskys Politikverständnis, das ihn nicht verstehen lässt, dass Androsch den Posten des Nationalbankpräsidenten jenem des Kanzlers und Parteivorsitzenden vorzieht. Der dritte Aspekt verweist auf Elemente eines Vater-Sohn-Konflikts, in dem Androsch den für ihn von Kreisky vorgesehenen Lebensentwurf durchkreuzt, weil er dessen Nachfolge nicht antreten möchte. Schließlich gab es das Argument, es handle sich um einen Konflikt zwischen kapitalistischen und sozialistischen Werten. Androschs Wunsch passte nicht in Kreiskys Konzept von einem sozialistischen Funktionär.

Für den Konflikt um die Nachfolge als Kanzler und Parteivorsitzender gibt es ebenfalls unterschiedliche Erklärungsmuster. Diese Konfliktlinie wird zum ersten Mal virulent durch den frühen Versuch Androschs, aber auch anderer Altersgenossen, Kreisky zur Nachfolge von Jonas zu überreden. Kreisky möchte zwar, dass Androsch einmal in seine Fußstapfen tritt, sieht den Zeitpunkt dafür aber 1974 noch nicht gekommen. In weiterer Folge wird die Nachfolgefrage auch immer mehr zu einem Autoritätsproblem für Kreisky, denn das Finanzministerium entwickelt sich zunehmend zu einem zweiten Machtzentrum und viele buhlen um die Gunst des jungen Finanzministers. Die Macht Androschs gründet auf seinem Erfolg sowie laut seiner dadurch wachsenden nationalen und internationalen Anerkennung bzw. Popularität. Als ein Grund für das Drängen auf Kreiskys Ablöse werden sein Alter und seine Krankheit genannt, die in seiner Führungsschwäche und daher in einem Schaden für die Partei resultieren würden. Daraus leiten Androsch und seine Umgebung einen gewissen Anspruch auf die Nachfolge ab, was von Kreisky als Ungeduld empfunden wird und ihn die Amtsübergabe überdenken lässt, weil sie nicht nach seinen Spielregeln stattfinden würde. Ein weiterer Erklärungsansatz, warum Kreisky seine Macht nicht an Androsch abgeben möchte, liegt in seiner zunehmenden Ablehnung der von Androsch vertretenen Politik und dessen Amtsverständnis.

Die Kritik Kreiskys an Androschs Amtsverständnis wird bei den Themen „Consultatio", AKH-Skandal und den unterschiedlichen Vorstellungen über Einkommen- bzw. Vermögen deutlich. Aus Kreiskys Perspektive entsprechen Androschs Verhalten und Vorstellungen nicht seinen eigenen moralischen Ansprüchen und Wertigkeiten. Kreisky sei die „Galionsfigur im Kampf für eine andere Gesellschaft und für eine bessere, solidarischere Welt" gewesen, Androsch ein „Symbol" für eine Entwicklung, „die mit Sozialismus nicht mehr viel zu tun" hätte, die heute in der Labour Partei unter Tony Blair erkennbar sei. „Öffentliche Funktionsträger einer bürgerlichen Partei, die auch privat gut verdienen", würden als „tüchtig" gelten, „öffentliche Funktionsträger einer sozialdemokratischen Partei, die privat Geld verdienen, als unmoralisch" (Blecha). Eine sozialistische Partei habe einen „hohen moralischen und historischen Anspruch", daher standen einander die Werte „der Partei als Gesinnungsgemeinschaft" und „der Partei als ein Klub zur gegenseitigen Förderung von Interessenkoalitionen" (Nowotny) gegenüber. Kreiskys moralischer Anspruch habe es nicht zugelassen, ein Parteimitglied, das der Korruption bezichtigt werde, als Bundeskanzler oder Parteivorsitzenden zu installieren. Aber in diesem Zusammenhang stehen einander auch Jung und Alt gegenüber: Einerseits stellt sich Kreisky die Frage, warum sich ein deutlich Jüngerer um so viel mehr leisten kann als er, andererseits fehlt ihm das Verständnis für sich ändernde gesellschaftliche Normen, die auch für einen sozialistischen Funktionär weniger strenge Maßstäbe gelten lassen. Nur in Österreich gebe es die Vorstellung, dass ein „Multimillionär nicht sozialistischer Spitzenfunktionär sein" kann: „Ja, ich esse Krebse, aber ich möchte, dass alle Krebse essen können" (Bacher), das sei nicht die österreichische Form von Sozialdemokratie.

Diese unterschiedlichen Erklärungsmuster beeinflussen auch die Antworten auf die Frage, ob dieser Konflikt typisch für eine sozialdemokratische Partei im Allgemeinen und die SPÖ im Besonderen gewesen sei. Als typisch für die SPÖ bezeichneten den Konflikt Interviewte, die ihn als eine ideologische Auseinandersetzung begriffen und moralische Werte betonten (Blecha; Nowotny). „Ansprüche reformerischer Gesellschaftsveränderung, die sich an mehr Gleichheit und Gerechtigkeit orientieren", weise die Sozialdemokratie ebenso auf wie innerparteiliche Tendenzen zur „Anfälligkeit für Korruption und gesellschaftliche Überanpassung", die zu „völligem Substanzverlust führen" können. Diese Phänomene können noch verstärkt werden, wenn sie „mit autoritären Mustern nach außen und innen zusammenfallen", was sich bei Androsch im Versuch zeigte, über die „Beanspruchung von ‚leadership' in Zeiten seiner größten Belastung eine ergänzende autoritäre Eigenschaft zuzuschreiben" (P. Kreisky).

Auch die in der SPÖ traditionell als wichtig empfundene Parteieinheit wurde als Grund für die Härte (Lendvai) und Dauer des Konflikts gesehen. In der SPÖ würde „ein Umstrittener länger gehalten als in der ÖVP oder in einer bürgerlichen Partei" (Steinbauer). Die SPÖ habe sich um Androsch „herumgeschlossen, denn sonst hätte er nach Ausbruch des Konflikts nicht noch zwei Jahre im Amt bleiben können. Die SPÖ als „ungeheuere Traditionspartei" habe sich Androsch „damals wirklich verbunden gefühlt in einer solidarischen Haltung, die weit über das hinausgeht, was heute der Fall ist, verstanden werden würde oder überhaupt angestrebt wird" (Sinowatz). Worm sah den Konflikt in den Strukturen der SPÖ begründet, „die aus einer Führungslobby und aus sonst nichts" bestehen würde[34]. Kreisky selbst und der Konflikt hätten damals „diese Kultur überdeckt", ohne dass sich in weiterer Folge etwas an diesem Defizit geändert hätte.

Der Großteil der Befragten hielt einen solchen Konflikt in jeder Partei (Lanc; Jankowitsch; Kunz; Auracher; Streicher; Barazon; J. Androsch) bzw. in jedem Lebensbereich (B. Androsch; Kohl) für möglich oder verband ihn mit der Konstellation und den Persönlichkeiten der Kontrahenten (Lacina; Dibold; Mauhart; Steinbauer). Daraus würde folgen, dass es sich um einen Machtkampf gehandelt hat, für den die bereits erwähnten unterschiedlichen Erklärungsmuster Geltung haben. „Machtstreben" und nicht Ideologien hätten den Konflikt gekennzeichnet. Nur die neue Qualität der Medien-Berichterstattung brachte diesen Konflikt an die Öffentlichkeit, der sonst „unter der Tuchent" (Kienzl) geführt worden wäre, denn für Machtkämpfe müsse man sich genieren, während ideologische Konflikte nicht versteckt werden müssten. Solche Machtkämpfe habe es immer gegeben, allerdings sei es vorher nie der Fall gewesen, dass jemand in der SPÖ „mit seinem von ihm selbst erkorenen Nachfolger so übers Kreuz gekommen" (Gratz) sei.

In den Argumenten derjenigen Befragten, die den Konflikt nicht als für die Sozialdemokratie typisch betrachteten, treten Aspekte des Generationenkonflikts gegenüber den moralischen und ideologischen Hintergründen in den Vordergrund. Der „sehr erfolgreiche, hoch angesehene, sehr verehrte,

---

34) „Dabei wollte man es gerade in der SPÖ lange Zeit nicht wahrhaben, daß Bruno Kreisky über weite Strecken seiner 13-jährigen Regierungsverantwortung im Grunde genommen als ein politischer ‚Einzelunterhalter' in Sachen Sozialdemokratie unterwegs war, ohne daß die institutionelle ‚Hard- bzw. Software' seiner Partei mitgewachsen wäre" (Höll 2000, 84).

alte Parteiführer" sah sich in der Situation, dass „neben ihm ein Junger aufgewachsen ist, der im Kaliber einigermaßen das seinige gehabt hätte". Der Kanzler wollte dies nicht wahrnehmen, was sich möglicherweise durch seine Krankheit noch verschärft habe, und der Junge habe „vielleicht auch ein hohes Maß an Selbstbewusstsein entwickelt", so dass Kreisky diese Entwicklung „noch verschärfend aufgefallen" (Steinbach) sei. Der Konflikt habe auch mit „Wandlungen ideeller Art" zu tun, die „eher klassisch für einen Generationenkonflikt" seien (Busek). Auch Lanc sah den Konflikt als den „Ausdruck einer Art Zeitenwende in der Einschätzung, was Priorität in der Führerschaft einer sozialdemokratischen Partei hat bzw. haben darf", was allerdings einzigartig gewesen sei, seien die „hohen Selbstansprüche" Kreiskys in Bezug auf das „Wertmaßstab-Einziehen". Der Gegensatz zwischen den beiden Politikern resultierte aus der Zugehörigkeit zu verschiedenen Generationen – „einerseits der Sozialdemokrat der Zwischenkriegszeit, des Exils, der für sich selbst eigentlich sehr stringente Rahmenbedingungen geschaffen hat und durchaus auch andere Moralkriterien, was das Verhältnis zu Geld, Einkommen, politischer Macht betrifft, und andererseits der Typ einer neuen Politikergeneration" (Rathkolb). Auch Kohl sah einen klassischen Generationenkonflikt, denn „die Beziehung zwischen einem politischen Vater und dessen politischen Sohn" sei immer viel schwieriger als „zwischen Großvater und Enkeln.

4. Machtverhältnisse in der SPÖ

Der Konflikt zwischen Kreisky und Androsch beherrschte in der zweiten Hälfte der 1970er-Jahre die österreichische Innenpolitik. Der Kanzler unternahm zwei Versuche, Androsch seiner politischen Funktionen zu entheben, bis der Finanzminister und Vizekanzler am 9. Dezember 1980 dem SPÖ-Präsidium seinen Rücktritt mitteilte. Der erste diesbezügliche Versuch Kreiskys erfolgte am 6. Dezember 1978 in einer außerordentlichen Sitzung des erweiterten Parteivorstandes, der zweite am 9. September 1980 im Parteipräsidium. Androsch hatte bei dieser Sitzung bereits ein schriftliches Rücktrittsgesuch eingebracht, das Präsidium wollte ihn jedoch nicht entlassen. Es stellt sich die Frage, warum es dem Bundeskanzler und Parteivorsitzenden Kreisky, der bereits Ende 1978 seinen Finanzminister und Vizekanzler absetzen wollte, fast zwei Jahre lang nicht gelungen ist, dieses Ziel zu erreichen. Kreisky war in beiden Funktionen unbestritten, da er der SPÖ in drei konsekutiven Wahlen die absolute Mehrheit gesichert hatte. Außerdem verfügte er in Folge der Niederlage bei der Volksabstimmung über Zwentendorf und als Bestätigung für die breite Unterstützung seines Amtsverbleibs durch das Präsidium[35] über eine bereits am 5. November 1978 erteilte Generalvollmacht. Der Inhalt der Vollmacht wurde in dieser Präsidiumssitzung nicht spezifiziert (Fischer 1993, 162 f.). Kreisky hatte sich auch schon davor die Freiheiten genommen, nicht immer die Parteigremien in seine Entscheidungen einzubinden und sich seine Regierungsmitglieder selbst auszusuchen bzw. über deren Entlassung zu entscheiden.

Kunz meinte, Kreisky habe einen Fehler gemacht, weil er nicht am Abend des Wahlsieges von 1979 dem Parteipräsidium mitgeteilt habe, dass er in Folge des bereits Vorgefallenen mit Androsch nicht mehr zusammenarbeiten könne. Das Präsidium hätte sich gebeugt, weil der Wahlsieg eindeutig Kreisky zu verdanken gewesen sei. Aber der Kanzler konnte „in entscheidenden Fällen nicht die nötige Härte" zeigen. Möglicherweise habe Kreisky die Ablöse auch nicht mit seiner ganzen Verve betrieben, weil er das Gefühl hatte, dass er den Finanzminister noch brauchen würde (Jankowitsch). Dieses Argument der Abhängigkeit von Androschs Fachwissen brachte auch Steger ins Spiel: Kreisky habe „selbst gesagt, dass er von der Wirtschaft nichts versteht", was sicher „ein wesentliches Faktum" gewesen sei, „dass er sich lange nicht getraut" habe, Androsch „zu entfernen", wobei der Kanzler

---

35) Fischer (1993, 162) erwähnt im Gegensatz zu Kreisky (1996, 154) nicht, dass Androsch in dieser Präsidiumssitzung der einzige war, der Kritik an Kreisky geübt hatte.

„keinesfalls der Meinung" gewesen sei, dass der Finanzminister „unersetzbar" sei. Der Kanzler habe gewusst, dass der junge Androsch „die Finanzpolitik mit der linken Hand" (Scheuch) machen würde. Immerhin habe Kreisky mitgeholfen Androsch zu „machen" (Scheuch) und habe sich schwer getan, „seine eigene Erfindung abzuschaffen" (Busek).

Aber auch der Wunsch der Vernichtung[36] Androschs durch Kreisky wurde als Grund für das Hinausschieben seiner Ablöse genannt. Gratz meinte, dass damals alle „das Gefühl gehabt" hätten, dass Kreisky den Finanzminister „nicht in allen Ehren" gehen lassen wollte, „sondern mit einem Schmutzpatzen auf der Weste". Brigitte Androsch hegte den Verdacht, dass Kreisky Androsch „noch mehr vernichten" wollte, wahrscheinlich hätte er es gern gesehen, wenn „er hinter Gitter" gekommen wäre. Dieser Wunsch Kreiskys wurde auf die Auswirkungen seiner Krankheit zurückgeführt.

Androsch war allerdings auch schon allein aufgrund der Funktion des Finanzministers und des Vizekanzlers ein wichtiges Regierungsmitglied und in einer starken Position. Androsch sei „nicht irgendein Randzwerg des Kabinetts" (Steinbauer) gewesen. Diese starke Position dürfte „für andere im Kabinett vielleicht doch einigermaßen verführerisch" gewesen sein und sie bewogen haben, sich um den Finanzminister „zu scharen" (Lacina). Androsch war im Gegensatz zu Kreisky, wie bereits in den vorangehenden Kapiteln beschrieben, sehr stark in der Partei verankert, während Kreisky nie ein Teil des SPÖ-Establishments wurde. Der Finanzminister konnte sich der Unterstützung durch wichtige Präsidiumsmitglieder sicher sein. Warum sich diese auf die Seite Androschs stellten, liegt einerseits in ihrer eigenen Biografie und Beziehung zu Kreisky und andererseits in ihrer Wertschätzung für den Finanzminister begründet. Diese beiden Aspekte sollen im Folgenden für die prominentesten UnterstützerInnen Androschs nachgezeichnet werden.

Benya, Firnberg und Broda schätzten nicht nur alle drei das Fachwissen und das politische Talent Androschs, sondern wollten den Minister durch Kreisky nicht ungerecht behandelt sehen. Sie seien beispielsweise über Kreiskys Aussage, dass er von der „Consultatio" nichts gewusst habe, „empört" (Mauhart) gewesen und hätten Androsch „für absolut integer gehalten" (Dibold). Daraus folgte allerdings nicht, dass es zwischen Androsch und diesen Persönlichkeiten keine Auseinandersetzungen gab. Diese seien aber „immer reparierbar" gewesen, „weil sie in erster Linie sachlicher Natur

36) Kurz vor seinem Tod im Juni 1980 soll Waldbrunner zu Androsch gesagt haben: „Hannes, geh, geh von selbst – er zermalmt Dich" (zit. nach einer Stellungnahme von Martha Waldbrunner aus dem Jahr 1997, zur Verfügung gestellt von der Stiftung Bruno Kreisky Archiv).

waren" (Streicher). Das Verhältnis der drei zu Kreisky war aus unterschiedlichen Gründen, die noch beleuchtet werden, komplex und kompliziert, worin zumindest auch ein Teil der Gründe für ihre Unterstützung Androschs liegen könnte. Ein solcher Aspekt, der vor allem bei Benya und Broda eine Rolle gespielt haben dürfte (Blecha; Jankowitsch; Lacina), war der Olah-Konflikt (Lechner 1996). Beide waren auf Seiten der Traditionalisten zu finden, die den „Führerkult" um Olah bekämpften. Kreisky und Olah teilten im Gegensatz dazu gemeinsame Jugenderfahrungen, und kurz vor seinem politischen Sturz sicherte Olah mittels Interventionen Bruno Kreisky das Amt des Außenministers in der VP-SP-Koalitionsregierung. Außerdem hat Olah durch das Überschreiten von Grenzen zur FPÖ, zu den bürgerlichen Medien und zur katholischen Kirche den Weg der SPÖ in den 1970er-Jahren indirekt vorbereitet. Daher war es wahrscheinlich auch kein Zufall, dass Kreisky unter denjenigen Unterstützern Olahs war, die sich als letzte von ihm abwandten und seinen Ausschluss aus der SPÖ akzeptierten (Konrad 1988, 54). Rathkolb wusste zu berichten, dass man bei Begegnungen zwischen Kreisky und Olah während der letzten Lebensjahre des Altkanzlers eine „enge persönliche Aura" spüren konnte.

Zu einem guten Teil waren wahrscheinlich auch die Machtverhältnisse in der Partei für das Unterstützungsgefüge verantwortlich, denn Androsch als starker Minister konnte dem von einigen als übermächtig empfundenen Kreisky die Stirn bieten. Blecha drückte das sehr plakativ aus: „Verhinderte SP-Obleute" stellten sich auf die Seite des Finanzministers, weil sie einen, nämlich Androsch, „stellvertretend für sie alle zu ihrem Sprecher machen" wollten, „der für sie am Thron des ‚Alten'" sägte, „denn je stärker der ‚Alte' war, desto schwächer waren die übrigen Präsidiumsmitglieder".

4.1. ÖGB-Präsident Anton Benya

Die Motive Benyas, Androsch zu fördern und zu unterstützen, dürften einerseits im nicht immer einfachen Verhältnis zu Kreisky und andererseits im freundschaftlichen und politischen Nahverhältnis zu Androsch gelegen sein. Das Verhältnis Benya-Kreisky entwickelte sich entlang der Linien des bereits erwähnten Olah-Konflikts[37] und des Parteitags von 1967, wo Benya gegen Kreisky auftrat, weil er eine Spaltung der SPÖ befürchtet habe und

---

[37]) Anton Benya sei im Vergleich zu Franz Olah „unprofiliert" gewesen. Olah sei für Kreisky „der Typus des sehr intelligenten, charismatischen Arbeiter- und Gewerkschaftsführers" gewesen, „den seine Gesinnung für Jahre in Gefängnisse und Konzentrationslager" gebracht hatte (P. Kreisky 21.03.2001).

daher lieber einen Kompromisskandidaten an der Spitze gesehen hätte (Benya). Nach der Kür Kreiskys zum Parteivorsitzenden sei Benya allerdings dem Kanzler gegenüber immer „ein loyaler Mann“ (Sinowatz) gewesen. Benya war eine gute Zusammenarbeit mit der Regierungsspitze wichtig, er förderte diese auch gezielt, indem er Kreisky beispielsweise zu einer Informationsveranstaltung der Gewerkschaft einlud (Benya). Diese Loyalität Benyas zu Kreisky ließ Gratz und Lacina annehmen, dass der ÖGB-Präsident „keinen Gegenpol“ in der Partei zum Kanzler bilden wollte. Igler sprach auch von Kreiskys Überzeugung, dass Benya „nicht so weit gehen“ würde, für Androsch als Nachfolger Kreiskys zu kämpfen.

Benya habe allerdings auch immer das Konzept des „Alleinherrschers“ (Kienzl) abgelehnt, er selbst habe immer Allianzen mit Bundesgenossen geschlossen, um seiner Politik zum Durchbruch zu verhelfen. Ein enger Weggefährte Benyas sei Waldbrunner gewesen, zu dessen Nachfolger er dann Androsch gemacht habe (Kienzl). Da Kreiskys Verhältnis zu Waldbrunner[38] auch kein ungetrübtes war, könnte diese Achse Benyas Verhältnis zu Kreisky ebenfalls belastet haben. Benya habe sich von Kreisky nie beherrschen lassen und sei daher „kein Gefolgsmann“ (Bacher) Kreiskys gewesen, was den Kanzler irritiert habe.

Androsch wiederum suchte stets gute Kontakte zu den Gewerkschaften, wobei dieses Verhältnis von Beginn an nicht reibungsfrei war, denn Teile der Gewerkschaft seien mit der „vorsichtigen Lohn- und Sozialpolitik“ (Benya) Androschs unzufrieden gewesen. Das „äußerst gute Verhältnis“ zu Benya konnte sich Androsch erst „im Laufe der Jahre“ (Mauhart) aufbauen. Wesentliche Elemente dieses Vertrauensverhältnisses seien Androschs „Handschlagqualität“ (Gratz) bzw. seine „Verlässlichkeit“ (Mauhart) gewesen. Benya vertraute dem Minister, dass er durch seine Wirtschaftspolitik einen Beitrag zur Sicherung der Vollbeschäftigung in Österreich leisten würde (Benya),

[38]) Als Kreisky seinen Posten als Außenminister verlor, übersiedelte er zunächst in die Bundesparteizentrale in der Löwelstraße. Als Waldbrunner ihn aufforderte, das Büro zu räumen, zog Kreisky in die Landesparteizentrale der niederösterreichischen SPÖ in der Grillparzerstraße (Secher 1993, 117). In Folge der Veröffentlichung des dritten Bandes der Kreisky-Memoiren, in denen Waldbrunner als ein „‚materiell eingestellter‘ Schutzpatron [...] einer Gruppe von jungen sozialistischen Studenten“ (Kreisky 1996, 84), der auch Androsch angehört hat, bezeichnet wird und in denen Kreisky feststellt, dass Androsch Waldbrunner als Erstem Vizepräsidenten der Nationalbank den Bezug einer angemessenen Entschädigung verwehrt hätte (ibid.), nahmen Friedl und Martha Waldbrunner (Brief von Friedl Waldbrunner und Stellungnahme von Martha Waldbrunner aus dem Jahr 1997, zur Verfügung gestellt von der Stiftung Bruno Kreisky Archiv), aufgefordert durch einen Brief von Androsch, Stellung zu diesen beiden Punkten. Martha Waldbrunner bezeichnete die Beschreibung Waldbrunners als „tendenziös“ und „abwertend“ und stellte ihre Sicht der Ereignisse im Zusammenhang mit der verwehrten Entschädigung dar.

und war mit dem Ergebnis zufrieden. Daher konnte er auch den Teil der Gewerkschafter, die Androschs Kurs der Hartwährungspolitik und der maßvollen Lohnabschlüsse nicht unterstützten, davon überzeugen, dass „man die Kuh, die man melkt, zuerst aufziehen muss" (Auracher). Androsch habe es im Gegensatz zu Kreisky zumeist verstanden, „auf dem Gewerkschaftsklavier zu spielen", und Benya sei auf die „politisch relativ erfolgreiche" (Busek) Linie Androschs aufgesprungen.

Benya war „als Expertenfan" (Kienzl) nicht nur von der Wirtschaftskompetenz des Finanzministers überzeugt, sondern auch davon, dass Androsch die „Fähigkeit gehabt hätte" (Ströer), die Partei zu führen. Androsch und Benya teilten einen pragmatischen Zugang zur Politik, und der Minister habe es auch nicht am „entsprechenden Respekt" gegenüber dem ÖGB-Präsidenten fehlen lassen. So habe er Termine bei Benya um sieben Uhr in der Früh wahrgenommen, weil er wusste, dass Benya Morgentermine schätzte, was für Androsch eine große „Überwindung" (Mauhart) dargestellt hätte.

Benya selbst begründete seine Unterstützung Androschs damit, dass er „mit Schwung eine Wirtschaftspolitik auf die Beine gestellt" und „nach außen eine gute Wirkung" gezeigt habe. Er konnte daher in keinem Bereich ein „Versagen" Androschs orten und hielt seine Abberufung nicht für gerechtfertigt. Daher wollte er den „jähen Sturz" Androschs vom Finanzminister und Vizekanzler zum Abgeordneten verhindern, wofür Kreisky anfangs nur wenig Verständnis gezeigt habe. Als sich das Ausscheiden Androschs immer deutlicher abzeichnete, setzte sich Benya für seinen Wechsel als Generaldirektor in die CA ein, dieser wurde am 11. Dezember 1980 vom SP-Präsidium beschlossen. In der Erinnerung Peter Kreiskys soll Benya dem Kanzler „mit der Spaltung der Partei" gedroht haben, falls er dem Wechsel Androschs in die CA nicht zustimmen würde. Kunz bezeichnete das Zugeständnis Kreiskys an Benya als einen großen Fehler, weil er dadurch „unglaubwürdig" gewirkt habe. Immerhin hatte Kreisky Androsch der Korruption beschuldigt und ließ ihn dann an die Spitze einer staatlichen Bank versetzen.

4.2. Justizminister Christian Broda

Brodas Verhältnis zu Kreisky war aus verschiedenen Gründen spannungsgeladen (Leser 1988, 151; Rásky 1995). Broda sei über Kreisky in die Führungselite der SPÖ aufgestiegen, „gegen ganz massiven Widerstand von Franz Olah, der die kommunistische Vergangenheit von Broda als höchst bedenklich eingestuft" habe. Broda habe sich „dann relativ rasch als Justizexperte im Parlamentsklub etabliert und war auch eine Zeit lang der persönliche Anwalt von Bruno Kreisky in den frühen 60er-Jahren". Der „erste Bruch der Beziehung Broda – Kreisky" sei am Parteitag 1967 erfolgt, „als Broda Kreisky gesagt hat, dass er ihn nicht unterstützen würde, was Broda auch teilweise mit Hinweis auf Kreiskys jüdische Herkunft untermauerte". Das habe „Kreisky Broda sehr übel genommen", da er Broda „gemacht" habe und ihn dieser jetzt „in einer ganz entscheidenden Phase mehr oder weniger im Stich" ließ. Aufgrund seiner Expertise im Justizsektor konnte Kreisky ihn „nicht aus der Regierung draußen lassen". Während der Regierungszeit sei „ein weiterer Unsicherheitsfaktor [...] das starke Engagement des Broda für die Reform des § 144 StGB zur Abtreibung" gewesen, wo Kreisky fürchtete, „dass Broda die SPÖ in einen massiven, permanenten, neuen Konflikt mit der katholischen Kirche treiben würde" (Rathkolb).

Scheuch erzählte, dass es zwischen Kreisky und Broda „mehrmals zu sehr heftigen Debatten" gekommen sei, in denen man am Umgangston merken konnte, dass da „etwas nicht stimmte". Er könne sich an eine Ministerratsvorbesprechung erinnern, „in der richtig gestritten wurde, in der Kreisky dann abrupt diese ganze Diskussion abgebrochen hat", als Broda „Partei für Androsch ergriffen" habe. Auch Rathkolb beschrieb ein für das Verhältnis zwischen Kreisky und Broda exemplarisches Ereignis:

> Mir hat ein früherer Mitarbeiter von Broda, Broda war schon verstorben, gesagt, es wäre eine Möglichkeit, den Nachlass Brodas als Justizminister sowohl der 60er- als auch der 70er-Jahre ins Kreisky-Archiv zu integrieren. Kreisky ist [nachdem ihm Rathkolb diesen Vorschlag unterbreitet hatte] förmlich explodiert: ‚Seine Papierln liegen nicht neben meinen' (29.05.2001).

Aus den beschriebenen Ereignissen geht hervor, dass Broda in der Regierung kein Kreisky-Mann war. Der Justizminister habe auch „nie verstanden", dass ihm Kreisky nicht die notwendige Wertschätzung seiner „intellektuellen Kapazität, seines ungebrochenen Reformwillens" und seines „beispiellosen Einsatzes für eine Veränderung der österreichischen Gesellschaft" (Blecha) entgegengebracht habe. Trotzdem habe Broda „für die politische Person Kreisky durchaus Achtung gehabt" (Scheuch) und sich ihm „immer sehr untergeordnet" (Blecha).

Im Gegensatz dazu hatten Broda und Androsch eine sachlich positive Beziehung, wobei es zwischen Finanz- und Justizminister generell wenig Reibungspunkte gab, da das Justizbudget keinen großen Anteil am Staatshaushalt hatte und vom Finanzminister stets bewilligt wurde. Darüber hinaus hätten sich die beiden „unglaublich gut verstanden" (Pekarek) und Broda habe die „Handschlagqualität Androschs" (Gratz) geschätzt. Das letztliche

Parteiergreifen für Androsch wurde vor allem von Kreisky nahe stehenden Personen als ein „Stellvertreterkonflikt" bezeichnet, in dem es „oft nicht nur um Androsch" gegangen sei, sondern in dem Broda versucht habe, „einmal Kreisky Widerstand entgegenzusetzen" (Rathkolb; Blecha). Diese Auflehnung könne auch Brodas „Angst" (Lendvai), Kreisky wolle ihn ablösen, entwachsen sein.

4.3. Wissenschaftsministerin Hertha Firnberg

Das Verhältnis zwischen Firnberg und Kreisky wies auch einige Schatten auf. Beide hatten in ihrer Jugend eine äußerst unterschiedliche Entwicklung durchgemacht. Während Kreisky Mitglied beim „Verband der sozialistischen Arbeiterjugend" und Mitbegründer der verbotenen „Revolutionären Sozialistischen Jugend" war, trat Firnberg dem „Verband Sozialistischer Mittelschüler" und während ihrer Studienzeit dem „Verband Sozialistischer Studenten" bei. Sie war im Gegensatz zu Kreisky weder während des Ständestaates noch unter dem NS-Regime illegal tätig (Steininger 1995, 134). Lacina führte die Unstimmigkeiten im Verhältnis der beiden teilweise auf eventuelle Erlebnisse in der „Jugendorganisation oder auch der Studentenorganisation" zurück. Firnberg zählte ähnlich wie Broda zu den Reformern der Regierung Kreisky und sei laut Lendvai „kein Kreisky-Mann" in der Regierung gewesen. Firnberg selbst sagte, dass sie mit Kreisky zwar „nie ganz eng" gewesen sei, aber „sehr gut" mit ihm „zusammenarbeiten" konnte („AZ"/Tagblatt, 16.09.1989, zit. nach Steininger 1995, 137). Sinowatz wies darauf hin, dass sie immer „mutig genug" gewesen sei, „das zu sagen, was sie sich vorgestellt" habe. Sie befand sich damit nicht immer auf Partei- und Kreiskylinie. Sie sei eine „eigenständige", „sozialistische" und „wichtige Person" (Steinbauer) in der SPÖ gewesen. Einen wesentlichen Knick habe das Verhältnis zwischen der Wissenschaftsministerin und dem Kanzler durch Kreiskys Begründung, warum er nicht Firnberg zur Vizekanzlerin gemacht habe, erfahren (Kunz) bzw. auch durch die Tatsache selbst, dass sie nicht zur Vizekanzlerin gemacht wurde (Jankowitsch).

Ihr Verhältnis zu Androsch beschrieb sie zwar nicht als „tiefe Freundschaft", aber sie „schätzte ihn als einen sehr intelligenten und im Grunde anständigen Menschen" (Kunz 1989, 77), während Androsch ihr große Verehrung entgegenbrachte (J. Androsch). Firnberg habe das politische Talent des Hannes Androsch erkannt und ihn „als den kommenden Mann geschätzt" (Scheuch). In Androsch sah sie vielleicht denjenigen, „der sich gegen Kreisky aufbaut" und dem „Leiden unter der Dominanz des Kreisky" (Bacher) ein

Ende setzen könnte. Sie habe eventuell auch „gewisse Erstarrungserscheinungen" in der Regierung erkannt und sich gedacht: ‚Der Alte geht mir schon auf die Nerven, es wäre Zeit für Androsch' (Igler). Firnberg selbst führte als Grund für ihre Unterstützung Androschs an, dass sie nie in Erfahrung habe bringen können, was gegen Androsch vorgelegen sei. Es habe daher keine Rechtfertigung für die Verurteilung Androschs gegeben und sie konnte sich nicht der Gruppe anschließen, die Androschs Abgang aus der Politik forderte, was Kreisky ihr verübelte (Kunz 1989, 76). Daher habe Kreisky laut Rathkolb mehrfach gezielt die „Düpierung" von Firnbergs Plänen betrieben.[39]

4.4. Vermittlungsversuche

Über Inhalt und Zeitpunkt von Vermittlungsversuchen wussten die InterviewpartnerInnen nur wenig zu berichten, die meisten gaben jedoch zu verstehen, dass es Vermittlungsversuche gegeben hat. Am häufigsten wurde Benya als Vermittler in diesem Konflikt genannt. Er sagte auch selbst, dass er immer wieder mit beiden gesprochen habe. Der ÖGB- Präsident sei der „Hüter der Parteieinheit" (Busek) bzw. eine „integrative Persönlichkeit" (Scheuch) gewesen, die wusste, wie sehr Streitigkeiten der Partei schaden, und die daher immer versucht hat, „kalmierend" (Sellner) zu wirken. Benya habe „es ein paar Mal ganz massiv versucht", was auch nicht ganz „wirkungslos" geblieben sei, „weil Kreisky Benya in einer gewissen Beziehung zu respektieren hatte, [...] aber nicht, weil ihn Benya überzeugt hätte" (Bacher). Neben Benya wurden auch noch Gratz, Firnberg, Waldbrunner und Fischer als Vermittler genannt. Firnberg habe Bacher „mehrmals erzählt, wie sehr sie unter diesem Konflikt leidet, wie sehr sie ihn bedauert, weil sie zwar den Kreisky für den absoluten Chef und für ein politisches Genie hält, aber alle seine schlechten Eigenschaften natürlich kannte – seine Eifersucht, sein Nichtvertragen wirklicher Konkurrenz", und sie habe am ehesten die Chance gehabt, bei „Kreisky Gehör zu finden".

Sinowatz berichtete, er habe „nicht nur einmal mit dem Hannes Androsch geredet und gesagt: ‚Hast eh Zeit, du brauchst dich ja nicht so zu beeilen, das ist doch eh schon allein von den physischen Fragen des Alters

---

39) Im Mai 1980 fand das Staatsvertragsjubiläum statt, wo Kreisky laut Programm eine Rede halten sollte, aber einfach nicht erschienen sei. Stattdessen habe er sich im Dienstauto zum Flughafen führen lassen, „um den, glaube ich, damals noch lebenden Außenminister Macmillan abzuholen". Hertha Firnberg sei „entsetzt" und „verärgert" (Rathkolb 29.05.2001) gewesen.

her eine Entwicklung, die nicht aufzuhalten ist'". In Folge solcher Vermittlungsversuche habe Androsch befunden, dass sich das Verhältnis verbessert hätte, aber es entwickelte sich dann immer wieder nach demselben Muster: Es wurde beispielsweise die Treuhandlösung für die „Consultatio" gefunden, Androsch „war glücklich, so jetzt ist das vorbei". Drei Tage später sei „wieder eine neue Attacke" (Cordt) gekommen. Letztendlich seien aber alle Vermittlungsversuche gescheitert, „weil der Konflikt zu sehr ins Persönliche gegangen" (Kienzl) sei bzw. Kreisky in Folge seiner Krankheit die Vermittler nicht anhören wollte (B. Androsch).

Während Vermittlungsversuche auf der Ebene der Parteielite stattfanden, habe „das mittlere und untere Management" eher „Öl ins Feuer gegossen" (Ströer). Darunter fallen die bereits erwähnten Zuträgereien über Popularitätskundgebungen für Androsch, über seine Nachfolgegelüste, seine Steuerberatungskanzlei und über wechselseitige Aussagen den jeweils anderen betreffend. Auch im Parlamentsklub habe es zeitweise Diskussionen über den Konflikt gegeben, wobei 1976/77 sich der Klub „ein bisschen an Androsch gerieben" habe, weil er „in manchen Dingen dem Klub sehr von oben herab begegnet" (Sellner) sei.

4.5. Parteieinheit versus Lagerbildung

Aus den Interviews ist herauszuhören, dass dieser Konflikt primär in der Parteielite ausgetragen wurde. In den unterschiedlichen Gremien spürte man zwar die Spannungen, aber es kam nie zu einer offenen Konfrontation, auch dann nicht, wenn der eine dem jeweils anderen Anschuldigungen über ein Zeitungsinterview ausrichten ließ. Kreisky habe zu Beginn einer Sitzung immer einen „gesamtpolitischen Überblick" gegeben und das Wort dann an Androsch weitergegeben, wenn es um „wirtschaftliche Fragen" gegangen sei, da habe man dann allerdings „das Gefühl gehabt", dass ihm „von Seiten des Kanzlers gar nicht richtig zugehört" (Benya) werde. Wenn er dann Androsch gefragt habe, warum das so sei, dann habe er die Antwort bekommen: ‚Ich weiß es auch nicht'. Den meisten in diesen Gremien war es „sehr unangenehm und eher zuwider, dass Kreisky immer so hart reagiert hat auf alle Dinge" (Sinowatz). Es waren „sehr viele mächtige Leute" (Kunz) auf der Seite von Androsch, darunter nicht nur die bereits erwähnten Regierungsmitglieder, sondern auch die Landeshauptleute Leopold Wagner und Theodor Kery (Feymann 1993, 146), wie auch die Landesparteiorganisation und die Gewerkschaften großteils auf der Seite von Androsch gesehen wurden. Der Finanzminister wurde von vielen „für einen Retter aus der Not eines beginnenden Erosionsprozesses" gehalten und in ihn wurde die „Hoffnung auf Fortsetzung des politischen Erfolgs der SPÖ" gesetzt. Das Erfolgsprinzip rangierte vor der Moral, was auch weite Bereiche der Gewerkschaft seltsam nachsichtig „gegenüber den schwerwiegenden Vorwürfen von Steuerhinterziehung und Selbstbegünstigung" (P. Kreisky) gemacht habe. Die Parteibasis und die Parteijugend wurden als pro-Kreisky eingeschätzt.

Allgemein war man in der SPÖ „verzweifelt", weil man gewusst habe, dass es für jede Partei „einen sicheren Weg zu verlieren" gebe, nämlich dann „wenn die Spitzen untereinander streiten" (Kienzl). Einerseits wusste man, dass „die Partei Kreisky und Kreisky die Partei war" (Nowotny), und auf der anderen Seite, dass nur das Duo Kreisky – Androsch eine Erfolgsgarantie (Pekarek) bedeute und dass daher die Ablöse Androschs der Partei schaden würde. Die VertreterInnen dieser Anschauung negierten die Zweilagertheorie innerhalb der SPÖ und beschworen die Parteieinheit. Blecha sprach von einer über „die Konfliktgrenzen reichenden Solidarität" und erwähnte beispielhaft Heinz Fischers heftige Reaktion[40] auf die von ihm als „ungerechtfertigt" empfundenen Angriffe der ÖVP gegen Androsch im Zusammenhang mit der Finanzierung von dessen Villa.[41]

Sinowatz sprach von „zwei Seelen in der Brust" der SPÖ-Spitze, denn Kreisky sei „aufgrund seiner Verdienste, seines Auftretens, seiner politischen Phantasie und Durchschlagskraft" unbestritten gewesen, und gleichzeitig sei Androsch „sein unbestrittener Nachfolger" gewesen. Auch Gratz teilte die Ansicht von Sinowatz, „denn pro Kreisky waren ja alle und von denen war ein Teil pro Androsch und ein Teil gegen Androsch" (Gratz). Ströer sah eine solche Tendenz auch im ÖGB: Die Funktionäre seien Kreisky ergeben gewesen – „die Liebe" habe damals aber Androsch gehört. Es sollte nicht die Macht Kreiskys zurückgedrängt werden, aber die SPÖ wollte, dass Androsch ihr als „Hoffnungs- und Sympathieträger" (Steinbach) bzw. als Repräsentant einer neuen Politikergeneration erhalten bleibt.

Zwei VP-Politiker waren der Ansicht, dass die Parteieinheit damals aufrecht erhalten worden sei. Die SPÖ habe „es bemerkenswerterweise verstanden" (Busek), die sich unterscheidenden Standpunkte für die Öffentlichkeit nicht sichtbar werden zu lassen. Auch Igler sah die Parteidisziplin gewahrt, und zwar, weil die SPÖ an der Macht bleiben wollte und sich daher keine Blöße nach außen geben konnte.

---

40) Heinz Fischer sei „aufgesprungen" und habe „seine Füllfeder auf den Boden geknallt" (Blecha 24.4.01; auch Steinbauer 30.4.01).

41) Der ÖVP waren in diesem Zusammenhang Kontoauszüge zugespielt worden, die Unregelmäßigkeiten bei der Villenfinanzierung aufdecken sollen.

Diese persönlichen Sympathien oder Antipathien seien auf die emotionale Ebene beschränkt geblieben und in Sachfragen nicht schlagend geworden. Es hätten sich „Koalitionen gebildet, [...] wo man nicht gemerkt hat, das ist die Kreisky- und das ist die Androsch-Seite" (Rathkolb). Blecha nannte als Beispiel dafür die Medienpolitik vor allem in Bezug auf die Wahl des ORF-Generalintendanten Bacher. Der „Androsch-Vertraute Toni Benya" sei der „härteste Gegner des Gerd Bacher" gewesen, während Blecha selbst für Bacher eingetreten sei. Daher könne man nicht von einer stabilen Gruppenbildung sprechen, sondern von einer Gruppendynamik die jeweiligen Sachfragen betreffend.

Diese Auffassungen deuten in die Richtung, dass es sich um einen persönlichen Konflikt und nicht um einen politischen Richtungsstreit gehandelt hat. Dem steht die Ansicht entgegen, dass es eine Gruppe „bedingungslos pro Kreisky" (Sellner) gegeben habe, die „jede Schwenkung mitgemacht" hätte, und eine zweite, die „wiederum sehr mit Androsch verbunden" (Jankowitsch) gewesen sei. Diese beiden Gruppen waren zwei unterschiedlichen Machtzentren zuzuordnen, denn Kreisky habe einen „anderen Themen- und Personenkreis" angesprochen und dadurch „andere intellektuelle und personelle Stützpunkte" (Nowotny) gehabt. „Kreisky und sein Team" hätten sich „immer mehr in zwei Lager geteilt", jeder habe „seine Anhänger gehabt, die für ihn gearbeitet haben". Je selbstständiger Androsch geworden sei und je stärker der „Richtungsstreit" (Buchacher) wurde, desto mehr habe sich der linke Kreis um Kreisky und der eher rechte Kreis um Androsch formiert. Lanc sah die beiden Lager „heterogener": Es seien „politisch weit links von Bruno Kreisky" Stehende auf seine Linie und Argumentation „aufgesprungen", während sich dem anderen Lager nicht nur „politisch gesehen rechts von Kreisky" Stehende[42] angeschlossen hätten. Letztere wollten aus „einem Vater-Mutter-Effekt heraus [...], die Züchtigung des begabten Buben durch den harten Vater nicht zur Kenntnis nehmen" und stellten sich daher auf die Seite Androschs. Trotz der Heterogenität der beiden Lager sei die Spaltung doch so tief gegangen, dass Kreisky bei der „Vorauswahl seines Nachfolgers" einen Mann suchen musste, der von „all diesen Gruppierungen in der Partei akzeptiert werden würde".

Im Gegensatz zu Busek und Igler sahen die beiden FP-Politiker Broesigke und Steger einen Zerfall in zwei Gruppen innerhalb der SPÖ, der im Zusammenhang mit der behaupteten Steuerhinterziehung (Broesigke) bzw. mit dem

---

42) Zu diesen politisch nicht rechts von Kreisky stehenden Personen rechnete Lanc u.a. Firnberg, Rösch und Broda (28.08.2000).

Untersuchungsausschuss zum AKH (Steger) deutlich geworden sei. Steger wurde in seiner Funktion als Ausschussvorsitzender von beiden Seiten mit belastendem Material über den jeweils anderen versorgt. Er führte die Fraktionsbildung innerhalb der SPÖ darauf zurück, dass in einer Einparteienregierung kein „klarer Außenfeind" vorhanden sei, so dass es eine „gewisse Tendenz" gebe, „sich einen Feind nach innen zu suchen".

4.6. Die Sitzung des Parteipräsidiums am 9. September 1980

Androsch war vor der Sitzung fest entschlossen, seinen Rücktritt zu erklären. „Wir waren überzeugt, dass wir nach der Sitzung ins Finanzministerium zurückkehren, um die Büros zu räumen" (Sellner). Auch aus Brigitte Androschs Erzählung geht dies hervor: Nach der Sitzung habe Androsch angerufen und gesagt: „Das hat leider nicht funktioniert". Kreisky seinerseits wollte in dieser Sitzung, so Lacina, die Vertrauensfrage stellen (Lacina). Benya habe sich dann allerdings zu Beginn der Sitzung zu Wort gemeldet und „einen Appell zur Versöhnung" an die Kontrahenten gerichtet. Er habe um eine Aussprache der beiden gebeten und es sei dann „zu einem längeren Spaziergang der beiden im Park gekommen" und „das Ganze" sei „wieder abgeblasen" (Lacina) worden. Androsch erklärte sich bereit, seine Steuerberatungskanzlei „Consultatio" zu verkaufen und das „Zehn-Punkte-Programm" Kreiskys zu akzeptieren.

Androschs Demissionierung wurde verhindert, obwohl sie zwischen dem Finanzminister und dem Kanzler abgesprochen gewesen sei und die Zeitungen schon darüber berichtet hätten (Weiser). Kreisky erlitt im Parteipräsidium eine Niederlage, weil Androsch in der Partei einen sehr starken Rückhalt (Igler; Kunz; Steinbach) gehabt und sich rechtzeitig Unterstützung „bis in die höchsten Gremien gesichert" (Steger) habe.

Ausschlaggebend für die Weigerung des Präsidiums, Androschs Ablöse zuzustimmen, dürfte gewesen sein, dass Kreisky nicht ausdrücklich erklärte, mit seinem Vizekanzler nicht mehr zusammenarbeiten zu können. Gratz erinnerte sich, dass Kreisky des Öfteren darauf hingewiesen worden sei, dass, wenn er dies explizit sage, einem Ausscheiden Androschs aus der Politik nichts mehr im Wege stehen würde. Leopold Wagner habe in dieser Sitzung zu Kreisky gesagt:

> ‚Du Bruno, wenn du als anerkannter Bundeskanzler einen Minister nicht mehr willst, auch wenn er Vizekanzler ist, dann brauchst du es nur zu sagen, der Minister wird selbstverständlich gehen, aber warum sagst du es dann nicht. Sag doch, du willst einen anderen Minister, und die Sache

wird akzeptiert werden, weil du bist eben der Regierungschef, und das war immer unbestritten, dass sich der seine Minister aussucht' (Gratz 09.01.2001).

Diese Weigerung Kreiskys, die Ablöse seines Vizekanzlers expressis verbis anzusprechen, entsprach einem durchgängigen Muster in Kreiskys Personalpolitik. Er sei „sehr zögerlich" (Jankowitsch) beim Auswechseln von Ministern gewesen, weil er sich „sehr schwer getan" habe, unangenehme Dinge dem Betreffenden oder Betroffenen direkt zu sagen" (Kunz; Horvath 1989, 60). Der Kanzler habe sich darauf verlassen, dass „es genügend körpersprachliche und indirekte Hinweise oder vielleicht auch Informationen über Umwege" gebe, die seinen Rücktrittswunsch offensichtlich werden ließen. Er habe sich dann „doppelt geärgert", wenn jemand „nicht nur einen Blödsinn" gemacht habe, sondern auch den Hinweis nicht verstanden habe, dass Androsch „eigentlich entbehrlich" (Lacina) sei.

Der Vizekanzler konnte angesichts der Unterstützung, die ihm das Präsidium gewährt hatte, seinen geplanten Schritt nicht umsetzen. Sellner meinte, dass wahrscheinlich „die massive Unterstützung für ihn" und „seine Loyalität zu den Unterstützern" für Androsch ausschlaggebend gewesen sei weiterzumachen. Er schloss allerdings auch die Perspektive Androschs nicht aus, „dass es der alte Bundeskanzler doch nicht mehr so lange aussitzen" würde. Pekarek interpretierte Androschs Handeln als „Parteidisziplin" und als Loyalität zu seinen Freunden, die „zum Teil seine wirklichen Freunde, nicht nur Parteifreunde" gewesen seien. Die Partei wollte, dass die beiden „miteinander weitermachen", denn sie haben zusammen „zehn Jahre das Land geführt" und müssten Österreich und die Partei über „ihre lächerlichen Streitigkeiten" stellen. Diese Sichtweise hänge vielleicht auch mit „der inzwischen verloren gegangenen Tradition der Partei" zusammen, „dass man einen Parteivorsitzenden wie Kreisky einfach respektiert, und auch dann noch respektiert, wenn man sagt, es wäre eigentlich gescheiter, wenn er schon geht" (Mauhart).

Diese Parteitradition und die Erkenntnis, dass das Verhältnis zwischen Kreisky und Androsch nachhaltig beschädigt war, dürfte das Präsidium davon überzeugt haben, am 9. Dezember 1980 den Rücktritt Androschs anzunehmen. Da sich Kreisky der starken Position Androschs in der Partei bewusst war, wollte er es im Parteivorstand nicht „auf Spitz und Knopf bringen", anstatt eine „klare Linie" zu vertreten, sei das Ganze „dann irrsinnig stark ins Persönliche gegangen" (Kienzl). Auch Rathkolb wies darauf hin, dass Kreisky sich eine Strategie überlegen musste, um die zentralen EntscheidungsträgerInnen von der Ablöse Androschs zu überzeugen. Der Kanzler habe „alle möglichen Aktivitäten versucht und sehr stark die moralische Komponente in den Raum gestellt". Dies habe er einerseits als Rechtfertigung seines Bestrebens vor sich selbst getan und andererseits, „um öffentlichen Druck auf die Partei zu erzeugen", da die Mehrheit in den Gremien nicht bereit gewesen sei, „Androsch ziehen zu lassen". Der Androsch-Mitarbeiter Pekarek vermutete ebenfalls, dass „sich Kreisky nicht stark genug gefühlt" habe, Androsch über „die Partei und die zuständigen Parteigremien wegzubringen", sondern „alle seine Möglichkeiten" wie beispielsweise die Sache mit der „Consultatio" eingesetzt habe, auf die „die Journalisten auch ganz heiß" gewesen seien. Dadurch sei es Kreisky „à la longue jedenfalls gelungen, Androsch zur persona non grata zu machen".

Kreisky hat sich jedoch im Zuge der Auseinandersetzungen mit Androsch von seiner Partei unverstanden gefühlt, wodurch sein Misstrauen, ebenso wie seine Distanz zur Partei und ihren Funktionären immer größer wurden (Horvath 1989, 75). Deutlich wird diese Einstellung in einem Brief Kreiskys (27.11.1980) an Blecha und Marsch, in dem er sich Feierlichkeiten und Geschenke zu seinem 70. Geburtstag durch den Parteivorstand verbot. Er wollte keine Reden von Funktionären, von denen ihm „in den letzten Jahren nicht die geringste Unterstützung" in seinen Bestrebungen, „das moralische Ansehen der Partei zu erhalten" (Kreisky 1996, 301), zuteil wurde. Auch Mitte der 80er-Jahre wies Kreisky darauf hin, dass sich die Partei in Folge des von ihm als Generalabrechnung empfundenen achtseitigen Brief Androschs an Gratz (veröffentlicht in „Basta" Nr. 7/1983) „in keiner Weise" von Androsch „distanziert", „sondern ihn nach wie vor in besonderem Maße respektiert" habe (Kreisky 1996, 319). Ab Mitte der Achtzigerjahre habe Kreisky den Eindruck gehabt, dass „‚seine Partei' nicht mehr reformierbar" (P. Kreisky) sei. Vielleicht war diese Distanzierung vom Parteiestablishment auch ein Grund für Kreiskys im Alter zunehmende Orientierung an einem deutlicher links ausgerichteten sozialistischen Konzept als während seiner Regierungszeit.

5. Auswirkungen des Konflikts auf die Regierungs- bzw. Parteiarbeit

Da der Konflikt zwischen Kreisky und Androsch in der zweiten Hälfte der 70er-Jahre offensichtlich wurde und auch Gegensätze zwischen den beiden Politikern in der Wirtschaftspolitik sichtbar wurden, interessierte die Frage, ob es diese Differenzen die Regierungs- bzw. Parteiarbeit beeinträchtigt hat. Wurde der Konflikt als so ausschlaggebend gesehen, dass der zum Erliegen kommende Reformschub nach 1975 damit in Verbindung gebracht wurde?

InterviewpartnerInnen, die keinen negativen Einfluss des Konflikts auf die Regierungsarbeit erkennen konnten, fanden sich ebenso wie solche, die negative Auswirkungen feststellten. „Wenn jede zweite Sitzung oder jede Sitzung mit dem Abwettern eines Skandals verbunden" sei, dann binde das „Energiepotenztial, das an anderen Ecken aber fehlt [...], vor allem wenn es die Führung selbst, wie den Bundeskanzler und seinen Kronprinzen betrifft" (Steinbauer). Auch Lacina sah, dass „erhebliche Energien" gebunden gewesen seien, wodurch die Partei „weniger nach außen" als nach innen orientiert gewesen sei. Trotzdem konnte die SPÖ „drei Mal hintereinander eine absolute Mehrheit in diesem Land" erringen.

Mit der Steigerung des Konflikts sei auch zunehmend die Zusammenarbeit der „Umgebungen" der beiden schwieriger geworden, was „für die sachliche Arbeit [...] doch ein arges Hemmnis" darstellte. Das Abklären von Gesetzesentwürfen und das Überbrücken von Differenzen seien unvergleichlich schwieriger, wenn „die Chefs nicht miteinander reden können" (Lacina). Damit hatte sich die Situation gegenüber der ersten Hälfte der 70er-Jahre verschlechtert, als Reiter[43], der damalige Kabinettschef von Kreisky, noch über eine gute Zusammenarbeit der beiden Kabinette zu berichten wusste. Lacina sei es jedoch gelungen, „mit einem Kollegen im Büro Androschs einen sehr, sehr guten und absolut sachlichen Kontakt aufrecht zu erhalten", diese gute Gesprächsbasis wurde vom Androsch-Mitarbeiter Sellner bestätigt. Solche funktionierenden Kontakte seien während des Höhepunkts des Konflikts weder von Kreisky noch von Androsch gerne gesehen worden.

---

[43]) Reiter hat immer versucht, deeskalierende Maßnahmen zu setzen, indem er anonyme Anschuldigungen beinhaltende Schreiben an Kreisky zuerst den Betroffenen, darunter auch Androsch, zur Stellungnahme vorgelegt habe, bevor er sie an Kreisky weitergegeben habe. Diese Praxis sei nach seinem Abgang 1975 nicht mehr weitergeführt worden (Reiter 09.10.2000).

Pekarek war der Auffassung, dass der Konflikt zwar „keine optimale Arbeit“ mehr zugelassen habe, dass aber „dennoch auch in den späten 70er-Jahren eine ganz gute Politik gemacht worden“ sei. Bacher sah als positive Auswirkung auf die Regierungsarbeit, „dass Androsch Sieger geblieben ist in der Hartwährungspolitik, die ja ganz gegen Kreisky und sicherlich ein Segen für Österreich war“, aber auch eine negative Folge, nämlich „dass Androsch nicht stark genug war, Kreiskys Milliardenpleite mit der Verstaatlichten zu verhindern“. Benya wies darauf hin, dass „Kreisky etwas großzügiger war beim Geldausgeben und ganz einfach Zusagen gemacht hat, ohne vorher die Koordinierung abzuwarten“, etwas, das wahrscheinlich anders gelaufen wäre, wenn Kanzler und Finanzminister noch eine bessere Gesprächsbasis gehabt hätten.

Broesigke konnte keinen negativen Einfluss auf die Regierungsarbeit erkennen, denn die „Minister arbeiten selbstständig“ und der Konflikt habe weder „Entscheidungen verhindert“ noch „falsche Entscheidungen herbeigeführt“. Da sich jedes Regierungsmitglied in den ersten Regierungsjahren inhaltlich am Parteiprogramm von 1958 und den Programmen für die einzelnen Politikbereiche aus den späten 1960er-Jahren orientierte, sei die politische Linie klar vorgegeben gewesen. „Mit fortschreitendem Regieren [sei] diese Suppe immer dünner geworden“, daher wurde das 1978er-Programm beschlossen, „das aber eine Schwäche hatte – es war weder ein reines Grundsatzprogramm noch ein Detailausführungsprogramm[44]“ (Lanc). Dafür sei allerdings nicht der Konflikt ausschlaggebend gewesen, der habe sich eher auf „das Machtgefüge“ der SPÖ ausgewirkt, insofern als sich eine gewisse Ohnmacht abzeichnete.

Einige Befragte nahmen eine deutlichere Beeinträchtigung der Regierungstätigkeit durch diesen Konflikt wahr. Es seien „ununterbrochen von außen her Einflüsse spürbar geworden“ und „diese Unmittelbarkeit des Regierens oder des Verkehrs der Ministerratssitzungsteilnehmer“ sei nicht mehr vorhanden gewesen. Im „Unterbewusstsein“ habe sich diese Konfliktsituation bei jedem manifestiert und „bei jeder Wortmeldung [habe] sie eine gewisse Rolle gespielt“. „Für die Umstehenden, Nahestehenden und Mitbeteiligten“ wurde immer klarer, dass es keine gemeinsame Position der beiden mehr gab. Gerade die anfängliche Stärke der Achse Kreisky – Androsch sei nicht mehr spürbar gewesen. Zusätzlich zu diesen parteiinternen Problemen sei bei „jeder Pressekonferenz oder politischen Veranstaltung“ (Sinowatz) der Konflikt Thema gewesen, und es wurde der Partei die Energie genommen,

---

[44]) Zum Parteiprogramm siehe Pelinka 1988.

sich mit anderen Themen zu beschäftigen. Auch der Androsch-Mitarbeiter Buchacher sah die Beschäftigung mit Sachthemen marginalisiert, da der Kanzler mit keinen anderen Themen als „der Steuerberatungskanzlei" und dem „AKH-Skandal" befasst worden sei. Das „Klima für Sachpolitik" sei nicht mehr vorhanden gewesen, denn das „Interesse der Öffentlichkeit konzentrierte sich zu 80 oder 90 Prozent auf den Konflikt". Entscheidungen seien auch nicht immer „nach sachlichen Kriterien getroffen" worden, „sondern einfach justament anders als es der andere gerne haben möchte", das habe wiederum die Medien beschäftigt, und es habe sich ein „fataler Teufelskreis" (Kunz) entwickelt.

Unbestritten ist, dass der Reformeifer der SPÖ in der zweiten Hälfte der 70er-Jahre rückläufig war (Pittler 1996, 113). Diese Entwicklung hängt aber nicht zwingend nur mit dem Konflikt zwischen Kreisky und Androsch zusammen, sondern spiegelt die Trägheit und Erstarrungstendenz von lange an der Macht befindlichen Parteien wider. Kohl hatte den Eindruck, dass die österreichische Sozialdemokratie – rund um den Zeitpunkt des Konflikts zwischen Kreisky und Androsch – „in der absoluten Mehrheit vielleicht auch etwas bequem" geworden sei. Auch Scheuch führte das Fehlen von „Konzepten" und „Ideen" auf die „lange Regierungstätigkeit" zurück. Außerdem hätten sich die wirtschaftlichen Rahmenbedingungen geändert, bei der ersten Krise sei es noch gelungen „durchzutauchen", beim zweiten Mal sei es „schon sehr schwierig geworden".

6. Folgen von Androschs Ausscheiden aus der Politik

Diejenigen Interviewpartner, die sich als Gegner der Wirtschaftspolitik Androschs deklariert hatten, sahen keine negativen Auswirkungen seines Abgangs für die SPÖ. Die Partei verlor zwar bei den Nationalratswahlen 1983 die absolute Mehrheit, erreichte aber mit fast 48 Prozent der Stimmen eine beachtliche Zustimmung. Trotz eines „Dialysepatienten Bruno Kreisky, der uns verbittert von Mallorca aus ein Paket auf den Tisch geknallt hat, das in mein [Blechas] Wahlkampfkonzept überhaupt nicht hineingepasst hat", habe die SPÖ eine relative Mehrheit erzielt. Dies sei ein Zeichen, dass die SPÖ „stark und gefestigt" gewesen sei und der „Abgang von Hannes Androsch" ihr „nicht geschadet" (Blecha) habe. Der Konflikt habe sich deshalb nicht auf das Wahlergebnis ausgewirkt, weil weder Kreisky noch Androsch „an eine Basis appelliert" hätten und der Konflikt nicht „tief in die Mitgliedschaft hineingegangen" (Lacina) sei. Lanc hätte einen Verbleib Androschs eher für schädlich gehalten, denn dadurch wären der SPÖ vermutlich linke Wählerschichten weggebrochen, die dann letztlich durch die „Abspaltung der Grünen" von der SPÖ „abgezogen" (Kienzl) worden seien. Das Ausscheiden Hannes Androschs konnte „nur einen Etappensieg für mehr Korrektheit und etwas mehr Moral in der Politik bedeuten" (P. Kreisky).

Es gab allerdings auch Stimmen die, „die Differenzen in der Partei" (Benya) bzw. den „Bruch in der Partei" (Kunz) für den Verlust der absoluten Mehrheit bei den Wahlen 1983 verantwortlich machten. Der „Erfolg dieser so genannten Ära Kreisky" habe „auf mehreren Säulen geruht". Die „erste war natürlich Kreisky", die „zweite war aber sehr wohl Androsch", der mit seiner Wirtschaftskompetenz „Sympathie bis in Unternehmerkreise hinein gewinnen" konnte, die dritte Säule war „Benya mit dem ÖGB" und einer „starken Achse Regierung–ÖGB" (Kunz). Als eine dieser drei Säulen umgeworfen wurde, brach das Fundament der SPÖ-Wahlerfolge zusammen.

Negative Folgen für die SPÖ durch Androschs Ausscheiden aus der Politik wurden auch im Verlust eines politischen Talents gesehen, das sicher zum Bundeskanzler und zum Parteivorsitzenden befähigt gewesen wäre. Die SPÖ habe sich durch den Abgang Androschs „eines wertvollen Mitarbeiters (Broesigke), „ihres interessantesten Politikers" (Bacher), eines „großen politischen Talents" (Lacina; Nowotny) bzw. „ihres größten politischen Talents" (Kunz; Streicher; Mauhart) beraubt. Reiter sprach davon, dass „die positiven Eigenschaften" bei Androsch „immer dominiert" hätten, dass jedoch „jeder Politiker es mit den Gesetzen ganz, ganz ernst nehmen" müsse, was für einen Finanzminister hinsichtlich der Steuergesetze „noch um eine Zehnerpotenz mehr" gelte. Aufgrund seiner Fähigkeiten sei Androsch auch heute in der SPÖ noch ein wichtiger Faktor (Ströer) und wäre sicher Bundeskanzler (Bacher; Barazon; Jankowitsch) und Parteivorsitzender (Bacher) geworden. In diesem Zusammenhang bemerkenswert ist die Aussage von Worm, der unter den Journalisten einer der erbittertsten Bekämpfer Androschs gewesen ist:

> Heute wäre er sicher einer der besten Minister. Ja mehr noch, er wäre heute sicher der beste SPÖ-Vorsitzende, eine Lichtfigur, [...], wenn ich mir so die Trauerweiden anschaue, die da in der Gegend herumhängen (23.08.2000).

Barazon sah in der Art und Weise, wie Androsch aus der Politik gedrängt wurde, weit reichende Folgen für die Personalreserven der SPÖ – als Folge davon verfüge sie nur über eine dünne Personaldecke. Durch das „Anpatzen" Androschs seien „potenzielle zukünftige Machtträger" abgeschreckt worden, weil selbst Personen mit besonderen politischen Fähigkeiten nicht die Kraft hätten, sich so einem Konflikt auszusetzen. Auch Dibold deutete auf das Personaldefizit der SPÖ hin, denn Androsch werde nach wie vor als „elder statesman" um seine Meinung gefragt, und es gebe auch noch immer in der SPÖ Rufe nach Androsch, der sich „sein Charisma" offensichtlich bis heute bewahrt habe (Kunz). „Selbst in seinen schwierigsten Zeiten" habe „er sich eine erstaunliche Mindestsympathie erhalten können", obwohl die „Androsch-Sympathiekurve im Innenbereich der Partei" Ausschläge in beide Richtungen gezeigt habe: „Zuerst euphorisch, dann ist diese schädliche Dualität gekommen, dann das Ausscheiden aus der Politik, dann schließlich das nicht unspektakuläre Ausscheiden aus der Creditanstalt" (Streicher).

Mit der Annahme, dass Androsch heute Bundeskanzler oder Parteivorsitzender und die SPÖ erfolgreich wäre, muss allerdings vorsichtig umgegangen werden, denn es sei fraglich, ob Androsch dieselbe „magnetische Ausstrahlung" wie Kreisky gehabt hätte, um „hervorragende Leute" (Weiser) an die SPÖ zu binden. Auch Sellner dachte darüber nach, ob nicht „aufgrund seines überentwickelten Egos" manches schwierig geworden wäre, wenn er die Funktion des Kanzlers übernommen hätte.

Offenkundig ist, dass in Folge von Androschs Ausscheiden aus der Politik die Machtübergabe von Kreisky an seinen Nachfolger nicht in den vorgesehenen Bahnen verlaufen konnte. Die Option, auf die sich die Partei eingestellt hatte und ausgerichtet war, war plötzlich nicht mehr vorhanden, was zu „temporären Strukturproblemen für die SPÖ als Regierungspartei" (Rathkolb) geführt habe. Nach dem Ausscheiden Androschs sei die Nachfolge weder „personell“ noch „inhaltlich“ (Buchacher) vorbereitet gewesen. Sinowatz selbst sah sich nur als Übergangskanzler, und es wäre ihm lieber gewesen, wenn er die Bürde des Bundeskanzleramts nicht hätte übernehmen müssen (Sinowatz). Die Frage ist allerdings auch, inwieweit ein großer Politiker im Allgemeinen und Bruno Kreisky im Besonderen überhaupt dazu bereit war, in letzter Konsequenz einen starken und ebenso charismatischen Nachfolger auszuwählen.

Die SPÖ verlor nicht nur ihren Kreisky-Nachfolger, sondern auch ihren wichtigsten Repräsentanten von Wirtschaftskompetenz, wodurch mit der Person und dem Programm Androschs verbundene Wählerschichten wegbrachen. Androsch wäre beispielsweise mit der Thematik der „Sparbuchsteuer geschickter“ (Scheuch) umgegangen und hätte wahrscheinlich die wirtschaftliche Krise Anfang der 80er-Jahre anders zu bewältigen versucht, wodurch der Wählerverlust in Grenzen gehalten worden wäre (Jankowitsch) bzw. nicht eine „Generation bzw. Gesellschaftsgruppe“ (Nowotny) der SPÖ verloren gegangen wäre. Busek definierte diese Wählerschicht als Bürgerliche, Industrielle und die heute 45- bis 50-jährige Managementgeneration. Es sei Androsch zuzurechnen gewesen, dass die SPÖ nicht nur traditionell sozialistisch orientierte WählerInnen, sondern breitere Schichten angesprochen habe – der „Nimbus“ der Partei sei damit „zerbröckelt“ (Pekarek).

Die Finanz- und Wirtschaftspolitik des Landes wäre nach Ansicht einiger Gesprächspartner unter einem Finanzminister Androsch generell anders und besser gemacht worden als unter seinen Nachfolgern (Gratz; Steinbach; Steger; Auracher). Er sei „in einem hohen Maße“ ein „homo politicus“ gewesen, der „visionäre“ und „in die Zukunft gehende“ (Sellner) Gesellschafts- [Freizeit- und Wissensgesellschaft] und Arbeitszeitmodelle bereits in den Siebzigerjahren entwickelt habe. In diesem Sinn hätte er zudem „die politische Kraft und die technische Kenntnis gehabt, dem in den 80er- und 90er-Jahren anwachsenden Reformbedarf nachzukommen“ und hätte „das Zeug für die Visionen des Thatcher-Erben Blair gehabt“ (Igler).

Abschließend sei angemerkt, dass der Konflikt zwischen Bruno Kreisky und Hannes Androsch durch das Ausscheiden Androschs aus seinen Regierungsfunktionen nicht beendet wurde und die SPÖ bis weit hinein in die 1980er-Jahre beschäftigte. Nachdem Androsch seinen Posten in der CA eingenommen hatte, übte er heftige Kritik an der Wirtschaftspolitik der Bundesregierung Kreisky. Außerdem kam es im Vorfeld des Parteitages 1983 zu heftigen Turbulenzen in der SPÖ. Die SPÖ-Floridsdorf unterstützte Androsch in seiner Kandidatur für das Parteipräsidium, der Wiener Ausschuss unter Federführung von Leopold Gratz entschied jedoch gegen seine Kandidatur.

Eine Entscheidung, die Gratz in seinem Interview mit uns bedauerte. Obwohl Androsch nicht am Wahlvorschlag des Parteitags angeführt war, bekam er 169 von 529 gültigen Delegiertenstimmen („profil" 31.10.1983). In der Zwischenzeit wurden auch Untersuchungen zum Steuerfall Androsch eingeleitet, in dem erst 1996 ein Urteil erging, das auf Freispruch lautete. Die Medien beschäftigten sich neben dem weitergeführten Konflikt zwischen Kreisky und Androsch auch noch ausführlich mit der Auseinandersetzung zwischen Androsch und seinem Nachfolger als Finanzminister, Salcher, ebenso wie mit den späteren Animositäten zwischen Androsch und Vranitzky. Die SPÖ kam also auch nach Androschs Abgang aus der Politik nicht zur Ruhe, sondern musste sich nicht nur innerparteilich, sondern auch öffentlich weiter mit diesem Konflikt beschäftigen. Im Zusammenhang mit der Bildung der Koalitionsregierung zwischen ÖVP und FPÖ im Jahr 2000 und dem Ausscheiden der SPÖ aus der Regierungsverantwortung erlebte Androsch nicht nur ein mediales politisches Revival, sondern wird nach Auskunft einiger Interviewpartner wieder teilweise als „Hoffnung" der SPÖ empfunden. Im Wahlkampf 2002 gab es eine gemeinsame Pressekonferenz von Androsch und dem Parteivorsitzenden Gusenbauer, in der sich der Finanzminister außer Dienst für „schmerzhafte Maßnahmen" („Der Standard" 20.11.2002) möglichst bald nach der Nationalratswahl aussprach. Seine Forderungen beinhalteten u.a. die Anhebung der durchschnittlichen Lebensarbeitszeit, die Abschaffung der Wohnbaufinanzierung, die Senkung der Unternehmensbeiträge zum Familienlastenausgleichsfonds und eine Umgestaltung der Ambulanz- und Studiengebühren. Die von Androsch geäußerten Maßnahmen stießen in der SPÖ nicht mehrheitlich auf große Zustimmung und wurden als wenig hilfreich für die Verdeutlichung der Ziele der Partei eingestuft.

7. Resümee

Es wurde versucht anhand der subjektiven Wahrnehmungen der befragten ZeitzeugInnen das komplexe Bild der Ursachen des Konflikts zwischen Kreisky und Androsch, sprich der auslösenden Faktoren, und dessen Folgen für den Kurs der Regierung und die politische Orientierung der SPÖ nachzuzeichnen. Diese von Pelinka als einer „der interessantesten Konflikte der österreichischen Nachkriegsgeschichte" (Androsch/Pelinka/Schachter 1998, 500) bezeichnete Auseinandersetzung zwischen dem sozialistischen Bundeskanzler und Parteivorsitzenden Bruno Kreisky und seinem Finanzminister und Vizekanzler Hannes Androsch beherrschte die österreichische Innenpolitik und die Medien nicht nur in den späten 1970er-Jahren, sondern auch nach Androschs offiziellem Ausscheiden aus der Bundespolitik Anfang 1981. Vehemenz und Dauer lassen diesen Konflikt als relativ einzigartig in der SPÖ erscheinen. Der Höhepunkt des Konflikts kann eindeutig mit 1980/81 festgelegt werden, über den Zeitpunkt des Konfliktbeginns hingegen äußerten die InterviewpartnerInnen unterschiedliche Wahrnehmungen. Eher entstand ein Bild, das deutliche Stimmungs- und atmosphärische Schwankungen im Verhältnis von Kreisky und Androsch während der 70er-Jahre offensichtlich werden ließ. Vor 1975 schien das Verhältnis der beiden Regierungsmitglieder, bis auf wenige Verstimmungen wie beispielsweise in Folge der Nichteinbindung Kreiskys in den Konsensfindungsprozess zur Hartwährungspolitik im Jahr 1973 bzw. der Kreisky vorgeschlagenen und von ihm als Abschiebungsversuch empfundenen Kandidatur zum Bundespräsidenten, relativ ungetrübt gewesen zu sein, und die Zusammenarbeit sehr gut funktioniert zu haben. Jankowitsch erinnerte sich an eine von Kreisky 1972/73 ihm gegenüber gemachte Aussage, dass Androsch dem Kanzler im Gegensatz zu anderen nicht genannten Regierungsmitgliedern „nur Freude bereitete".

Während des Wahlkampfs 1975 wurden die wirtschaftspolitischen Spannungslinien zwischen den beiden Politikern immer auffallender, wie überhaupt der Teamgeist in der gesamten SPÖ-Regierung nachzulassen schien. Dieser Wandel kann am Wechsel vom Wahlkampfslogan „Laßt Kreisky und sein Team arbeiten" (1971) zu „Kreisky – wer sonst?" (1975) nachvollzogen werden. Allerdings habe Androsch vor der Nationalratswahl 1975, in der sich die SPÖ durch den neuen ÖVP-Spitzenkandidaten Taus unter Druck gesetzt gefühlt hatte, noch „die Kraft und den Einfluss" gehabt, „Kreisky zu beruhigen". Etwa eine Woche vor der Wahl habe der Kabinettschef Kreiskys, Reiter, bei Androsch angerufen und ihn ins Kanzleramt gebeten, um den „nervösen" Kanzler abzulenken (Cordt).

Für einige wenige Befragte war es nicht ganz nachvollziehbar, dass Kreisky, trotz der bereits spürbaren Spannungen, Androsch 1976 zu seinem Vizekanzler machte. Sie deuteten die Ernennung als Rettungsversuch der Regierungsachse Kreisky – Androsch, wodurch sich der Finanzminister wieder stärker in die Politik eingebunden fühlen und eine wirksamere Orientierung am Kanzler erfolgen sollte. Der Großteil interpretierte Androschs Ernennung als Signal Kreiskys an die Partei, Androsch zu seinem eindeutigen Nachfolger auserkoren zu haben. In weiterer Folge verdichteten sich in der subjektiven Wahrnehmung der Befragten die einzelnen Konfliktbereiche und Symptome für das spannungsgeladene Verhältnis zwischen Kreisky und Androsch. Die zweite Hälfte der 70er-Jahre – immer deutlicher werdend in Richtung Höhepunkt des Konflikts 1980/81 – war durch einen qualitativ neuen Aspekt der innerparteilichen Konfliktaustragung geprägt: Die Einbindung und Instrumentierung der Medien durch beide Konfliktparteien, jedoch vor allem durch den Kanzler, ermöglichte einer breiten Öffentlichkeit tiefe Einblicke in diese SPÖ-interne Auseinandersetzung.

Um Konfliktursachen und Folgen nachzeichnen zu können, haben wir fast 40 ZeitzeugInnen interviewt. Diese Zugangsweise erlaubte es uns, die verschiedenen subjektiven Wahrnehmungen der einzelnen Befragten zu einem komplexen Bild zu verdichten und andere Erklärungsansätze als bisher üblich anzubieten. So sieht beispielsweise Klein-Löw (1983) den Konflikt als eher „privat motiviert" und „unpolitisch" (Malina 1994, 211), während Pick die Auseinandersetzung an der wachsenden Popularität und internationalen Reputation Androschs festmacht. Aus der Sicht Picks hat Kreisky Androsch letztendlich aus „moralischen Gründen" (Pick 1999, 211) aus der Regierung entlassen, ohne zu sehen, dass Androschs Befürchtungen über die Entwicklung des Sozialstaates auch von anderen SP-FunktionärInnen und SP-WählerInnen geteilt wurden. Dickinger wiederum stellt die These auf, dass es keine „monokausale Erklärung" (1998, 73) für diesen Konflikt geben könne, und bietet sechs verschiedene Konfliktursachen bzw. Erklärungsmuster für die Auseinandersetzung an: das Verhalten Androschs als „typischer Aufsteiger", seinen Missbrauch politischer Funktionen zwecks privater Bereicherung, wirtschaftspolitische Auffassungsunterschiede ebenso wie Aspekte eines Vater-Sohn- bzw. eines Nachfolgekonflikts sowie eine Auseinandersetzung zwischen innerparteilichen Seilschaften. Dickinger zeichnet den Konflikt, laut Pelinka, jedoch lediglich an der Oberfläche nach und lässt eine „tendenzielle Verzerrung" (Androsch/Pelinka/Schachter 1998, 499) zu, indem er die Wahrnehmungen Kreiskys in den Vordergrund stellt. Wir haben durch eine ausgewogene Auswahl unserer InterviewpartnerInnen eine solche Einseitigkeit zu vermeiden versucht.

Die durch die Befragten für den Konflikt als auslösend bzw. wesentlich bezeichneten Punkte unterscheiden sich in ihrer Gewichtung abhängig von deren politischer Verortung, deren Allianzzugehörigkeiten und deren Zugang zur Politik, der entweder eher über politische oder wirtschaftliche Konzepte erfolgt. Es lassen sich tendenzielle Unterschiede zwischen der Pro-Kreisky- und der Pro-Androsch Gruppe ausmachen, die beide weder als homogen noch klar gegeneinander abgegrenzt gesehen werden dürfen. Die Befürworter Kreiskys sahen den politischen Richtungsstreit auf einer ideologischen und moralischen Ebene – der „Pol Grundsatztreue zum Sozialismus" verkörpert durch Kreisky versus „Verrat" am Sozialismus repräsentiert durch Androsch. Aus diesem Gegensatz leiteten sie den von Kreisky vertretenen Primat der Politik über die Wirtschaft bzw. sein von Parteigeschichte und -tradition geprägtes Amtsverständnis ab, das sozialistische FunktionärInnen bzw. PolitikerInnen zu internalisieren und einzuhalten hatten. Kreiskys Prinzipien und Wertigkeiten werden in seiner Zurückweisung von Androschs Wunsch, Notenbankpräsident zu werden, und in seiner Ablehnung der Vermengung von politischen und persönlichen bzw. wirtschaftlichen Interessen sichtbar, die ihn immer weiter gehende Forderungen an Androsch im Zusammenhang mit der Steuerberatungskanzlei „Consultatio" und dem AKH-Skandal stellen ließen. Nur diejenigen Interviewten, die bei Kreisky diesen ideologischen und moralisch determinierten Zugang zur Macht sahen, stellten fest, dass ein solcher Konflikt allein in einer sozialistischen Partei ausgetragen werden könnte. Das von Kreisky definierte und auf sozialistischen Grundwerten aufbauende Amtsverständnis[45] ließ aus dieser Sicht den Kanzler immer mehr zur Überzeugung kommen, dass sein Finanzminister und Vizekanzler kein geeigneter Nachfolger sei, um die SPÖ in der sozialistischen Tradition und somit in seinem Sinn weiterzuführen. Wirtschaftspolitische Konfliktthemen wie beispielsweise die Hartwährungspolitik oder die Verstaatlichtenpolitik wurden von der Pro-Kreisky-Gruppe eher durch den generationsbedingt unterschiedlichen Zugang zur Wirtschaftpolitik erklärt. Kreisky war stark geprägt durch seine Erfahrungen aus der Ersten Republik und durch seine schwedischen Exiljahre, während Androsch in Folge des großen Altersunterschieds zu Kreisky ganz andere Sozialisationserfahrungen hatte. Zusätzlich entglitt Kreisky in diesem Politikbereich immer mehr die Kontrolle über seinen Finanzminister, ein „Autoritätsproblem" typisch für einen Generationenkonflikt. Die Nachfolgefrage wies aus Sicht der Pro-

---

[45]) Leser sieht das Fehlen eines Leistungskriteriums und somit die Unmöglichkeit, zwischen gerechtfertigten und ungerechtfertigten Vorteilen zu unterscheiden, als ein wesentliches Defizit des Sozialismus der späten 1970er- und frühen 1980er-Jahre (1988, 225).

Kreisky-Seite Elemente eines Vater-Sohn-Konflikts auf, da Androsch bei Kreisky den Eindruck der Ungeduld erweckt und so den von Kreisky für Androsch geplanten Lebensentwurf in Frage gestellt habe. Dies habe aus der Sicht Kreiskys bereits mit der Aufforderdung durch Androsch und andere Mitglieder der SP-Elite begonnen, er möge für das Bundespräsidentenamt kandidieren.

Die Androsch-Seite folgte großteils dem Erklärungsmuster des politischen Richtungsstreits in ihrer Gegenüberstellung von pragmatischem versus idealistischem Sozialismus. Der Gegensatz dieser beiden Richtungen ließ sich an unterschiedlichen politischen Strategien messen: Eine von Androsch propagierte langfristige politische Perspektive, die Geradlinigkeit und das politische Marketing auch unpopulärer Maßnahmen beinhaltete, steht der Taktik Kreiskys mit der Verfolgung eher kurzfristiger politischer Ziele gegenüber. Dieser Erklärungsansatz beinhaltete auch die Abkehr vom traditionellen Sozialismus zu einer modernern, die wirtschaftspolitischen Begebenheiten stärker berücksichtigenden Form der Sozialdemokratie.[46] Ein weiteres Element dieses Erklärungsschemas bezog sich auf die Wirtschaftskompetenz und das Fachwissen Androschs, das ihn beispielsweise in der Hartwährungs- und der Verstaatlichtenpolitik eine andere Linie als Kreisky vertreten ließ. Das ökonomische Wissen Androschs wurde auch zu einem den Konflikt verlängernden Element, da Kreisky, aus Sicht dieser Befragten, teilweise aus einem Gefühl der wirtschaftspolitischen Unsicherheit heraus, Androsch den Wechsel in die Notenbank untersagte. Konfliktthemen wie persönliches Einkommen bzw. Vermögen und in weiterer Folge die Steuerberatungskanzlei „Consultatio“ wurden von der Androsch-Seite als persönliche Elemente des Konflikts gesehen. Kreisky sei irritiert gewesen, dass ein um fast drei Jahrzehnte Jüngerer über ein größeres Einkommen und Vermögen verfügte als er selbst. Diese Überlegung spielte auch eine Rolle in einer zweiten Begründung für die Weigerung Kreiskys, Androsch den gut dotierten Posten des Notenbankpräsidenten zu überlassen: Der Kanzler wollte Androsch nicht ein noch höheres Einkommen zugestehen. In der Nachfolgefrage wurde vor allem ein Konflikt zwischen dem jungen Minister und dem alten Kanzler gesehen, der vorwiegend in Folge seiner Krankheit, aber auch seines Alters Schwächen in der Führung seiner Regierungsmannschaft zeigte, wodurch sich gewisse Fehlentwicklungen abzuzeichnen begannen. Diese negativen Ent-

[46]) Auch Olah war ein „Symptom“ dafür, dass das „traditionelle Erscheinungsbild“ der SPÖ nicht mehr „zeitgemäß“ und „mehrheitsfähig“ gewesen war bzw. dass sich der „traditionelle Sozialismus erschöpft“ (Leser 1988, 174) hatte.

wicklungen begründeten, aus Sicht der Befragten, die Ungeduld Androschs, den Machtwechsel zu vollziehen und Schaden für die SPÖ zu vermeiden.

Eine wichtige Rolle in diesem Konflikt spielten die Allianzen, die Kreisky und Androsch im Lauf ihrer Jahre in der Politik eingingen. Es wurde deutlich, dass sich die politische Sozialisation während der Jugend- bzw. Studentenzeit auf beide Kontrahenten prägend ausgewirkt hatte. Während Androsch von seiner frühesten Jugend an aufgrund seiner Herkunft und auch seiner politischen Arbeit in der Partei etabliert war, begann Kreisky seine Parteikarriere erst wieder nach seiner Rückkehr aus dem schwedischen Exil Anfang der 1950er-Jahre. Durch diesen „Quereinstieg" war Kreisky nie so in der Parteielite und im -establishment verankert wie Androsch. Kreisky hatte daher auch zu einigen seiner Regierungsmitglieder ein eher schwieriges Verhältnis, weil sich diese in Folge ihrer parteipolitischen Sozialisation innerparteilichen Gruppierungen zugehörig fühlten und im Unterschied zu Kreisky feste Bestandteile des SP-Establishments waren. Verstärkt wurden diese Gegensätze durch den Olah-Konflikt, in dem sich Kreisky sehr lange in Opposition zu den in den 70er-Jahren wichtigen SP-Granden befunden hatte. Ein ähnliches Muster wurde bei Androsch sichtbar, der seine parteipolitische Sozialisation über den Verband Sozialistischer Mittelschüler und den Verband Sozialistischer Studenten erfahren hatte. Innerhalb des VSStÖ formierten sich eine linke und eine rechte Gruppierung, diese beiden Fraktionen wurden während der 70er-Jahre im Konflikt zwischen Kreisky und Androsch klar sichtbar. Jene, die sich während VSStÖ-Zeiten der rechten Gruppierung zugehörig fühlten, stellten sich auf die Seite Androschs, die VertreterInnen der linken Strömung unterstützten Kreisky.

Eine Lagerbildung innerhalb der SPÖ wurde von einem Großteil der Befragten jedoch nicht festgestellt, wobei hier unter Umständen die SP-Tradition des Fortbestands und Erhalts der Parteieinheit sowohl nach innen als auch nach außen eine Rolle spielt. Auch die Befragten aus der ÖVP erkannten keine Lagerbildung, während die Interviewten aus der FPÖ vor allem im Zusammenhang mit dem AKH-Skandal und dem Steuerverfahren Androschs eine deutliche Gruppenbildung wahrnahmen. Innerhalb der SPÖ herrschte die Einschätzung vor, dass die ganze Partei hinter Kreisky gestanden sei und dass es unter diesen wiederum welche gegeben habe, die auch Androsch unterstützten. Beide hatten BefürworterInnen aus sehr unterschiedlichen politischen Richtungen, wodurch die Allianzen beider Seiten sehr heterogen waren. Diese Bündnisse sollen jedoch bei Sachentscheidungen eine gewisse Dynamik entwickelt haben und aufgebrochen sein, wodurch es bei sachpolitischen Entscheidungen zu Überlagerungen bzw. Durchmischungen der beiden Seiten kommen konnte. Dies mag auch ein Grund dafür sein, dass etliche Befragte keine negative Beeinflussung der Regierungsarbeit durch den Konflikt feststellten. Über solche sachpolitischen Koalitionen könnte eventuell eine im Rahmen dieses Projekts nicht mögliche Aufarbeitung und Auswertung der von Staribacher verfassten Protokolle zu den Ministerratsvorbesprechungen Aufschluss geben.

Das Ausscheiden Androschs aus der Politik bezeichneten nur sehr wenige Interviewte als folgenlos für die Politik der SPÖ und die Regierung. Einige wenige Stimmen sahen es als positiv, da Androschs Abgang die weitere Bindung von linken Wählerschichten an die SPÖ ermöglicht habe. Großteils waren sich die Befragten einig, dass der SPÖ mit Androsch ein großes politisches Talent verloren gegangen sei und dass durch seinen Abgang die Amtsübergabe durch Kreisky nicht reibungslos verlaufen konnte. Die SPÖ war auf einen Kreisky-Nachfolger Androsch eingestellt, durch sein Ausscheiden veränderten sich jedoch die Rahmenbedingungen für Kreiskys Suche nach einem geeigneten Nachfolger. Der Kanzler war bemüht, einen Nachfolger zu finden, der nicht Androschs politische Linie unterstützen und der Androsch aus der Politik draußen halten würde. Die Pro-Androsch-Seite sah durch den Abschied des Finanzministers aus der Politik eine verpasste Chance, Hannes Androschs wirtschaftspolitische Zukunftsvisionen zu nutzen und umzusetzen.

Liste der InterviewpartnerInnen

Name	Funktionen	Datum des Interviews
Androsch, Brigitte	Frau von Hannes Androsch (geb. Schärf), Studium der Rechtswissenschaften in Wien, 1964 Eheschließung mit Hannes Androsch, später beschäftigt bei „Consultatio", kommt aus einer sozialistischen Familie (Adolf Schärf, Josef Afritsch), war Mitglied beim VSM, Funktionärin beim VSStÖ, Mitglied des Bezirksvorstandes der SPÖ Floridsdorf	18.01.2001
Androsch, Julia	Mutter von Hannes Androsch (geb. Sailer), ausgebildete Kindergärtnerin, Prokuristin bei „Consultatio", Mitarbeit in der SPÖ-Sektion Floridsdorf	25.01.2001
Auracher, Michael	1971–79 persönlicher Sekretär von Androsch, ab 1972 Kabinettschef von Androsch, 1979–2004 Vorstandsdirektor der IAKW AG	18.10.2000
Bacher, Gerd	Journalist („Salzburger Volkszeitung", „Salzburger Nachrichten", „Bild-Telegraf", „Express"), Verlagsleiter (F. Molden, Wien; R. Kiesel, Sbg.), 1974–78 Medienberater des dt. Bundeskanzlers H. Kohl, 1967–74, 1978–86 und 1990–94 Generalintendant des ORF	05.04.2001
Barazon, Ronald	1965–95 Redakteur und seit 1995 Cheredakteur der „Salzburger Nachrichten"	11.12.2000
Benya, Anton	1963–87 ÖGB-Präsident, 1971–86 Nationalratspräsident, gest. 2001	19.04.2001
Blecha, Karl	1963–75 Direktor des Instituts für empirische Sozialforschung (IFES), 1976-81 Zentralsekretär der SPÖ, 1981-83 stellvertr. Vorsitzender der SPÖ, 1983–89 Bundesminister für Inneres, seit 1999 Präsident des Pensionistenverbands der SPÖ	24.04.2001
Broesigke, Tassilo	1963–66 und 1970–80 Abgeordneter zum Nationalrat, 1980–92 Präsident des Rechnungshofes, gest. 2003	05.10.2000
Buchacher, Manfred	bis 1976 Leiter der Wirtschaftsredaktion bei „Die Presse", 1976–81 Pressesprecher von Hannes Androsch, 1981–82 Tätigkeit bei der Deutschen Bank, 1982–97, Banktätigkeit in der CA, Leiter der CA-Kommunikation, 1997–2000 Sprecher des Vorstandes von Diners Club Austria, 2000–02 Geschäftsführer der AirPlus Air Travel Card Vertriebs GmbH, seit 2004 Pressesprecher der SCS	03.11.2000
Busek, Erhard	1964–86 VP-Klubsekretär, 1975–78 Abgeordneter zum Nationalrat, 1978-87 Vizebürgermeister und Landeshauptmann-Stellvertreter von Wien, 1989–94 Bundesminister für Wissenschaft und Forschung, 1995 Bundesminister für Unterricht und kulturelle Angelegenheiten, 1991–95 Vizekanzler, seit 1995 Vorstandsvorsitzender des Instituts für den Donauraum und Mitteleuropa, seit 2002 Sonderkoordinator des Stabilitätspaktes für Südosteuropa	07.02.2001
Chorherr, Thomas	1976–95 Herausgeber und seit 1995 Mitherausgeber von „Die Presse"	07.11.2000
Cordt, Herbert	1975–79 Sekretär von Androsch, Unternehmensberatung Cordt & Partner International Business Consultants Corporate Finance, war Vize-Gouverneur der Postsparkasse und Vorstand der Länderbank, seit 2000 Aufsichtsratsmitglied des Glasfaserkomponentenerzeugers Stocker & Yale, seit 2003 Vorstandsvorsitzender der bulgarischen MobilTel	21.11.2000

Name	Funktionen	Datum des Interviews
Dibold, Hans	Journalist bei der AZ, seit 1980 Chefredakteur des Magazins „Falstaff"	09.11.2000
Gratz, Leopold	1967–70 Zentralsekretär der SPÖ, 1970–71 Bundesminister für Unterricht und Kunst, 1971–73 geschäftsführender Klubobmann im Parlament, 1973–84 Bürgermeister von Wien, 1984–86 Bundesminister für Auswärtige Angelegenheiten, 1986–89 Erster Präsident des Nationalrats	09.01.2001
Igler, Hans	Wirtschaftspolitischer Berater von Julius Raab bei den Vorbereitungen des österreichischen Staatsvertrags, 1950–54 Leiter des ERP-Büros, 1956–59 Vorstandsvorsitzender der Österreichischen Industrie- und Bergbauverwaltungs-GmbH (IBV, Dachgesellschaft der verstaatlichten Industrie), 1972–80 Präsident der Industriellenvereinigung	07.05.2001
Jankowitsch, Peter	1967–72 Büroleiter von Kreisky, 1970er- und 1980er-Jahre ständiger Vertreter in New York und Paris, 1986–87 Bundesminister für auswärtige Angelegenheiten, 1990-92 Staatssekretär im Bundeskanzleramt	12.10.2000
Kienzl, Heinz	1950–69 Leiter der wirtschaftspolitischen Abteilung des ÖGB, 1969–73 Generaldirektorstellvertreter der OeNB, 1973–89 Generaldirektor der OeNB	24.10.2000
Kohl, Helmut	1969–76 Ministerpräsident von Rheinland-Pfalz, 1973–98 Parteivorsitzender der CDU, 1976–82 Oppositionsführer in Bonn als Vorsitzender der CDU/CSU-Bundestagsfraktion, 1983–98 Bundeskanzler der Bundesrepublik Deutschland	11.05.2001
Kreisky, Peter	Sohn Bruno Kreiskys, Studium der Rechtswissenschaften in Wien, seit 1973 bei der AK-Wien tätig (Regional- sowie Raumordnungspolitik und EU)	12.03.2001
Kunz, Johannes	1968–73 ORF Hörfunk, 1973–80 Pressesprecher von Kreisky, 1986-94 Informationsintendant beim ORF	13.10.2000
Lacina, Ferdinand	1973–78 Leiter der wirtschaftswissenschaftlichen Abteilung der AK, 1978–80 Leiter der Abteilung für Finanzplanung der Österreichischen Industrieverwaltungs-Aktiengesellschaft, 1980–82 Kabinettschef von Kreisky, 1982–84 Staatssekretär im Bundeskanzleramt, 1984–86 Bundesminister für Verkehr, 1986–95 Bundesminister für Finanzen, 1995–97 Generaldirektor der Girokredit, Konsulententätigkeit u.a. BA-CA	05.10.2000
Lanc, Erwin	1970–83 Abgeordneter zum Nationalrat, 1973–77 Bundesminister für Verkehr, 1977–83 Bundesminister für Inneres, 1983–84 Bundesminister für Auswärtige Angelegenheiten	28.08.2000
Lendvai, Paul	1960–82 Osteuropakorrespondent für „Die Presse", Wiener Korrespondent der Londoner „Financial Times", seit 1973Chefredakteur und Mitherausgeber der Zeitschrift „Europäische Rundschau", 1982–87 Chefredakteur der Redaktion für O- und SO-Europa des ORF, 1987–98 Intendant von „Radio Österreich International", Konsulent und Kommentator des ORF	05.02.2001
Mauhart, Beppo	1970–79 Pressesekretär von Androsch, Mitglied des Vorstandes ab 1997 in Austria Tabak AG, 1988–95 Vorsitzender des Vorstandes der Austria Tabak AG, 1984–2002 Präsident des Österreichischen Fußballbundes (ÖFB)	26.09.2000
Nowotny, Thomas	1970–75 Mitarbeiter von Kreisky	29.11.2000, Telefonat 12.03.2001

Name	Funktionen	Datum des Interviews
Pekarek, Heinz	1977–80 Mitarbeiter von Androsch, 1981–88 für Androsch in CA tätig	27.11.2000
Rathkolb, Oliver	Co-Leiter des Ludwig-Boltzmann-Instituts für Geschichte und Gesellschaft, wissenschaftlicher Leiter der Stiftung Bruno-Kreisky-Archiv und des Demokratiezentrums Wien, seit 1993 Professor am Institut für Zeitgeschichte an der Universität Wien	29.05.2001
Reiter, Alfred	1958–66 CA und LB, 1966–71 SP-Parlamentsklub, 1972–75 Kabinettschef von Bundeskanzler Bruno Kreisky, bis 2001 Generaldirektor der Investkredit Bank AG. Vereinspräsident des Instituts für Konfliktforschung	09.10.2000
Scheuch, Manfred	1970–89 Chefredakteur der „AZ", freier Mitarbeiter bei „Der Standard"	28.11.2000
Sellner, Herbert	1976–77 Klubsekretär der SPÖ, 1978–81 Mitarbeiter von Androsch, bis Übernahme durch BA im Vorstand der CA	23.11.2000
Sinowatz, Fred	1966–71 Mitglied der Burgenländischen Landesregierung, 1971–81 Bundesminister für Unterricht und Kunst, 1981–83 Vizekanzler, 1983–86 Bundeskanzler	17.08.2000
Steger, Norbert	1976–79 Aufsichtsrat in der CA, 1979–86 Abgeordneter zum Nationalrat, 1980–86 Bundesparteiobmann der FPÖ, 1983–87 Vizekanzler und Bundesminister für Handel, Gewerbe und Industrie	02.10.2000
Steinbach, Günther	Mitglied des VSStÖ (Repräsentant des rechten Flügels), ab 1958 im Bundesministerium für soziale Verwaltung, 1982–2000 Sektionschef	06.11.2000
Steinbauer, Heribert	1967–70 Generalsekretär und Prokurist des ORF, 1970–75 stellvertr. Generalsekretär der ÖVP, Mediensprecher der ÖVP, 1975–94 Abgeordneter zum Nationalrat	30.04.2001
Streicher, Rudolf	Mitglied des VSStÖ, 1974–80 Mitglied des Vorstandes der Vereinigten Metallwerke Ranshofen-Berndorf AG, 1981–86 Generaldirektor und Vorstandsvorsitzender der Austria Metall AG, 1992–98 Generaldirektor der Steyr-Daimler-Puch AG, 1986–91 Bundessminister für Verkehr, 1999–2001 Vorstandsvorsitzender der Österreichischen Industrieholding AG	29.03.2001
Ströer, Alfred	1959–87 leitender Sekretär des ÖGB, 1966–72 Abgeordneter zum Nationalrat, seit 1995 Vorsitzender des Bundes Sozialdemokratischer Freiheitskämpfer und Opfer des Faschismus	28.09.2000
Weiser, Peter	1961–77 Generalsekretär im Konzerthaus, ab 1977 bis in die 1980er-Jahre Geschäftsführer der Energieverwertungsagentur	20.11.2000
Worm, Alfred	1974–94 Redakteur bei „profil", seit 1994 einer der Chefredakteure von „News"	23.08.2000

Anton Pelinka

Chronos und Ödipus

Der Konflikt Kreisky – Androsch in theoretischer und in vergleichender Perspektive

Der Konflikt zwischen Bruno Kreisky, dem Bundeskanzler der Republik Österreich und Vorsitzenden der SPÖ, und Hannes Androsch, Kreiskys Stellvertreter in Regierung und Partei, markiert den Scheitelpunkt österreichischer Sozialdemokratie in der Zweiten Republik. Kreisky, seit 1967 Vorsitzender der SPÖ, hatte diese 1970 zu einer relativen Mehrheit im Nationalrat und zur Übernahme einer – zunächst auf einer Duldungsabsprache mit der FPÖ ruhenden – Alleinregierung geführt. (Pelinka 1993) 1971, 1975 und 1979 konnten Kreisky und die SPÖ eine absolute Mehrheit an Stimmen und Mandaten gewinnen und sogar noch – 1979 – ausbauen.

Diese Erfolge sind in der Geschichte der europäischen Sozialdemokratie, ja sogar in der Geschichte der europäischen Demokratie nach 1945 einmalig: Keiner anderen Partei gelang es, unter den Rahmenbedingungen der (zur Erlangung absoluter Mehrheiten ungünstigen) Verhältniswahl, bei Parlamentswahlen drei Mal hintereinander mehr als 50 Prozent der Stimmen und daher auch der Mandate zu erreichen. Konrad Adenauer und der CDU/CSU gelang dies nur ein Mal – 1957. Die britischen Konservativen unter Margaret Thatcher und John Major konnten zwar vier Mal (1979, 1983, 1987, 1992) die absolute Mandatsmehrheit gewinnen. Diese war jedoch das Resultat des mehrheitsfördernden Effekts der Mehrheitswahl und nicht einer absoluten Stimmenmehrheit. Die schwedische Sozialdemokratie wiederum konnte ihre Jahrzehnte hindurch – bis 1979 – unangefochtene Rolle als führende Regierungspartei nicht auf eine stabile absolute Mehrheit unter den Wählenden stützen, sondern auf die Zersplitterung der politischen Rechten.

Die SPÖ hatte durch die Kette ihrer Wahlerfolge 1970, 1971, 1975 und 1979 ein historisch einmaliges Beispiel für Wahlsiege der Sozialdemokratie gesetzt. Die erfolgreichsten Parteien der Sozialistischen Internationale – wie z.B. die britische Labour Party und die Schwedische Sozialdemokratie – hatten nach 1945 zwar häufig als Regierungspartei eine dominante Rolle in der Politik ihrer Länder zu spielen vermocht. Keine aber war in der Lage, sich dabei auf längere Zeit auf eine Mehrheit von über 50 Prozent der Stimmen stützen zu können. (Eley 2002, 315)

Tabelle 1: Stimmenanteile und Mandate der SPÖ in der „Ära Kreisky"

Nationalratswahlen 1970, 1971, 1975, 1979, 1983

	Anteil an gültig abgegebenen Stimmen	Mandate
1970	48,4%	81 (von 165)
1971	50,0%	93 (von 183)
1975	50,4%	93 (von 183)
1979	51,0%	95 (von 183)
1983	47,7%	90 (von 183)

Quelle: Plasser, Ulram 2003, 195

Die Wahlerfolge der SPÖ waren von einer für die europäische Demokratie und für die Parteien der Sozialistischen Internationale herausragenden Einmaligkeit. Dadurch kam der SPÖ in den 70er-Jahren eine auch international besondere Stellung zu: Österreich wurde zum Labor der Sozialdemokratie: (Weber, Venus 1993; Bischof, Pelinka 1994; Bischof, Pelinka 1996; Schmid 1999)

- Unter den Stichworten „Austro-Keynesianismus" und „Austro-Korporatismus" wurde die „Ära Kreisky" und damit die österreichische Sozialdemokratie mit einer besonderen sozialdemokratischen Wirtschafts- und Sozialpolitik identifiziert.
- Unter dem Stichwort „Durchflutung der Gesellschaft mit Demokratie" wurde das Konzept einer gesamtgesellschaftlichen Demokratisierung mit sozialdemokratischer Reformpolitik gleichgesetzt – etwa im Bereich der Universitäten.
- Unter den Stichworten „Modernisierung" und „Europareife" wurde sozialdemokratische Politik als Befriedigung eines liberalen Nachholbedarfs und als Anschluss an (west-)europäische Standards gesehen – etwa im Bereich des Strafrechtes.
- Unter dem Stichwort „aktive Neutralitätspolitik" wurden Bruno Kreiskys Initiativen insbesondere im Nahen Osten (teilweise unternommen im Auftrag der Sozialistischen Internationale) als eine besondere Form sozialdemokratischer Außenpolitik wahrgenommen.

- Unter dem Stichwort „Frauenpolitik" wurden, gegen Ende der Alleinregierung der SPÖ, spektakuläre Maßnahmen zur besseren Vertretung von Frauen durch Frauen in der Politik gesetzt.

Die SPÖ hatte sich in den Jahren ihrer (Allein-)Regierung nie von ihrer Tradition verabschiedet, die sie mit der Sozialdemokratischen Arbeiterpartei des Habsburgerreiches und der Ersten Republik verband. Diese mit dem weiten Begriff „Austromarxismus" bezeichnete Tradition wies die SPÖ als eine Partei aus, die ein klares Bekenntnis zur liberalen Demokratie (definiert als Mehrparteiensystem und Grundrechtsgarantien) mit einem radikalen marxistischen Umgestaltungsanspruch verband. Die SPÖ war, in ihren Wurzeln, eine Partei des linken Flügels der internationalen Sozialdemokratie – eine Position, die auch im Zusammenhang mit der traditionellen Schwäche der Kommunistischen Partei Österreichs (KPÖ) stand. (Pelinka 1980, 45)

Die SPÖ verstand sich nicht als Partei, die den Status quo optimal verwalten wollte. Die SPÖ wollte – wie sie es im abschließenden Paragraphen ihres 1978 verabschiedeten Grundsatzprogramms ausdrückte – „... arbeiten und kämpfen ... für den demokratischen Sozialismus." (Kadan, Pelinka 1979, 189) Auch in der „Ära Kreisky" war die SPÖ eine Partei, die Inhalte eines marxistisch verstandenen Sozialismus mit den Mitteln westlicher Demokratie umsetzen wollte.

Die SPÖ wurde zum Vorbild, an dem sich andere sozialdemokratische Parteien in Europa messen lassen wollten. So erklärte François Mitterrand bei seinen beiden Versuchen, als Kandidat des Parti Socialist (PS), bzw. der französischen Linken Präsident Frankreichs zu werden – 1974 ohne, 1981 mit Erfolg, die österreichische Sozialdemokratie zu einem seiner Vorbilder. Mitterrand und der PS wollten mit dem Hinweis auf die – anders als der PS – ohne jede strategische Unterstützung der Kommunisten agierende SPÖ einerseits sich von einer marxistisch-leninistischen Sozialismusvariante absetzen; andererseits wollte er aber wohl auch sich auf ein erfolgreiches Modell beziehen – auf den demokratischen Sozialismus made in Austria. (Codding, Safran 1979, 243–261)

Die Erfolge der SPÖ als alleinregierende Partei waren vor allem in der ersten, von einer absoluten SPÖ-Mehrheit im Nationalrat bestimmten Gesetzgebungsperiode zu verzeichnen. Heinz Fischer nannte auch diese Periode von 1971 bis 1975 „die fruchtbarste" in der Ära Kreisky. (Fischer 2000, 67) Diese besondere Erfolgsbilanz bezog sich vor allem auf einschneidende Reformen im nicht-ökonomischen Bereich, die in diesen Jahren parlamentarisch durchgesetzt wurden – vor allem die Strafrechts- und die

Universitätsreform. Im ökonomischen Bereich hatte die SPÖ bewiesen, dass sie regieren konnte; dass sie insbesondere die für das Wirtschaftswachstum günstige Voraussetzungen herzustellen in der Lage war – ohne an die Rahmenbedingungen der durch Sozialpartnerschaft und „gemischte" Wirtschaft definierte ökonomische Ordnung zu rütteln.

Das Erfolgsmodell SPÖ geriet 1980, bald nach dem größten Wahlerfolg einer Partei in der österreichischen Geschichte, in eine Krise. Zwischen Bruno Kreisky und Hannes Androsch brach ein offener Konflikt aus. Dieser Konflikt belastete Regierung und Partei – er „brachte vor allem im Jahr 1980 enorme Reibungsverluste." (Fischer 1993, 245) Der Konflikt, der – angesichts von Bruno Kreiskys Alter (Kreisky war Jahrgang 1911) und des Generationenunterschieds (Androsch wurde 1938 geboren) – auch den Charakter eines Nachfolgekonfliktes hatte, führte 1981 zum Ausscheiden Androschs aus der Bundesregierung und aus dem Parteipräsidium. Kreisky hatte – auf den ersten Blick jedenfalls – den Konflikt für sich entschieden. Und als er 1983, nach der – relativen – Wahlniederlage, von der Regierungs- und bald darauf auch von der Parteispitze schied, da war Hannes Androsch kein Kandidat mehr für die Nachfolge,

Der Konflikt zwischen Kreisky und Androsch erfasste und erschütterte die gesamte SPÖ. In welchem Ausmaß der Stimmen- und Mandatsverlust 1983 kausal mit diesem Konflikt zusammenhängt, kann seriös nicht festgestellt werden. Festzuhalten aber ist, dass der Konflikt die österreichische Sozialdemokratie am Höhepunkt ihrer – demoskopisch gemessenen – Erfolge erfasst hatte. Festzuhalten ist, dass die SPÖ mit Bruno Kreisky als Parteivorsitzenden seit 1967 auf einem beispiellosen Erfolgskurs war – und dass der Konflikt zwischen Kreisky und Androsch 1980 das Ende dieses Erfolgskurses signalisierte. Festzuhalten ist, dass das Ende der politischen Karriere Hannes Androschs Vorbote des Endes der politischen Karriere Bruno Kreiskys war.

Dass dieser Konflikt den Abstieg der SPÖ begründet oder auch nur beschleunigt hat, kann nicht gesichert behauptet werden. Die Vermutung, der zeitliche Zusammenfall zwischen Konflikt und allmählichem Abstieg der SPÖ sei kein Zufall, kann auch schon deshalb nicht wirklich vertieft werden, weil

- der allmähliche Rückgang sozialdemokratischer Dominanz in Österreich schon überfällig war. Zieht man den internationalen Vergleich heran, so ist der Verlust einer Dominanz wie der der SPÖ seit 1970 nach 13 Jahren nicht überraschend – überraschend ist, dass er erst so spät erfolgt ist.
- der Wahlverlust 1983 sowohl mit Schaden begründet werden kann, den die Partei durch Androsch erlitten haben könnte; als auch durch

den Schaden, den das Ausscheiden Androschs verursacht haben könnte. Im einen Fall wird eine persönliche Verantwortung Androsch, im anderen Fall eine ebensolche Kreisky zugeschrieben.

Die in der zweiten Variante angesprochene Erklärung beinhaltet aber die Vermutung, dass der Konflikt den an sich durch den zeitlichen Ablauf bereits angelegten Attraktivitätsverlust der regierenden SPÖ beschleunigt hat. Der Konflikt war zwar nicht – jedenfalls nicht direkt – kausal für das Ende der „Ära Kreisky", deren Dauer (13 Jahre Alleinregierung unter der Führung ein und desselben Partei- und Regierungschefs) und Legitimität (vier Wahlerfolge, davon drei Mal der Gewinn der absoluten Mehrheit an Stimmen und Mandaten) in der Geschichte der europäischen Demokratie einmalig ist. Aber der Konflikt kann wohl als Katalysator einer auch sonst unvermeidlichen Entwicklung gesehen werden – des allmählichen Endes sozialdemokratischer Hegemonie in Österreich.

Die Abfolge der Ereignisse macht es verständlich, wenn von vielen ein zumindest indirekter Zusammenhang zwischen dem Konflikt und der (relativen) Wahlniederlage der SPÖ 1983 gesehen wird. (Siehe dazu etwa Fischer 1993, 247–252; Fischer 1998, 269–272, 292–300)

- November 1978: In der ersten Volksabstimmung der Geschichte Österreichs entscheidet eine knappe Mehrheit gegen die von der Regierung Kreisky betriebene Inbetriebnahme des Atomkraftwerkes Zwentendorf.
- Mai1979: Die SPÖ erreicht den größten Wahlerfolg, den irgendeine Partei in der österreichischen Geschichte je gehabt hat: Die absolute Stimmen- und Mandatsmehrheit der SPÖ wird noch einmal ausgebaut.
- 1980: Der Konflikt zwischen Kreisky und Androsch spitzt sich in aller Öffentlichkeit zu, Befriedungsversuche erweisen sich nur als vorübergehend erfolgreich. Der Bruch zwischen Kreisky und Androsch zeigt sich als unwiderruflich.
- Jänner 1981: Androsch legt seine Regierungsfunktionen und seine Funktion als stellvertretender Parteivorsitzender zurück und wird in den Vorstand der (im Eigentum der Republik stehenden) Creditanstalt-Bankverein berufen.
- März 1983: Die SPÖ verliert die absolute Stimmen- und Mandatsmehrheit, Kreisky scheidet aus der Regierung und legt – in der Folge – auch den Parteivorsitz nieder.

Für die österreichische Sozialdemokratie war der Konflikt zwischen Kreisky und Androsch der Vorbote des Endes ihrer Hegemonie. Die zunehmend öffentlich ausgetragene Auseinandersetzung zwischen Kreisky und seinem von ihm selbst als Stellvertreter (und damit, indirekt, auch als Nachfolger) ausgewählten „Kronprinzen" war die erste der wichtigen Negativbotschaften, mit der die SPÖ umgehen lernen musste. Das Ende der Ära Kreisky musste dann fast als logische Konsequenz erscheinen.

Mehr als zwei Jahrzehnte nach der durch den Konflikt zwischen Kreisky und Androsch ausgelösten Krise der österreichischen Sozialdemokratie ist klar, dass es für diesen Konflikt nicht die eine und einzige Ursache gegeben hat. Die von Barbara Liegl durchgeführten Interviews mit Personen, die an diesem Konflikt beteiligt waren oder ihn zumindest nahe miterlebt haben, zeigen sehr deutlich, dass es eine große Bandbreite von Deutungen gibt. Da diese Interviews sowohl mit Personen gemacht wurden, die – zumindest zur Zeit des Konfliktes – eher als „Kreisky-nahe", als auch mit solchen, die ebenfalls zu dieser Zeit eher als „Androsch-nahe" galten, liefern die Ergebnisse der von Barabara Liegl geführten Gespräche und die anderen vorliegenden Quellen eindeutige Ergebnisse nur in folgender Weise:

- Es gibt keine monokausale Erklärung. Hinter dem Konflikt verbirgt sich eine Fülle von Ursachen. Die Gewichtung dieser einzelnen Ursachen hängt von der Sichtweise der befragten Personen ab.
- Der Konflikt hatte traumatisierende Konsequenzen – nicht nur für die beiden Hauptbetroffenen, sondern auch für viele der mit ihnen und mit der SPÖ überhaupt verbundenen Personen. (Palme 1999, 231–272; Schmid 1999, 286–311)
- Der Konflikt war nicht nur ein Konflikt zwischen Personen, er war auch ein Konflikt zwischen unterschiedlichen Positionen, die zwar nicht unbedingt von den beiden Protagonisten vertreten, die ihnen aber zugeschrieben wurden.

Die verschiedenen Aussagen der ZeitzeugInnen – in Interviews mehr als zwei Jahrzehnte nach dem Konflikt, also mit erheblicher Distanz zum eigentlichen Geschehen erhoben – lässt jedenfalls nicht zu, eine einzige Ursache anzugeben. Ursachen im persönlichen Bereich – im Wesentlichen bevorzugt von denen, die den Konflikt in einer eher Androsch-freundlichen Perspektive sehen; und Ursachen im politischen Bereich – eher von denen betont, die zu einer Kreisky-freundlichen Sichtweise neigen, stehen bei diesen Interpretationen mit- und neben- und gegeneinander. Es gibt keinen „objektiven" Befund, der es erlauben würde, auch nur eine Reihung der wahrgenommenen Ursachen nach ihrer Gewichtigkeit vorzunehmen.

In den beiden folgenden Abschnitten sollen die verschiedenen, von den ZeitzeugInnen in den Interviews und von anderen Interpretationen vorgebrachte Deutungen systematisiert werden – und zwar nach dem Gesichtspunkt, ob der Konflikt zwischen Kreisky und Androsch in erster Linie als Konflikt zwischen Positionen („Richtungsstreit") oder primär als Konflikt zwischen Personen („Generationenkonflikt") gesehen wird. Daran schließt ein Kapitel an, das den einzelnen, stärker inhalts- oder personenbezogenen Deutungen nicht grundsätzlich widerspricht, das aber hinter diesen einen funktionalen Wandel („Paradigmenwechsel") in der Politik der europäischen Sozialdemokratie und in der europäischen Politik überhaupt erkennt.

Wegen dieser funktionalen Interpretation ist es auch sinnvoll und notwendig, der europäischen Ebene ein besonderes Augenmerk einzuräumen: Wenn der Konflikt Kreisky – Androsch auch eine Umorientierung der europäischen Sozialdemokratie anzeigt, dann muss dies auch in Konflikten anderer sozialdemokratischer Parteien zum Ausdruck kommen. Die beiden ausgewählten Beispiele – Frankreich, 1983 und Großbritannien, 1979 bis 1997 – sind Beispiele teils unterschiedlicher Art, die freilich eine wesentliche Parallele aufweisen:

- Der Unterschied zwischen diesen beiden Beispielen besteht in ihrer zeitlichen Dimension, die sich wiederum auf den Unterschied in den Voraussetzungen dieser beiden Partein, des PS und der Labour Party, zurückführen lassen. Der PS, nach Jahrzehnten des Ausschlusses der französischen Sozialisten von der Regierungsmacht 1981 nach einem doppelten Wahlerfolg (Präsidentschafts- und Parlamentswahl) mit erheblicher Machtfülle ausgestattet, erfährt die Krise als Regierungspartei in einem relativ beschränkten Zeitabschnitt. Die Labour Party hingegen kommt in die Krise als Folge einer Wahlniederlage – und durch die Krise verliert sie für lange Zeit ihre Wettbewerbsfähigkeit, bevor sie nach radikalen Veränderungen ihrer Strategie 1997 wieder eine Wahl zu gewinnen vermag.
- Die Parallele besteht in dem Paradigmenwechsel europäischer Politik, der die beiden sozialistischen (sozialdemokratischen) Parteien zu einem Wandel veranlasste, bzw.zwang: In Frankreich zur faktischen Abkehr von der Vorstellung, einen demokratischen Sozialismus in einem Staat aufbauen zu können; in Großbritannien in der Übernahme des von den Konservativen nach 1979 neu definierten „mainstreams" und damit in der Abkehr von der 1945 geprägten Parteistrategie. In Frankreich verzichtete Mitterrand 1983, als Konsequenz aus der Krise, auf die noch 1981 stolz verkündeten Ansprüche; in Großbritannien akzeptiert Blair vor 1997 die Grundlagen des „Thatcherismus". In beiden Fällen bleibt vom spezifisch sozialdemokratischen Anspruch im Wesent-

lich übrig, den (konservativ, bzw. wirtschaftsliberal bestimmten) breiten Konsens besser als die konservativen Konkurrenten konkretisieren zu können.

Die Krise des PS war die Krise einer Partei, die – noch viel intensiver als die SPÖ – unter extrem hohem Erwartungsdruck stand. Nach Jahrzehnten des Ausschlusses von der Regierungsmacht wollte und sollte die französische Linke „den Sozialismus" errichten – und musste bald einsehen, dass sie diese Erwartungen nicht erfüllen konnte. Die Folge war eine Krise, mit der die Partei unter der Führung von François Mitterrand relativ gut umzugehen in der Lage war. Die Krise der Labour Party war die Krise einer Partei, die in der Opposition nicht gezwungen war, Erwartungen anhand der eigenen Regierungstätigkeit mit der Realität in Verbindung zu bringen. Die Labour Party unter Michael Foot hielt die Hoffnungen auf einen demokratischen Sozialismus hoch – und musste erfahren, dass die politische Nachfrage danach nicht ausreichte, um die Konservative Partei von der Regierung zu verdrängen. Die Folge war eine Krise – und der längste Ausschluss der Labour Party von der Regierungsmacht in der Geschichte der Partei, seitdem 1924 die Labour Party mit Ramsey MacDonald erstmals den Premier stellte.

Die strategische Situation der SPÖ um 1980 war zwischen der des PS und der Labour Party zur selben Zeit: Sie stand noch immer unter dem Erwartungsdruck, dass sozialdemokratisches Regieren die Qualität der Gesellschaft entscheidend und nachhaltig beeinflussen müsse – allerdings war dieser Druck nicht mit dem vergleichbar, dem die Sozialistische Partei Frankreichs am Beginn der Präsidentschaft Mitterrands ausgesetzt war. Anders aber als die Krise der Labour Party war die Krise der SPÖ nicht die Folge einer Wahlniederlage, sondern war eine Krise am Höhepunkt des Erfolges.

Ob und inwieweit dieser Erfolg die Krise mitbestimmt hat; ob und inwieweit die personelle Zuschreibung des Erfolges – im Begriff „Ära Kreisky" ausgedrückt – die Krise beeinflusst hat, das muss Gegenstand einer Analyse sein.

1. Die erste Erklärung: Ein Richtungsstreit

Nach der Wahrnehmung Kreiskys und der meisten derer, die sich in seinem Konflikt mit Androsch mehr oder weniger ausdrücklich auf Kreiskys Seite stellten, war die Auseinandersetzung zwischen den beiden primär nicht eine zwischen Personen sondern zwischen Positionen. Diese Wahrnehmung ist nicht die Androschs und auch eher nicht die Wahrnehmung derer, die sich selbst im Konflikt mehr auf Androschs als auf Kreiskys Seite sahen: Für diese war der Gegensatz vor allem einer zwischen Personen – und kaum einer zwischen Richtungen.

Gerade für politisch sehr bewusste und bewegte – in diesem Sinne „idealistische" – Beobachter liegt es offenbar nahe, einem Konflikt wie dem zwischen Kreisky und Androsch einen politischen Sinn zu geben. Wenn die Nummer eins und die Nummer zwei der erfolgreichsten demokratischen Partei in Europa in einen heftigen Konflikt geraten, dann – so die offenbar nahe liegende, für viele fast selbstverständliche Vermutung – dann muss es sich um einen Streit der Inhalte und Strategien, eben um einen Richtungsstreit handeln. Die Politik, so die Annahme, muss doch ihre eigenen Gesetze auch insoferne haben, als ein solcher tiefgreifender Konflikt nicht einfach nur auf das Persönliche reduziert werden kann. Wenn zwei so prominente Menschen der Politik miteinander so heftig in Streit kommen – dann kann, dann muss es doch auch um Politik gehen; um „Ideologie"; um „die Richtung" – erst recht, wenn die beiden die wichtigsten Proponenten einer Partei sind, deren erklärtes Ziel nicht einfach nur die bestmögliche Verwaltung, sondern die bestmögliche (Um-)Gestaltung der Gesellschaft ist.

1.1. Moral und Unmoral

Eine Deutungsebene ist die der Individualmoral, hinter der aber auch eine politische Moral und damit eine bestimmte Auffassung von Politik steht. Nach dieser Deutung galt Kreisky als Repräsentant der sozialdemokratischen Tradition auch in Bezug auf persönliche Stilelemente: Eine deutliche Abgrenzung gegenüber bestimmten (groß-)bürgerlichen Verhaltensmustern im Bereich des Konsums.

Das Fehlen einer solchen Abgrenzung wurde Androsch vorgeworfen: Der Bau einer eigenen Villa repräsentierte für Androschs Kritiker eine für einen Sozialisten – noch dazu für einen zukünftigen Parteivorsitzenden – nicht erlaubte Grenzüberschreitung. Teurer Grund- und Hausbesitz war für viele ein Widerspruch zu einer Klassenmoral, in der die Aussage „Eigentum ist Diebstahl" noch immer lebendig war. Sozialisten wohnten in gemieteten Objekten – sie waren nicht Hauseigentümer, so die Quintessenz dieser Moral. Androschs ironischer (für seine Kritiker zynischer) Hinweis, er sei „leider kein Millionär", bestärkte für diese Kritiker den Eindruck, der von Kreisky selbst als zukünftiger Vorsitzender favorisierte Androsch habe die Präferenz für einen Lebensstil, der einer sozialistischen Arbeiterpartei ganz einfach nicht entsprach.

Viele ZeitzeugInnen sehen einen (wenn nicht den entscheidenden) Grund für Kreiskys Versuch, Androsch politisch zu stürzen und vor allem ihn als Nachfolger zu verhindern, in dieser moralischen Dimension begründet. Androsch habe sich durch seinen Stil einfach aus den Reihen derer ausgeschlossen, die mit der Tradition und dem Ethos der SPÖ verbunden seine. (Interviews Blecha, Lanc, Nowotny, Worm)

In einem Kapitel „Politik und Moral" widmet Gerhard Schmid Androschs Verhalten besondere Aufmerksamkeit. Androsch und seine Umgebung wird als Herausforderung, als Provokation für eine von Kreisky repräsentierten moralischen Politik gesehen. (Schmid 1999, 265–276) Die „Consultatio" und damit Androsch seien durch die „Arbeitsgemeinschaft Kostenrechnung" (aber auch durch die „ÖKODATA") „näher an den AKH-Skandal" herangebracht worden. (Schmid 1999, 267) Dass die Problematik „Politik und Moral" vor allem im Konflikt Kreisky – Androsch zugespitzt gesehen wird, das ist eine Deutung, die gegen Androsch gewendet wurde und wird.

Gegen die Vorwürfe, er habe sich nicht in der rechtlich und/oder moralisch geforderten Eindeutigkeit von seiner Firma „Consultatio" getrennt, antwortete Androsch immer und immer wieder mit demselben Argument: Er habe sich nicht anders verhalten als andere, die in beruflich analoger Situation Mitglieder der Bundesregierung geworden waren. In einem Schreiben an den – damaligen – Chefredakteur der „Kleinen Zeitung", Kurt Wimmer, argumentierte Androsch am 10.Februar 1998, indem er dieses sein Kernargument auf den Punkt brachte:

> Meine damalige Situation (gemeint: 1970, Anmerkung AP) lässt sich direkt mit der all jener Rechtsanwälte, Notare oder Firmeninhaber vergleichen, die nach ihrem Ausscheiden aus der Bundesregierung wieder in ihre Kanzleien zurückgekehrt sind bzw. erneut die Leitung ihrer Firmen übernommen haben. Beispiele dafür sind: Dr. Josef Gerö, Dr. Otto Tschadek, Dr. Christian Broda, Dr. Hermann Withalm, Dr. Norbert Steger, Dr. Fritz Bock, Dr. Harald Ofner und Dr. Andreas Staribacher. In der jetzigen Regierung treffen diese Umstände auf Dr. Michalek und Dr. Bartenstein zu. (Androsch 1998, 3)

Hinter dieser Wahrnehmung stand vor allem Androschs Verhältnis zur Steuerberatungskanzlei „Consultatio". Androsch hatte, als Erbe seines Vaters, mit dem Eintritt in die Bundesregierung – entsprechend den Inkompatibilitätsnormen – sein Eigentumsrecht in eine Treuhandlösung umgewandelt. Dass zur Zeit seiner Regierungstätigkeit die „Consultatio" einen besonderen Aufschwung nahm, wurde von vielen als Zeichen einer letztlich doch nicht sauberen Trennung von privatem Unternehmerinteresse und Regierungsamt gesehen. Und als dann die „Consultatio" auch noch im Zusammenhang mit dem AKH-Skandal genannt wurde, erhielt der moralische Vorwurf an Androsch noch eine zusätzliche Note. (Schmid 1999, 267–275)

Die Regelung des Verhältnisses zwischen Androsch und seiner Steuerberatungskanzlei war für Außenstehende etwas verwirrend: Bis 1970 war die Kanzlei seines Vaters, die „Buchprüfungs- und Steuerberatungskanzlei Hans Androsch" , zur Sicherung der Existenz der Mutter Androschs als „Witwenbetrieb" fortgeführt worden. Dieser wurde, weil diese Lösung nur auf die Dauer von fünf Jahren möglich war, in die „Consultatio" umgewandelt, an der Hannes Androsch die Hälfte der Anteile, aber keine Organstellung besaß, für die er also nicht handeln konnte. Gleichzeitig wurde eine Kanzlei „Dr. Hannes Androsch – beeideter Wirtschaftsprüfer" gegründet, damit Androsch nicht die Berufsbefugnis verliert. Die Kanzlei Hannes Androsch wurde aber de facto von der „Consultatio" betrieben. Als die Kritik an der Verflechtung des Finanzministers an der „Consultatio" in den späten 70er-Jahren zunahm, übertrug Andrisch Ende 1978 seine Eigentumsanteile an der „Consultatio" den Präsidenten der drei Kammern der Freien Berufe zur treuhändigen Verwaltung – damit war die bis dahin nicht vorhandene Möglichkeit formell ausgeräumt, dass Androsch als Miteigentümer der „Consultatio" auf diese Einfluss nehmen könnte. (Palme 1999, 245 f.)

Doch die Kritik an Androsch sollte nicht zum Verstummen kommen. Einerseits wurde immer wieder eingewendet, dass die „Consultatio" weiterhin Wettbewerbsvorteile gegenüber Konkurrenten genieße, weil z.B. den Finanzbehörden bewusst sein müsste, dass es zwischen dem Minister und dieser Kanzlei eine Verbindung gebe – ein Umstand, der ebenso auch gegen Bundesminister für Justiz angeführt werden könnte (z.B. Christian Broda oder Dieter Böhmdorfer), die sich auch durch Treuhandschaftslösungen von ihrer Kanzlei getrennt hatten, deren besondere Beziehung zu dieser Kanzlei aber Justizbehörden und Gerichten ebenso bekannt war wie die besondere Beziehung Androschs zur „Consultatio". Mit dieser Kritik ist ein Grundsatzproblem angesprochen – das der Vereinbarkeit von freiberuflichen Tätigkeiten und Regierungsfunktionen; damit ist aber kein spezieller „Fall Androsch" angesprochen.

Wichtiger wohl als diese prinzipielle Seite war aber, dass Androsch ganz einfach zum Symbol geworden war – zum Symbol für einen Lebensstil. Klatschspalten und Gerüchte beschäftigten sich mit seinem Privatleben. Erika Pluhar berichtet, dass sie sich als Opfer einer durch nichts begründeten Gerüchtekampagne, sie hätte mit Hannes Androsch ein Verhältnis, sogar an Kreisky wandte, um gleichsam offiziell zu dementieren. (Pluhar 2000) Androschs Lebensstil provozierte offenbar viele, die von sozialistischen Spitzenpolitikern demonstrative Gesten der Zugehörigkeit zu einem proletarischen Milieu erwarteten. Dass Hannes Androsch sich als Finanzminister eine Villa in Neustift, einer der teuersten (und vornehmsten, am wenigsten „proletarischen") Gegenden Wiens baute, hatte nicht nur eine Bedeutung, was die Herkunft der dafür verwendeten Gelder betraf – diese Gelder spielten dann in dem Verfahren gegen Androsch eine entscheidende Rolle, das 1988 zu einer Verurteilung wegen falscher Zeugenaussage führte. Wegen einer anderen Verurteilung in einer Finanzstrafsache kam es 1996 zur Wiederaufnahme und einer Teilaufhebung. Vielleicht noch wichtiger war aber, dass Androsch – wenn schon nicht geschriebene – jedenfalls bestimmte ungeschriebene Regeln verletzte: etwa die Regel, dass „richtige" Sozialisten in Miet- und nicht in Eigentumsobjekten zu wohnen hatten.

Dieser Umstand hat auch das Verhältnis zwischen Kreisky und Androsch belastet. Norbert Leser zufolge soll Kreisky geradezu von Neid bestimmt gewesen sein: „Kreisky konnte sich lange und immer wieder darüber verbreitern, dass er in einer Mietvilla, Androsch aber in einer – noch dazu, wie er später sagte, unter zweifelhaften Umständen finanzierten – eigenen lebe ... Diese Rivalität, dieses Bewusstsein, vom Jüngeren finanziell und lebensstilmäßig überrundet worden zu sein, nagten tief am Selbstgefühl Kreiskys und verstärkten später seine Abneigung." (zit. nach Palme 1999, 243)

Kreisky, der in einer – offenbar zu günstigen Konditionen gemieteten, im Eigentum der Wiener Städtischen Versicherung stehenden – Villa im ebenfalls höchst unproletarischen Teil von Heiligenstadt lebte, wahrte offenbar eher den Schein: Sein Lebensstil, der durchaus als „großbürgerlich" bezeichnet werden kann, war verhaltener, wurde auch weniger kommentiert – und mag ihm, dem Älteren, auch eher vergönnt worden sein. Androschs Lebensstil wurde kommentiert, und das verstärkte den Eindruck, der Jüngere habe sich in seinem Verhalten von den ungeschriebenen Moralvorstellungen des sozialistischen Milieus verabschiedet.

Norbert Leser bewertete Kreiskys moralisierende Kritik mit einem moralisierenden Gegenvorwurf: „... und der Verdacht, dass im Kampf gegen Androsch Gefühle des Neids, der Missgunst und der Eifersucht, ja der Angst, vorzeitig entmachtet zu werden, eine große Rolle spielten, ist nicht von der Hand zu weisen. Wenn Kreisky Androsch seinen aufwändigen Lebensstil vorwarf, wurde man das Gefühl nicht los, dass ihn nicht nur sozialistische Ethik dazu trieb. Denn auch Kreisky lebte nicht gerade bescheiden ..." (Leser 1988, 230)

Kreisky betonte die moralische Seite des Konflikts. Die von Androsch 1978 getroffene Lösung seiner Beziehung zur „Consultatio" – die Übertragung seines Eigentumsanteils in die Treuhandschaft der drei Präsidenten der Kammern der freien Berufe – stellte Kreisky nicht zufrieden. Kreiskys Kritik wurde deutlich, als die „Consultatio" und damit, indirekt, Androsch in den AKH-Skandal hineingezogen wurde. Mit einem Schreiben vom 15. April 1980 forderte Kreisky „in beiden Funktionen, der des Bundeskanzlers und des Parteivorsitzenden" Androsch auf, sich „neuerlich Gedanken darüber zu machen, inwieweit eine solche Ordnung der Verhältnisse gefunden werden kann, dass klargestellt ist, dass Du in Zukunft in keinen Zusammenhang mit diesem Unternehmen gebracht werden kannst." (Kreisky 1996, 300)

Ein besonderer moralischer Akzent des Konflikts war Kreiskys Vorwurf, sein schlechter Gesundheitszustand sei „Folge der Aufregungen", die auf Androsch zurückzuführen seien. (Kreisky 1996, 305 und 308) Diese Deutung des Konfliktes hat freilich nicht nur eine moralisierende, sondern auch eine psychoanalytische Dimension: Der politische Sohn wird vom Vater als lebensbedrohend wahrgenommen.

Androsch, der nach seinem Ausscheiden aus der Bundesregierung und aus dem Parteipräsidium die Wirtschafts- und Finanzpolitik der Regierung Kreisky öffentlich zu kritisieren begann (Androsch 2003, 126 f.; Kreisky 1996, 303 f.), provozierte bei Kreisky eine moralische Reaktion. Kreisky führte auch – rückblickend – Androschs Interesse an der Position des Nationalbankpräsidenten an. Kreisky sah in diesem Wunsch des 40-jährigen Androsch, der mit 32 Finanzminister und mit 38 Vizekanzler geworden war, offenbar eine moralisch bedenkliche Flucht aus der Politik – und eine Undankbarkeit gegenüber ihm, Kreisky, der ihn so gefördert hatte. (Kreisky 1996, 95)

Die moralische Deutung, die Kreisky dem Konflikt mit Androsch gab, wird auch in Kreiskys Abschiedsworten vom Jänner 1981 klar: Kreisky bezeichnete Androsch als „den besten Finanzminister der 2. Republik". (zit. Petritsch 1995, 144) Auch wenn bei offiziellen Bewertungen nicht jedes Wort auf die Waagschale zu legen ist – schwer wiegende Auffassungsunterschiede im Bereich des Politischen schließen solche Worte aus. Im politischen Lob Kreiskys für Androsch wird klar, was – in Kreiskys Sicht – hinter dem Konflikt stand.

Kreisky gab seinem Konflikt mit Androsch eine moralische Dimension. Und Kreisky gab seiner Entfremdung von der Partei, die ab 1983 von Fred Sinowatz geführt wurde, eine moralische Begründung. Kreisky sah hinter der Regierungsumbildung vom September 1984, die an die Stelle Kreisky-naher Minister (Salcher, Lanc) zwei zumindest aus Kreiskys Sicht von 1984 Androsch-nahe Minister (Vranitzky, Gratz) setzte, offenbar die Handschrift Androschs; und als 1986 Sinowatz – ohne Konsultation mit dem Ehrenvorsitzenden Kreisky – im Juni 1986 sein Kanzleramt zugunsten Vranitzkys zurücklegte, legte Kreisky „den Titel eines Ehrenvorsitzenden – der sich ja als vollkommen bedeutungslos erwiesen hat" – zurück. (Kreisky 1996, 317)

1.2. Links gegen Rechts

Die vor allem im „Kreisky-Lager" vertretene moralische Deutung des Konfliktes lässt sich relativ einfach auf eine Links-Rechts-Ebene übertragen. Kreisky, der in den Zeiten seines Aufstiegs zur Parteiführung eher als Mann des „rechten" Parteiflügels wahrgenommen wurde – etwa auch im Zusammenhang mit seiner Position während der „Olah-Krise" der SPÖ 1964, vor dem Parteitag 1967, in der von ihm durchgesetzten „Eisenstädter Erklärung" 1969 (Blau 2000, 42 f.) – Kreisky wurde durch die Moralisierung seines Konflikts mit Androsch zum Mann des linken Flügels. Kreisky und Androsch, die beide – in einer traditionellen und konventionellen Sichtweise – 1970 dem „rechten" Flügel zugerechnet wurden, wurden ein Jahrzehnt später sehr unterschiedlich auf der Links-Rechts-Skala zugeordnet: Kreisky war zum Mann der Linken geworden; Androsch war ein Mann der Rechten in der Partei geblieben.

Am Beginn der Ära Kreisky war das ganz anders: Kreisky war ja als Mann des „rechten" Parteiflügels Vorsitzender geworden; und die Kritik der „Linken" in der Partei richtete sich nach 1970 auch zunächst vor allem gegen ihn – so etwa durch das 1974 verfasste Manifest „Für eine sozialistische Politik der SPÖ", von „drei Dutzend jungen Mitarbeitern der SPÖ ... verfasst und dem 22. Parteitag vorgelegt". Die Argumentation dieser nach ihrem Selbstverständnis „linken" Sozialisten wurde von „Kreisky schroff zurückgewiesen." (Matzner 1978, 14)

Kreisky war, in den ersten Jahren als Regierungschef, der Reibebaum für die – vor allem jungen – Linken in der Partei. Helmut Kramer erinnert sich, dass er und andere, die sich als linke Sozialisten in der SPÖ verstanden, „mehr in Richtung sozialistische Politik erwartet hatten und vor allem auch über die Personalbesetzungen Kreiskys (Finanzminister Androsch und einige Minister mit Nazivergangenheit) nicht sehr erfreut waren." (Kramer 2000, 133) Ohne dass Kramer eine Begründung gibt, warum Androsch mit den „Ministern mit Nazivergangenheit" (Rösch – Innen- und Verteidigungsminister, Öllinger und Weihs – Landwirtschaftsminister, Frühbauer – Verkehrsminister, Moser – Bautenminister) in einem Atemzug genannt wurde, bietet diese Einstufung ein aufschlussreiches Interpretationsmuster: Kreisky trennte sich nie von den „Ministern mit Nazivergangenheit". (Blau 2000) Kreisky verteidigte den Umstand, dass fünf ehemalige Nationalsozialisten seiner Regierung angehörten, immer offensiv – insbesondere gegen Simon Wiesenthal. Aber Kreisky trennte sich – spät, aber doch – von Hannes Androsch.

In den ersten Jahren der Ära Kreisky war jedenfalls eine politische Differenz zwischen Androsch und Kreisky – entlang einer Links-Rechts-Achse – überhaupt nicht feststellbar. Kreisky stellte sich immer voll hinter seinen Finanzminister. (Interview Reiter) Jede „linke" Kritik an Androsch musste daher ebenso Kreisky treffen. Und als Kreisky sich 1976 entschloss, Androsch zum Vizekanzler zu machen – und damit ein deutliches Signal in der Nachfolgefrage zu setzen, war das für den linken Flügel ein Alarmsignal. (Interview Buchacher)

Kreisky wurde erst allmählich als zentrales Objekt der linken Kritik von Hannes Androsch abgelöst. Die Kritik derer, denen die SPÖ als Regierungspartei zu wenig konsequent, eben zu wenig sozialistisch war, wurde in den 70er-Jahren von Kreisky ab- und auf Androsch hingelenkt. Die Nummer eins der Partei söhnte sich – atmosphärisch – mit der prinzipiellen Kritik von links mehr und mehr aus; dafür wurde die Nummer zwei der Partei von der Parteilinken als Hauptwidersacher erkannt. Die Nummer eins der Partei gab zwar den linken Kritikern nicht bezüglich der Minister mit „Nazivergangenheit" Recht – aber er gab ihnen schließlich Recht bezüglich Hannes Androsch.

Gegen 1980 sahen offenbar Linke in der Partei, dass Androsch zunehmend von „Rechten" umgeben sei – von solchen, die innerhalb der SPÖ dem rechten Flügel zugeordnet wurden; aber auch von Personen außerhalb der Partei. Dass zu Androschs Freundeskreis auch Gerd Bacher zählte, wurde von einigen Linken – und offenbar auch von Kreisky – kritisch vermerkt. (Interviews Cordt, Jankowitsch) Bacher verweist hingegen darauf, dass Kreisky selbst sich privat gerne mit Nicht-Sozialisten traf – so mit seinem persönlichen Freund Karl Kahane. (Interview Bacher)

Androsch bot sich in mehrfacher Hinsicht den „Linken" in der Partei als Vertreter der „Rechten" an: Als Aktivist des Verbandes Sozialistischer Studenten (VSSTÖ) war Androsch schon in den späten 50er- und frühen 60er-

Jahren dem „rechten" Flügel zugerechnet worden. Dass er dann auch noch – in Fortsetzung der freiberuflichen Tätigkeit seines Vaters – als Selbstständiger, als Steuerberater, arbeitete, machte ihn in den Augen vieler zu einer Art Unternehmer. Seine Tätigkeit in der Steuerberatungskanzlei hatte Androsch ja auch neben seinen politischen Funktionen als Sekretär des SPÖ-Parlamentsklubs und, ab 1967, als Abgeordneter zum Nationalrat fortgesetzt – bis der Eintritt in die Bundesregierung ihn zu der Konstruktion der „Consultatio" veranlasste. (Palme 1999, vor allem 61–112)

Dass Androsch als „Rechter" innerhalb der SPÖ wahrgenommen wurde, bedeutete nicht, dass er als theoriefeindlich gesehen wurde. Egon Matzner, der in den 70er-Jahren – rund um das Parteiprogramm 1978 – eher als „Linker" in der Theoriediskussion aktiv war, äußerte sich zu Androsch: „Androsch war für mich schon als Student auffällig, weil er gelesen hat. Weil ihn intellektuelle Auseinandersetzungen sehr interessierten – was nicht bei allen ‚Rechten' der Fall war." (zit. nach Palme 1999, 66) Dass Androsch als „Rechter" galt, setzte ihn jedenfalls nicht in Gegensatz zu Bruno Kreisky. Dieser hatte sich, in seiner Pro-Olah-Haltung 1964 und vor dem Parteitag 1967, für die deklariert „Linken" in der Partei ja auch als „Rechter" profiliert. Und Androsch unterstützte Kreisky 1967 gegen Hans Czettel, hinter dem vor allem die Wiener SPÖ und die Fraktion sozialistischer Gewerkschafter (und damit Anton Benya) stand. Androsch, rückblickend: „... obwohl ich nie ein besonders nahes Verhältnis zu Kreisky hatte, war ich einer der wenigen Wiener, der (sic!) für seine Wahl waren ... aber aus guten Gründen meinte ich, für Kreisky sein zu sollen, und das wusste er dann auch ..." (Androsch 1997, 5)

Zur Einschätzung, Androsch und sein „Clan" seien der Inbegriff des der „Rechten" in der Partei, trugen auch viele – von Androsch mitzuverantwortende, vielfach aber durch Tratsch ihm zugeschriebene – Stilelemente bei: Ihm wurde ein Leben im Luxus nachgesagt (die so oft zitierten teuren Maßanzüge, 108 an der Zahl); und sein Verhalten wurde oft als arrogant wahrgenommen, bzw. ihm wurde Arroganz nachgesagt. (Dickinger 1998, 78 f.)

Dazu kam auch noch ein mit seiner Regierungsfunktion zusammenhängender Umstand: Als Bundesminister für Finanzen lag es nahe, dass Androsch innerhalb seiner Partei ganz besonders als „Rechter" wahrgenommen wurde: Rollen- und funktionsbedingt musste er für viele als Bremser, als Verhinderer von Verteilungsmaßnahmen wirken. Darüber hinaus hatte Androsch als Finanzminister mit dem Geschäftsbanken des Landes ebenso zu tun wie mit den Einrichtungen des Bretton Woods-Systems – mit der Weltbank und dem Internationalen Währungsfonds. Damit war er, der als erster SPÖ-Finanzminister der Zweiten Republik auch keine Verhaltensmuster über den korrekten sozialdemokratischen Umgang mit den Großinstitutionen des Kapitalismus vorfand, in einem Naheverhältnis zu einem Bereich, der den Linken in der Partei besonders fremd sein musste. Der wohl für jeden Finanzminister unvermeidliche „Realismus" rieb sich mit einem „Idealismus" der Linken, die unter den historisch erstmaligen Rahmenbedingungen einer SPÖ-Alleinregierung die Chancen für eine konsequente Umgestaltung der Gesellschaft verwirklichen wollten. Das konnte nur die Perspektive der Linken in der Partei stärken: Androsch, der nicht nur pragmatische, sondern geradezu entideologisierte Sozialdemokrat, der dem Konzept des Sozialismus offenbar nichts abgewinnen konnte – so sah jedenfalls häufig die Sicht der Linken aus. (Interviews Blecha, Lacina)

Ergänzt wurde dies dadurch, dass die ja nicht nur von Androsch vertretene „Hartwährungspolitik" zumindest im Nachhinein von manchen als Widerspruch zu einer von Kreisky vertretenen, an der Vollbeschäftigung orientierten Politik gesehen wird: Auch wenn Androsch sich hier auf führende Sozialisten in der Nationalbank – Karl Waldbrunner, Heinz Kienzl – und auf die Führung des ÖGB stützen konnte, wird die D-Mark-Orientierung Androschs (und der anderen) als Relativierung der von Kreisky betriebenen Linie gesehen. (Dickinger 1998, 77 f.) Dass Kreisky mit seiner Haltung, die sich nicht durchsetzte, vor allem auch den exportorientierten Interessen der österreichischen Industrie entsprechen wollte (Kreisky 1996, 147), ist nur scheinbar im Widerspruch zu dieser Deutung: Diese entspricht ja einem Denkmuster, dass – rückblickend – sachliche Divergenzen zwischen Kreisky und Androsch in ein Links-Rechts-Schema gepresst werden müssen. Die Interpretation, dass der Konflikt einer zwischen Links (Kreisky) und Rechts (Androsch) war, diese Interpretation wird oft (wie im Fall der Hartwährungspolitik) nicht aus der vorhandenen Evidenz abgeleitet, sondern die Evidenz wird anhand des vorgegebenen Musters zurecht gerückt.

Diese Sichtweise schien durch die weitere Entwicklung bestätigt zu werden: Androschs „Sturz", 1981, war auch im Zusammenhang mit seiner Verbindung zur „Consultatio" und damit zu einer freiberuflichen Tätigkeit zu sehen. Dass er nach seinem Ausscheiden aus der Bundesregierung zum Banker – zum Vorstandsmitglied und dann zum Vorstandsvorsitzenden der Creditanstalt-Bankverein – wurde, das musste ihn erst recht der Parteilinken entfremden. (Palme 1999, 189–206). Dass Androschs Entwicklung nach 1988 – nach seinem Ausscheiden aus der Creditanstalt – zu einem erfolgreichen Unternehmer die Linke heute offenbar weniger stört als dies für den Finanzminister Androsch Jahrzehnte davor der Fall war, unterstreicht den Paradigmenwechsel der österreichischen und europäischen Sozialdemokratie. Was einmal als rechts und links gegolten hat, muss nicht in alle Zukunft so als rechts und links gelten.

1.3. Langfristige oder kurzfristige Orientierung

Bruno Aigner, einer der entschiedensten öffentlichen Kritiker Hannes Androschs zur Zeit von dessen Konflikt mit Bruno Kreisky (Aigner war besonders prominent, Androsch die Verletzung geschriebener und ungeschriebener Moralvorstellungen vorzuwerfen), hat zwei Jahrzehnte nach dem Konflikt eine interessante Bewertung:

„In den letzten zwanzig Jahren hat die gesamte Gesellschaft einige Schritte nach rechts getan, ist in Richtung Neoliberalismus gegangen ... Zum Teil ging dabei auch die Sozialdemokratie mit. Und wenn Androsch mit seiner pragmatischen Orientierung vor zwanzig Jahren im SPÖ-Spektrum deutlich rechts der Mitte stand, so steht er heute eigentlich links der Mitte. Denn auch angesichts einer Ökonomie, die sich verselbstständigt hat und gegenüber der sich viele Politiker einfach nur mehr geschlagen geben, postuliert Androsch heute eine selbstbewusste, gestaltende Politik. Das ist eine Position, mit der auch ich mich anfreunden kann." (zit.nach Palme 1999, 38)

Ähnlich geht Ewald Nowotny von einer im Laufe der Zeit verschobenen Perspektive aus. Nowotny, Abgeordnetere zum Nationalrat, hatte sich 1980 auf die Seite Kreiskys gestellt – mit der Konsequenz: „Androsch hat dann in dieser Phase in mir sicherlich einen Agenten Kreiskys gesehen, und in der Tat war Kreisky für mich einfach das Symbol der Sozialdemokratie." (zit.nach Palme 1999, 41) Aus der Sicht der späten 90er-Jahre beurteilt Nowotny Androsch jedoch keineswegs als traditionell „Rechten" – die Demokratie brauche „charismatische Gestalten wie Androsch. Mit lauter nüchternen Technokraten kann man letztlich keine Gesellschaft prägen." (ebenda)

Aigner und Nowotny sehen rückblickend den Konflikt wenn auch nicht anders als 1980, so doch mit einer zusätzlichen Facette versehen: Androsch, für die „Linken" in der SPÖ 1980 ein Gegner, wurde im Laufe von zwei Jahrzehnten zu einer Person, über deren politische Orientierung heute manche „Linke" anders denken. Was 1980 für den linken Flügel der Partei rechts war – zu rechts, weil zu marktwirtschaftlich, zu wirtschaftsliberal, ist 2000 im sozialdemokratischen Kontext nicht mehr rechts, nicht mehr bloß technokratisch.

War der Konflikt zwischen Kreisky und Androsch einer zwischen der traditionellen Sozialdemokratie, die – von Kreisky repräsentiert – den Wind der Geschichte gegen sich hatte, und einer zukunftsorientierten, von Androsch vertretenen Sozialdemokratie? Viele ZeitzeugInnen neigen dazu – vor allem solche, die ursprünglich (anders als Bruno Aigner und Ewald Nowotny) eher auf der Seite Androschs waren. (Interviews Barazon, Buchacher, Cordt, Sellner, Steinbach)

Das kann mit „Tradition" nicht erklärt werden. So waren gerade die führenden SozialdemokratInnen, die – aus der Generation Kreiskys – mit diesem für die Tradition der Partei standen, 1980 und 1981 eher pro Androsch und contra Kreisky gewesen: Anton Benya etwa, aber auch Hertha Firnberg und Christian Broda. (Interview Benya; Palme 1999, 262–265). Vor allem aber war der persönliche, der familiäre Hintergrund Androschs viel eher traditionell sozialdemokratisch als der Kreiskys. Auf diesen Umstand verweisen viele der interviewten ZeitzeugInnen: Androsch war, aus einer bekannten sozialdemokratischen Wiener Familie stammend, viel typischer für die SPÖ als Kreisky, der Sohn aus großbürgerlichem (und jüdischem) Haus. Kreisky, so viele ZeitzeugInnen, stand weniger für „die Partei" im Sinne von Milieu und Tradition als Androsch.

Dass Androsch im traditionellen Milieu der SPÖ mehr verankert war als Kreisky, spielte Androsch auch – ex post – gegen Kreisky aus. In einem 1989 veröffentlichten Interview sagte Androsch über Kreisky: „Sozialdemokrat war der nie." (Horvath 1989, 101) Indirekt heißt das wohl, er, Androsch, sei der richtige, der „wahre" Sozialdemokrat gewesen. Dem scheint freilich zu widersprechen, dass gleichzeitig Androsch für sich in Anspruch nimmt, die Zeichen der Zeit besser und früher als Kreisky erkannt zu haben; dass er, Androsch, jedenfalls der Neuerer war; und dass – denselben Sachverhalt diametral entgegengesetzt bewertend – die innerparteilichen Gegner Androschs diesen als Abweichler von den Grundsätzen der Partei sahen.

Androsch selbst neigte jedenfalls dazu, sich selbst als vorausschauenden Sozialdemokraten zu sehen. Er habe die Probleme der Finanzierung des Sozial- und Wohlfahrtsstaates früher und deutlicher als andere – insbesondere auch als Kreisky – gesehen und angesprochen, so in seiner Rede „Entscheidung für morgen", 1977 in Linz, als er seine „drei ‚E's" verkündete „Eigenverantwortung, Eigeninitiative und Eigenvorsorge". (Androsch, in Weber, Venus 1993, 202) So viel anders hätte das, 20 Jahre später, auch Tony Blair nicht sagen können.

Androsch war gerade in der Schlussphase seiner Zeit als Finanzminister bemüht, offenkundig in Fortsetzung seines Ansatzes „Eigenverantwortung, Eigeninitiative und Eigenvorsorge" das Thema der Pensionsvorsorge und der finanziellen Kosten des sozialen Netzes generell anzusprechen. In mehreren Briefen an Kreisky (Briefe vom 9. Mai, 31. Mai, 30. Juni 1980) berief sich Androsch auch auf den Bundesminister für soziale Verwaltung, Gerhard Weissenberg, und unterstrich, dass die Kosten des Sozialsystems außer Kontrolle zu gehen drohten. (Androsch 1980) Dass dieses Insistieren auch mit der Zuspitzung des Konfliktes, der im Sommer 1980 offen ausbrach, zeitlich zusammenfiel, mag Zufall sein. Androsch hatte sich jedenfalls im Konflikt als ein Minister profiliert, der sich nicht Realitätsflucht nachsagen lassen wollte.

Androsch sah jedenfalls in dem Kreisky zugeschriebenen Mangel an wirtschaftlichem Sachverstand einen wichtigen Aspekt. Zu dem vor der Nationalratswahl 1983 von Kreisky und Androschs Nachfolger als Finanzminister, Herbert Salcher, verkündeten „Mallorca-Paket" – einer Ankündigung von einschneidenden Sparmaßnahmen – meint er: „Ich wäre in allen Bereichen ... auf die Bremse gestiegen, um die Staatsschuldenquote zu stabilisieren. Das haben ja auch Kreisky und Salcher mit dem unglückseligen Mallorca-Paket versucht. Da sind allerdings zwei mit einem Küchenmesser zu einer Gehirnoperation geschritten. Ganz abgesehen von der Instinktlosigkeit ... haben beide von Wirtschaftspolitik nicht viel verstanden. Sie haben zwar das Problem gesehen; die Richtung hat gestimmt. Sowohl der Inhalt als auch die Form der Umsetzung des Paketes waren aber dilettantisch und haben wesentlich zum Verlust der absoluten Mehrheit im Mai 1983 geführt." (Androsch, in Weber, Venus 1993, 203)

Dass Androsch früher als Kreisky erkannt hätte, in welche Krise die Verstaatlichte Industrie in Österreich schlittern würde, das ist der Tenor vieler ZeitzeugInnen, die Androschs langfristige Orientierung gegenüber Kreiskys eher kurzfristigen hervorheben. (Interviews Cordt, Steinbach, Mauhart, Reiter)

War also Androsch der – pozentielle – Tony Blair Österreichs, der den Träumen von einer sozialistischen Gesellschaftsordnung nicht an den Realitäten von Österreichs Wirtschaft und Gesellschaft vorbei nachhängen wollte? Und war Kreisky der Naive, der nicht einsehen konnte, dass die Grundlage für politische Reformen die Einsicht in das – vor allem wirtschaftlich – Mögliche sein musste? Wenn aber Androsch der – vorweggenommene – Blair Österreichs war, wer war dann Kreisky? Sicherlich nicht der österreichische Michael Foot – Foots Unvermögen, Wahlen zu gewinnen; und die Serie von Wahlsiegen, die die SPÖ mit Kreisky als Spitzenkandidaten erzielen konnte, machen den Unterschied deutlich. War Kreisky Österreichs Mitterrand? Ja, insoferne, als Kreisky und Mitterrand sich letztlich erfolgreich einer innerparteilichen Zuordnung zu einem der Parteiflügel (rechts oder links?) entziehen konnten; ja, weil beide Regierungspragmatismus und Ausstrahlungskraft (Charisma) zu vereinen verstanden; ja, weil beide ihre Partei nach schweren (SPÖ – 1966) und schwersten (SFIO 1968 und 1969) Wahlniederlagen übernommen, im Fall des PS sogar neu gegründet hatten; aber nein, weil Kreisky in der Krise der SPÖ im Jahre 1980 Partei war und als parteiisch gesehen wurde, Mitterrand in der Krise des PS 1983 hingegen die Rolle des über den Fraktionen stehenden, letztlich entscheidenden Schiedsrichters auszuüben vermochte.

2. Die zweite Erklärung: Ein Generationenkonflikt

Für viele Beobachterinnen und Beobachter war der Konflikt zwischen Kreisky und Androsch jedoch kaum einer zwischen klar unterscheidbaren Richtungen und Interpretationen, Strategien und Inhalten. Der Konflikt war keiner – oder nur sekundär einer – zwischen Positionen. Er war vor allem ein Konflikt zwischen Personen.

Dass sich Menschen auseinander leben; dass einer Phase freundschaftlicher Zusammenarbeit eine Phase der Entfremdung und schließlich der Feindseligkeit folgen kann – was wäre daran so außergewöhnlich. Dass der auffallendste Unterschied zwischen den beiden Kontrahenten der des Alters war, unterstreicht nur die Alltäglichkeit des Konfliktes zwischen diesen beiden Personen. Das Muster scheint so altbekannt: Der Ältere fördert den Jüngeren und glaubt sich seiner Loyalität sicher. Der Jüngere sieht sich hingegen eher als derjenige, der für den Älteren arbeitet – und sieht keine Notwendigkeit, auf Dauer vor allem in Kategorien der Dankbarkeit zu denken. Der Ältere sieht die Abkühlung beim Jüngeren und wird misstrauisch – und glaubt, beim Jüngeren Anzeichen der Illoyalität festzustellen. Der Jüngere will sich nun aus der engen Beziehung zum Älteren freimachen – was erst recht beim Älteren die Alarmglocken läuten lässt: Strebt nicht der Jüngere noch vor der Zeit nach seiner, des Älteren Position?

Mit dem Ende des wechselseitigen Vertrauens wird die Zusammenarbeit unmöglich. Die beiden können auseinander gehen – und Kreisky und Androsch sind auch auseinander gegangen. Dass dies mit besonderer Bitterkeit verbunden war und ist – auch das ist nichts Ungewöhnliches; das sind die Begleiterscheinungen eines höchst alltäglichen Konfliktes zwischen zwei profilierten Vertretern unterschiedlicher Generationen.

Bruno Kreisky, geboren 1911 als Bürger der Habsburgermonarchie, hätte der Vater des 1938 geborenen Hannes Androsch sein können. Deshalb wird auch das Muster einer Vater-Sohn-Beziehung und des daraus abgeleiteten Vater-Sohn-Konflikts so oft und so gerne zur Interpretation herangezogen. (Dickinger 1998, 75) Der – missglückte – Aufstand gegen den Vater, das ist die eine Seite der Deutung; die aus den Ängsten des Älteren erklärbare Verstoßung des Sohnes, das ist die andere.

2.1. Nachfolgeprobleme

Bruno Kreisky wurde im 57. Lebensjahr Parteivorsitzender und im 60. Lebensjahr Regierungschef. Die meisten derer, die in der Führungsspitze der

SPÖ seiner Generation angehörten, waren am Parteitag 1967 gegen Kreisky gewesen – Bruno Pittermann, sein Vorgänger; Christian Broda, seit der „Olah-Krise" von 1964 ein Kreisky-Gegner; Karl Waldbrunner, nach der Wahlniederlage 1966 als Zweiter Nationalratspräsident (und 1970 als Erster) zumindest formell eine Schlüsselfigur in der Partei; Anton Benya, wie Broda als prononcierter Olah-Gegner jedenfalls kein Kreisky-Mann und wesentlich an der Kandidatur Hans Czettels beteiligt, die auf dem Parteitag 1967 den Erfolg Kreiskys verhindern sollte. Bruno Kreisky, selbst kein Mann der jungen Generation, war vor allem von den Jüngeren in der Partei gestützt.

Das war der Zusammenhang, warum schon bald nach 1970 die Frage einer Nachfolge diskutiert wurde: Kreisky war kein junger Mann mehr – aber in seiner Umgebung gab es eine Reihe von jungen Männern, die Kreisky 1970 in das Rampenlicht der Regierung gebracht hatte. Die beiden, die bald bei solchen Überlegungen im Vordergrund standen, waren Leopold Gratz (geboren 1929, also 18 Jahre junger als Kreisky) – Unterrichtsminister 1970/71, Klubobmann 1971 bis 1973 und dann Bürgermeister von Wien; und Hannes Androsch, 9 Jahre jünger als Gratz. Beide – Gratz und Androsch – waren in der Partei schon vor 1967 verankert, Gratz als Klub- und dann Zentralsekretär, Androsch als Klubsekretär. Beide hatten also keinen ausschließlich von Kreisky abhängigen Karrierehintergrund, beiden aber war durch Kreiskys Partei- und Regierungsführung ein Karrieresprung geglückt.

Kreisky vertraute auch in der Regierung weniger den Ministern seiner Generation und mehr den Jüngeren. Zu denen kamen auch der Klubsekretär und spätere Klubobmann Heinz Fischer, Jahrgang 1938; Karl Blecha, wie Fischer Abgeordnete und bald Zentralsekretär, geboren 1933; und schließlich auch Fred Sinowatz, der Nachfolger Gratz' im Unterrichtsministerium, wie dieser Jahrgang 1929.

Kreisky zog sich in der ersten Hälfte der 70er-Jahre immer wieder mit Angehörigen dieses Kreises zurück, um grundsätzliche Fragen des Inhalts und der Strategie der SPÖ zu besprechen. (Fischer 1998, 211) Doch rasch war klar, dass Androsch in diesem Kreis eine besondere Stellung zukam. Er wurde, zunächst noch gemeinsam mit Gratz, immer mehr als „Kronprinz" wahrgenommen. Dies war die Folge des offenkundigen besonderen Vertrauens, das Kreisky in seinen Finanzminister setzte.

In der rückblickenden Wahrnehmung Kreiskys wurde das zunächst so harmonische Verhältnis zwischen Kreisky und den Kreis Jüngerer, den er um sich versammelt hatte, durch die Entwicklungen 1974 erstmals überschattet. Im Rückblick sah Kreisky vor allem Androsch in einem – offenbar erstmals – negativen Licht. Franz Jonas, 1965 zum Bundespräsident gewählt,

1971 wiedergewählt, starb. In der SPÖ gab es Überlegungen, Kreisky – mit 63 Jahren offenbar im (im Sinne der Tradition) „richtigen" Alter für dieses Amt – zu fragen, ob er an der Funktion des Staatsoberhauptes interessiert sei. Doch diese Frage hatte natürlich etwas Ambivalentes: Die Funktion des Bundespräsidenten ist der des Bundeskanzlers zwar formal, nicht aber faktisch übergeordnet; praktisch wäre für Kreisky der Wechsel vom Kanzler- ins Präsidentenamt ein Machtverlust gewesen.

Dieser Gedanke, die Kandidatur für dieses Amt Kreisky anzubieten, wurde von vielen in der Partei überlegt. (Fischer 1993, 96) Dennoch sah Kreisky später darin eine Intrige Androschs und Gratz', seinen Abgang aus der aktiven Politik auf diese Weise herbeizuführen. Obwohl auch Firnberg, Benya und andere ihn zur Kandidatur aufgefordert hatten – und obwohl die Entscheidung über die Kandidatur ja selbstverständlich ihm überlassen war, wurde in Kreiskys Erinnerung diese Episode zum ersten objektive Beleg für ein Fehlverhalten Androschs und Gratz'. (Palme 1999, 240 f.; dazu auch Interviews Benya, Gratz, Sinowatz) Kreisky sah in einer ihm bekannt gewordenen Eintragung im Gästebuches eines Wiener Restaurants, das ein gemeinsames Essen von Androsch und Gratz dokumentierte, einen Beleg für eine gegen ihn gerichtete Kabale (Fischer 1998, 231 f.), ja sogar eine „Verschwörung". (Interview Kunz)

Abweichend davon sieht Paul Lendvai in Kreiskys Reaktion eine nachvollziehbare Antwort auf die hinter dem Angebot stehende Intention Androschs, schon jetzt – 1974 – die Nachfolge Kreiskys anzutreten. Androsch hätte sich 1974 zumindest schon als Bundeskanzler gesehen – wenn auch nicht unbedingt als Parteivorsitzender. (Interview Lendvai)

Dass Kreisky diese Sicht der Ereignisse im Vorfeld der Bundespräsidentenwahl 1974 offenbar erst später entwickelte oder zumindest verfestigte, ist daraus zu entnehmen, dass der die politische Karriere seines von ihm öffentlich deutlich gegenüber anderen Jüngeren deutlich bevorzugten Finanzministers weiter beförderte. Androsch wurde 1974, neben anderen, Stellvertretender Parteivorsitzender; und 1976 setzte Kreisky durch, dass er – nach dem altersbedingten Ausscheiden Rudolf Häusers – Vizekanzler wurde.

Damit schien – für viele BeobachterInnen – die Nachfolgefrage entschieden. Kreisky selbst hatte signalisiert, dass niemand anderer als Androsch ihm nachfolgen könne. Das sahen Androsch-kritische Personen (Interview Lacina, eingeschränkt auch Interview Blecha) wie – der zuerst Androschs Bestellung gegenüber eher zögerliche – Anton Benya (Interview Benya) und die oppositionelle ÖVP. (Interview Steinbauer) Die allgemeine Meinung war,

Kreisky hätte sich auf Androsch festgelegt: Immerhin war ja Androsch nun derjenige, der Kreisky als Regierungschef vertreten musste.

Der zweite Vorfall, den Kreisky – nach seiner Ablehnung einer Kandidatur für das Amt des Bundespräsidenten, 1974 – als Begründung für die Entfremdung und wachsende Bitterkeit in seinem Verhältnis mit Androsch anführte, war Androschs Interesse an der Position des Präsidenten der Nationalbank. Androsch hatte 1977 und 1978 gegenüber Kreisky angemerkt, er würde gerne aus der Regierung in die Nationalbank wechseln. Kreisky zeigte sich – zumindest rückblickend – über diesen Wunsch empört: „Mein Einwand war, jetzt, wo ich ihn zur Unterstützung seiner Reputation als Vizekanzler vorgeschlagen habe, würde es wie eine Flucht aus der Politik aussehen und viele enttäuschen. Damals begannen bei mir Zweifel zu entstehen." (Kreisky in einem Gedächtnisvermerk 1983, zit. in Kreisky 1996, 308. Dazu auch Interviews Gratz, Lanc)

1980 hatte sich das Verhältnis zwischen Kreisky und seinem Vizekanzler und „Kronprinzen" so verschlechtert, dass offenbar alles – und wäre es auch noch so widersprüchlich gewesen – zur weiteren Verschlechterung beitragen musste. War Kreiskys Vorwurf an Androsch bezogen auf 1974, dieser wolle ihn möglichst rasch ins politische Ausgedinge schicken, so war der Vorwurf wegen Androschs Interessen, 1978 in die Nationalbank zu wechseln, eigentlich in die andere Richtung: Androsch wolle aus der Politik ausscheiden. Kreisky hätte ja auch diesen Wunsch Androschs als Zeichen dafür werten können, dass Androsch ihn eben nicht bedrängen und – politisch – beerben wolle. (Interviews Bacher, Ströer)

Als 1981 – nach dem Ausscheiden – Kreisky in Fred Sinowatz einen anderen, einen neuen Nachfolger wählte, der zunächst Androsch als Vizekanzler und dann, 1983, Kreisky als Bundeskanzler (und schließlich auch als Parteivorsitzender) nachfolgte, da war Kreisky mit diesem neuen „Kronprinzen" bald nicht sehr zufrieden. Schon im Dezember 1983 beklagte er sich, dass die Stellungnahme des Parteipräsidiums zu einer Kritik Androschs nur „das Minimum dessen war, was sich jemand in meiner Situation erwarten konnte." (Brief Kreiskys an Sinowatz, 12.12.1983, zit. in Kreisky 1996, 309) Und als Sinowatz – am Ehrenvorsitzenden Kreisky vorbei – Vranitzky als Bundeskanzler (und damit als Kreiskys Nach-Nachfolger) durchsetzte, legte Kreisky unter Protest den Ehrenvorsitz zurück. (Kreisky 1996, 317)

„Sie wollten mich weg haben" – diese Bemerkung Kreiskys aus den 80er-Jahren, die Olah überliefert, bezog sich offenkundig vor allem auf Hannes Androsch und Leopold Gratz, wohl auch auf Christian Broda. (Olah 1995, 315) Die letzten Jahre seiner Regierungszeit interpretierte Kreisky, rückblickend, als einen Abwehrkampf gegen Androsch, gegen den ursprünglich zweiten „Kronprinzen" Gratz, gegen den Androsch stützenden Broda. Es ist dies der Rückblick eines Verbitterten, der die Nachfolge Androschs – des „Kronprinzen" schlechthin – erfolgreich verhindert hatte; und der sich schließlich auch in dem letztlich erwählten Nachfolger, Fred Sinowatz, getäuscht glaubte.

In den Konflikt mit dem tatsächlichen Nachfolger Sinowatz spielte der Konflikt mit dem ursprünglich ausgewählten immer hinein. Der Bruch zwischen Kreisky und Sinowatz bezog sich auf Androsch: Kreisky warf Sinowatz vor, mit Vranitzky und Gratz Androschs Freunde zu fördern. Kreisky sah Sinowatz als – indirekten – Vollzugsgehilfen Androschs. Der Konflikt mit Androsch belastete die Beziehung Kreiskys mit seinen tatsächlichen Nachfolgern – die mit Sinowatz ebenso wie die mit Vranitzky.

2.2. Sozialdemokratischer Erfahrungshintergrund

Kreisky und Androsch waren Vertreter von zwei Generationen mit einem höchst unterschiedlichen Erfahrungshintergrund. Kreiskys Welt, die ihn politisch prägte, war die des deutschsprechenden, jüdisch-assimilierten Großbürgertums der ausgehenden Monarchie; war die intellektuelle Anziehungskraft des Austromarxismus, der vor und nach 1918 so viele aus der vor allem auch durch die antisemitische Umwelt entfremdeten jüdischen Intelligenz ansprach; war das „Rote Wien" der Ersten Republik, waren die Artikel Friedrich Austerlitz' und Otto Bauers in der „Arbeiter Zeitung"; und war vor allem das heroische Scheitern der Sozialdemokratischen Arbeiterpartei, der Freien Gewerkschaften und des Republikanischen Schutzbundes im Bürgerkrieg 1934. Der junge Kreisky konnte sich im Sozialistenprozess 1936 einen Namen machen – mit einer mutigen Rede, in der er die Diktatur des autoritären Ständestaates anklagte und dessen Legitimation mit schlüssigen Argumenten in Frage stellte. Die Folge: Eine Haftstrafe und Studienverbot. Und dann, 1938, abermals die Haft durch das NS-Regime – und die (lebensrettende) Flucht nach Schweden.

Androschs Welt war die der weniger heroischen, aber durch Beständigkeit eher bestätigten, pragmatischen Zeiten der Zweiten Republik. Androsch, bei Ende des Zweiten Weltkriegs gerade schon im schulpflichtigen Alter, war das Kind nicht-jüdischer, nicht-nazistischer, sozialdemokratischer Eltern. Er hatte keinen Hintergrund, den er – wie der Großbürgersohn Kreisky – hätte verlassen müssen; und er konnte, als Student, keine heroischen Akzente setzen, denn die Zweite Republik und die Phase der (ersten) Großen

Koalition war alles andere als ein System, das zu spektakulären großen Taten einlud.

Androschs Hintergrund war der des sozialistischen Milieus: Seine Familie und – mehr noch – die seiner Frau Brigitte (geborene Schärf) standen in der Tradition der österreichischen Sozialdemokratie, sowohl gegenüber „rechts" (gegenüber dem katholisch-konservativen wie auch gegenüber dem deutschnationalen Lager) als auch gegenüber der KPÖ abgegrenzt. Anders als Kreisky, der das Milieu, in das er hineingeboren worden war, verlassen hatte, um zum Sozialisten zu werden, wurde Androsch als Sozialist geboren. (Palme 1999, 43–59)

Kreisky musste seinen Weg in die Sozialdemokratie erst finden. Die Motivation für diesen Weg war die Erfahrung mit Armut und autoritärer Unterdrückung in der Ersten Republik. Eine Demonstration im November 1924 und vor allem die bürgerkriegsähnlichen Auseinandersetzungen vom Juli 1927, als die Polizei in die Menge schoss, hatten auf den jungen Kreisky einen tiefen Eindruck gemacht. Er wurde Mitglied des Verbandes Sozialistischer Mittelschüler, wobei es ihm weniger um das Theoretisieren – in Form des gemeinsamen Lesens von und Diskutierens über „Das Kapital" ging. Offenbar war es dieses Theoretisieren, das ihn schließlich – entgegen seinem „Klassenhintergrund" und obwohl Student – in die Reihen der Sozialistischen Arbeiterjugend SAJ brachte. (Secher 1993, 26 f.)

Kreiskys politischer Ruf wurde aber durch seinen Widerstand im autoritären Ständestaat gefestigt. Er wurde, wegen seiner illegalen Aktivitäten nach dem gewaltsamen Ende der Ersten Republik, 1935, verhaftet. Vor Gericht, im März 1936, trat er mutig und offensiv auf und hielt eine politische Rede, die (oft unterbrochen vom Richter) die Legitimation des Dollfuss-Schuschnigg-Regimes prinzipiell in Abrede stellte. (Secher 1993, 41; Petritsch 1995, 96 f.) Dieser Auftritt machte Kreisky zwar zu einem Heroen des Widerstandes der Linken – aber verhinderte nicht seine Verurteilung zu 12 Monaten schweren Kerkers. Im Juni vorzeitig aus der Haft entlassen, konnte er im November 1937 sein Studium an der Universität Wien wieder aufnehmen. Am 14. März 1938 – zwei Tage nach dem Einmarsch der deutschen Truppen in Österreich – legte er das letzte Rigorosum ab. Er war nun Doktor der Rechtswissenschaften. Am nächsten Tag wurde er von den NS-Behörden verhaftet – und am 8. August mit der Auflage freigelassen, Österreich (bzw. das „Großdeutsche Reich") zu verlassen. Ende September erreichte Kreisky Stockholm – das schwedische Exil. (Petritsch 1995, 97–99)

Kreiskys politische Entwicklung ist wohl nicht ohne seine jüdische Herkunft erklärbar. Sein großbürgerlicher Familienhintergrund wurde durch den weit gehend selbstverständlich herrschenden Antisemitismus gebrochen, der insbesondere sowohl das katholisch-konservative wie auch das deutschnationale Lager und damit das Bürgertum der Ersten Republik prägte. Dieser Antisemitismus stand der bürgerlichen Klassenloyalität entgegen. Wie bei so vielen intellektuellen Sozialisten mit bürgerlichem Hintergrund entfremdete der Antisemitismus Kreisky von den Interessen, die gerade bei einer marxistischen Analyse der Gesellschaft die seinen gewesen wären.

Doch Kreisky war innerhalb der Sozialdemokratie kein „Linker". Auch das schwedische Exil und die Erfahrung mit einer pragmatisch-reformistischen Sozialdemokratie immunisierten ihn gegen die marxistische Orthodoxie. Als er – nach einer kurzen Zeit im diplomatischen Dienst, an der österreichischen Gesandtschaft in Schweden – nach Österreich zurückkehrte, hatte er keine Probleme, in die von (aus der Sicht der Zwischenkriegszeit) „Rechten" (Renner, Schärf, Helmer) bestimmte SPÖ zu finden.

Dass dieser Hintergrund nicht verhindern konnte, dass es Kreisky war, in dem manche den „letzten Sozialisten" der SPÖ sahen – den Gralshüter der Gesinnung; (Brandstaller 2000) und dass Androsch für viele für die Abkehr von dieser Gesinnung steht: Diese Interpretation wirft ein interessantes Licht auf die Brechung der Wirklichkeit durch die subjektive Wahrnehmung. Doch für das „Milieu", für die wirklichen „Insider" der SPÖ der 70er- und 80er-Jahre war klar, dass eher Kreisky ein Fremder in der Partei war – und nicht Androsch. Androsch, nicht Kreisky war ein Mann des Milieus, des Lagers. Kreisky war einer, der hinzugekommen; Androsch einer, der hineingeboren war. (Interview Reiter)

Androsch konnte – generationsbedingt – auf keine politische Haftstrafen, auf keine Flucht, auf kein Exil verweisen. Androschs Eltern waren, wie Kreisky – wenn auch nicht in so prominenter Rolle, nach dem 12. Februar 1934 „im Untergrund" für die Sozialdemokratie aktiv. Hannes Androschs Vater, Beamter im Amt für Eich- und Vermessungswesens, und die Mutter – ursprünglich in einer Molkerei beschäftigt – machten sich bald nach dem „Anschluss" selbstständig. 1941 begann die Tätigkeit jener Steuerberatungskanzlei, die Jahrzehnte später eine politisch brisante Rolle spielen sollte. 1945 waren Androschs Eltern sofort wieder in der SPÖ tätig. (Palme 1999, 46–52).

Für die Selbstverständlichkeit, mit der sich Hannes Androsch der Sozialdemokratie zurechnete, ist folgende Aussage typisch: „In meiner Familie gab es keine Nazis, keine Austrofaschisten und keine Bolschewiken. Ich hab' schon in meiner Jugend immer gesagt, die Sozialdemokratie ist die einzige Bewegung, die in diesem Jahrhundert keine Diktatur hervorgebracht hat ..." (zit. in Palme 1999, 52)

Androsch wurde, wie Kreisky, sehr früh dem „rechten" Flügel der SPÖ zugehörig gesehen. Als Sohn von Eltern, die sich traditionell und selbstverständlich der Sozialdemokratie zugehörig fühlten, war er schon als Jugendlicher und Student in den Vorfeldorganisationen der SPÖ aktiv – wie Kreisky eine Generation vor ihm; anders als Kreisky aber in Fortsetzung einer Familientradition. Als Funktionär des Verbandes Sozialistischer Studenten Österreichs (VSSTÖ) dem rechten Flügel dieser Nachwuchsorganisation zugezählt, konnte Androsch – unabhängig von dieser Zuordnung – zahlreiche Kontakte knüpfen, die seine politische Karriere begleiten sollten: insbesondere zu Adolf Schärf, dessen Großnichte – Brigitte – er 1964 nach dem Abschluss des Diplomstudiums heiratete; und zu Karl Waldbrunner. (Palme, 61–70; Interview Rathkolb)

Schärf war es auch gewesen, der – als Parteivorsitzender und Vizekanzler – Kreisky 1953 als Staatssekretär in die Regierung geholt hatte. Dieser Hintergrund persönlicher Verbindungen trennte jedenfalls Kreisky und Androsch nicht – schon gar nicht im Sinne einer Differenz zwischen „links" und „rechts". Als Androsch 1963 Sekretär des Parlamentsklubs der SPÖ wurde, war dies Androschs guten Kontakten vor allem zur Wiener SPÖ-Führung wie etwa Felix Slavik zu verdanken – Letzterer war immer auch mit Kreisky in gutem Einvernehmen. (Palme 1999, 80)

Doch Androsch war – mehr als Kreisky – ein Mann der Partei im traditionellen Sinn. In der Bezirksorganisation Floridsdorf der SPÖ besaß er eine Hausmacht, und er galt als sehr geschickt, sich in der Partei der verschiedensten Netzwerke zu bedienen. (Interviews Jankowitsch, Rathkolb) Während Kreisky – zumindest in den ersten Jahren – sich souverän der Medien zu bedienen verstand, zeigte sich bald Androschs Meisterschaft im Umgang mit innerparteilichen Strukturen. (Horvath 1989, 77)

Ein weiter Unterschied sollte beim persönlichen Bruch zwischen Androsch und Kreisky eine (auslösende? beschleunigende?) Rolle spielen: Androsch hatte auch als Klubsekretär seine freiberufliche Laufbahn im Auge behalten. Er schloss die Ausbildung zum Buch- und Wirtschaftsprüfer ab – als Nationalratsabgeordneter (ab 1967) gab es auch die Probleme der Unvereinbarkeit nicht, die ab 1970, als er Finanzminister wurde, einsetzen sollten. Kreisky hingegen war nach 1945 als Diplomat Beamter im auswärtigen Dienst, bis er – ab 1953 – als Regierungsmitglied vom Dienst freigestellt wurde. Noch als Bundeskanzler wurde er – als Beamter – pensioniert.

Unabhängig vom Hintergrund der Herkunft und der Milieus und der Generationen gab es nichts, was Kreisky und Androsch trennte. Dennoch wurde Androsch vor 1970 nicht als „Kreisky-Mann" gesehen. Das spielte auch bei der Regierungsbildung 1970 eine Rolle, als Androsch nicht Kreiskys erste Wahl für die Position des Finanzministers war. Für Androsch setzten sich Slavik, Bürgermeister und SPÖ-Vorsitzender von Wien, und Franz Ockermüller, Generaldirektor der Länderbank ein. (Palme 1999, 101) Und so wurde Androsch – das Bürgerkind aus sozialistischem Milieu, geprägt von der politischen und wirtschaftlichen Stabilisierung der Zweiten Republik – zum Finanzminister in der Regierung Kreisky, dem Großbürgerkind, dessen entscheidende Prägung der Antisemitismus, das Bürgerkriegsklima und die Wirtschaftskrise der Ersten Republik war.

2.3. Die Freudsche Dimension

Die Förderung und die Anerkennung, die Androsch ab 1970 von Kreisky erfuhr, erklärt auch die Vehemenz des in den späten 70er-Jahren sich aufschaukelnden, 1980 offen ausbrechenden Konflikt: Es war der Konflikt zwischen dem politischen Vater, der sich von seinem politischen Sohn zunehmend hintergangen fühlte; und dem politischen Sohn, der endlich aus dieser Rolle herauswachsen, der sich emanzipieren wollte.

Kreisky sah Androsch als politischen Sohn. Androsch sah aber offenbar in Kreisky nicht im gleichen Maße einen politischen Vater. Seine politische Karriere verdankte er ja nicht nur Kreisky. Aber Androsch war zweifellos in den ersten Jahren des gemeinsamen Regierens von Kreiskys Persönlichkeit überaus positiv angetan. Dennoch war in der politisch und persönlich so engen Kooperation der frühen 70er-Jahre eine doppelte Asymmetrie: Kreisky war, vor allem nach seinem Wahlerfolg 1971, die unbestrittene Schlüsselfigur – zwischen Kreiskys und Androschs Macht war ein Gefälle; Kreisky war durch die Wahlerfolge direkt legitimiert, Androsch letztlich durch den Partei- und Regierungschef. Die zweite Asymmetrie bestand darin, dass Kreiskys emotionale Bindung an Androsch tiefer ging als die Androschs an ihn – und als dies Kreisky allmählich bewusst wurde, musste diese zweite Asymmetrie zu Konflikten führen. (Palme 1999, 235 f.)

Kreisky sah jedenfalls in Androsch zunehmend den „Sohn", der den „Vater" übertrumpfen wollte: „Er (Androsch – Anmerkung AP) hat alles nachgemacht. Er hatte Maßanzüge wie ich, nur zu viele. Er hatte Maßschuhe wie ich, nur zu viele. Er hat überzogen, immer eine Drehung zu viel, wie dies so oft bei Leuten aus kleinbürgerlichen Verhältnissen, die plötzlich aufsteigen, zu beobachten ist." (Horvath 1989, 98)

Abgesehen von der Deutung Androschs als Aufsteiger aus „kleinbürgerlichen Verhältnissen": Kreisky sah, rückblickend, Androsch als – einerseits – den Sohn, der es dem Vater gleichtun will („... hat alles nachgemacht").

Andererseits sah er aber in Androsch auch den Sohn, der den Vater überwinden wollte („... nur zu viele. Er hat überzogen ..."). Kreisky sah sich einerseits als Rollenvorbild seines politischen Sohnes – aber andererseits eben dadurch auch bedroht.

Die Bedrohung war freilich eine zweiseitige: Kreisky sah sich durch die Ambitionen Androschs bedroht; und er empfand diesen als undankbar. Androsch aber sah sich durch Kreisky bedroht, der – so Androschs Sicht – ihn zunehmend als Konkurrenten empfand. Beide sahen im jeweils anderen den – potenziellen – politischen Mörder; beide erkannten im jeweils anderen den mythischen Konkurrenten, der entweder mordete oder aber gemordet werden musste: für Kreisky war Androsch Ödipus; für Androsch war Kreisky Chronos. Dies musste viel mehr und viel tiefer traumatisieren als Konflikte zwischen Politikern, denen dieser Vater-Sohn, dieser „Sonnenkönig"-„Kronprinz"-Hintergrund abging.

Viele Kommentare zum Konflikt kreisen um dessen Deutung als „Vater-Sohn-Konflikt". (Dickinger 1998, 75) Diese Deutung kann wohl nicht unbedingt die Ursache(n) ausleuchten – sehr wohl aber die Intensität und Schärfe erklären, mit der die Auseinandersetzung ausgetragen wurde. Für Kreisky war das Verhalten Androschs politischer und persönlicher Verrat – also ein sublimierter politischer Mordversuch. Für Androsch war das Verhalten Kreiskys die Starrköpfigkeit eines alternden Mannes, der nicht die Größe besaß, seinem Nachfolger politischen Spielraum und Vertrauen zu gewähren. Kreisky sah Androsch als verlorenen Sohn, der ihn politisch zu entmachten versucht hatte; Androsch sah Kreisky als verstoßenden Vater, der nicht die Zeichen der Zeit begreifen konnte. Beide blieben von diesem Konflikt deshalb so gezeichnet, weil er mehr als ein Konflikt um politische Inhalte und Strategien war; weil er eben auch und vor allem ein Konflikt zwischen Vater und Sohn um das (politische) Überleben war.

Ein Hinweis auf die Tiefe der Feindschaft zwischen dem „Vater" und dem „Sohn" ist, dass auch viele Jahre nach dem Bruch zwischen Kreisky und Androsch jeder Versöhnungsversuch scheiterte. Ein Beispiel dafür war das Bemühen Leonard Bernsteins, im Oktober 1986 Kreisky und Androsch bei einem privaten Treffen. Bernstein wollte – mit Hinweis auf den Charakter des jüdischen Neujahrsfestes (Rosh Hashanah) und des Yom-Kippur-Festes – einen Anstoß geben, Kreisky und Androsch zu versöhnen: vergeblich. Nach der Darstellung des anwesenden Peter Weiser und nach Androschs Erinnerung scheiterte Bernstein an der Unversöhnlichkeit Kreiskys. Androsch sprach in diesem Zusammenhang von Kreiskys „biblischem Hass". (Androsch 1997, 12; Palme 1999, 270–272)

Peter Kreisky, Bruno Kreiskys „richtiger" Sohn, profilierte sich nach Bruno Kreiskys Tod als der wahrscheinlich schärfte Kritiker des „politischen" Sohnes seines Vaters. Peter Kreisky sieht Hannes Androsch in einem besonderen Naheverhältnis zu Jörg Haider und zur FPÖ (Kreisky 2000, 160) – obwohl nichts dafür spricht, dass Androsch bei den entscheidenden Weichenstellungen im Verhältnis zwischen SPÖ und FPÖ jemals eine andere Position als Bruno Kreisky selbst eingenommen hatte (Palme 1999, 218): 1970, als eine Absprache zur Stützung der Minderheitsregierung Kreisky getroffen wurde, und danach, als die SPÖ-Führung alles für die Sicherung einer guten Kooperationsbasis zur FPÖ unternahm – als Vorbereitung für eine mögliche Koalition, wie das dann 1983 ja auch eintrat.

Dass Androsch, rückblickend, die Aufkündigung der Koalition mit der FPÖ im September 1986 durch Vranitzky kritisierte, mag Reflex seiner erst nach 1986 entwickelten persönlichen Animosität gegen Franz Vranitzky sein; (Palme 1999, 218) wenn diese Kritik an Vranitzky aber schon tatsächlich Androschs Auffassung im September 1986 war, dann unterschied sie sich diesbezüglich nicht wesentlich von der Bruno Kreiskys, der die Alternative zur Weiterführung der Koalition mit der nun von Haider geführten FPÖ – die Koalition mit der ÖVP – zum Anlass nahm, die Position des Ehrenvorsitzenden der SPÖ zurückzulegen. Auch dass Haider Androsch 1988 einen herzlich gehaltenen „Glückwunschbrief" schrieb (Kreisky 2000, 160), unterscheidet Androsch nicht von Bruno Kreisky: Auch dieser konnte sich von gelegentlichen Avancen, mit denen sich Jörg Haider als politischer Erbe Bruno Kreiskys darzustellen versuchte, nicht ganz freihalten. (Haider 1997, 203, 219)

Peter Kreisky wirft Androsch vor, dass „die damals von Hannes Androsch geleitete Creditanstalt und die durch (Androschs persönlichen Freund Beppo Mauhart – Anmerkung AP) geführte ‚Austria Tabak' in Form großzügiger Einschaltungen – disproportional zur damaligen Stärke der FPÖ – in ihrem Zentralorgan ‚Neue Freie Zeitung'" die FPÖ auffallend unterstützt hätten. Den Zeitpunkt für diese Unterstützungsaktion, für die Peter Kreisky keine weiteren Belege anführt, sei Haiders „Aufstiegsphase 1986/87" gewesen. (Kreisky 2000, 160) Nun, zumindest bis September 1986 wäre eine von Androsch gewünschte Förderung der FPÖ durchaus auf der Linie der SPÖ und auch ihres Ehrenvorsitzenden Bruno Kreisky gewesen.

In den Angriffen auf den „politischen" Sohn macht der „richtige" Sohn bei Androsch auch einen Mangel an Sensibilität für den Nationalsozialismus aus. Androsch habe, worauf Peter Kreisky verweist (Kreisky 2000, 160), in der Erinnerung von Ferdinand Lacina „gegenüber den antifaschistischen

Aktivitäten vieler seiner Zeitgenossen eine ambivalente Haltung" eingenommen und insbesondere Taras Borodajkewycz, dessen antisemitische Rhetorik als Professor der damaligen Hochschule für Welthandel der Grund für umfassende, vor allem auch von Lacina organisierte Demonstrationen war, als eine Randerscheinung, als einen „skurrilen Typ" abgetan, den man nicht überschätzen solle. (Palme 1999, 65) Dass Peter Kreisky diese Erinnerung Lacinas – der im Konflikt als „pro Kreisky" und „anti Androsch" wahrgenommen wurde, verwendet, nicht aber die Aussage Wiesenthals zu Androsch – die ungemein positiv ist (er, Wiesenthal, sei mit Androsch „seit Ewigkeiten befreundet" – zit.nach Palme, 1999, 218), lässt weitere Rückschlüsse zu:

Für den „politischen" Sohn dient, nachdem er vom Vater verstoßen war, dessen Intimfeind Wiesenthal als besonderer Zeuge. Der „richtige" Sohn hingegen profiliert sich als Erbe des Vaters, indem er den „Antifaschismus" des Vaters hervorhebt, komplexere Bestandteile des Bildes (die Minister mit „Nazivergangenheit", die Verteidigung des SS-Offiziers Friedrich Peter, die Feindschaft gegenüber Wiesenthal) aber vernachlässigt – und so den Vater gegenüber dem verstoßenen „politischen" Sohn heraushebt. Das reale Bild – dass Bruno Kreisky und Hannes Androsch in ihrer Politik gegenüber Menschen mit „Nazivergangenheit" und gegenüber der Koalitionsfähigkeit der FPÖ offenbar keine Auffassungsunterschiede gehabt haben, soll so zugedeckt werden.

Auch dass Androschs Freundschaft mit Wiesenthal auf die Zeit vor 1980 zurückgeht, darf bezweifelt werden – öffentlich wahrnehmbar war diese Freundschaft jedenfalls nicht, solange Androsch Vizekanzler und Stellvertretender Parteivorsitzender war. Auch der „politische" Sohn unterstricht seine Differenz gegenüber dem Vater erst nach dem Bruch.

Peter Kreisky schreibt Androsch interessante Züge zu: „Hannes Androsch und die Flat Tax, Parallelen zwischen Jörg Haider, Franz Olah und Hannes Androsch – verschiedene Varianten des Austroperonismus?" (Kreisky 2000, 176) Das Fragezeichen hinter dieser Formulierung erspart Peter Kreisky, diese Formulierung näher begründen zu müssen. Aber wiederum fällt auf, dass er mit der – tendenziellen – Gleichsetzung von Androsch, Haider und Olah indirekt die Geschichte des Vaters bekämpft. Es war Bruno Kreisky, der 1964 – vor Olahs Ausschluss aus der SPÖ – bis zuletzt Olah gegen die Mehrheit in den Gremien der SPÖ verteidigt hatte; und es waren Olahs damalige Hauptgegner, Christian Broda und Anton Benya, die sich 1980 auf die Seite Androschs gegen Kreisky stellten. Nicht die Androsch-Protektoren des Jahres 1980, sondern Bruno Kreisky war 1964 (und danach) offenkundig blind gegenüber dem, was Peter Kreisky „Austroperonismus" nennt. In seinen Memoiren, fünf Jahre nach Kreiskys Tod veröffentlicht, vermerkt Olah auch ausdrücklich, dass Kreiskys Verhalten ihm – Olah gegenüber – gerade in den 80er-Jahren positiv korrigiert hätte, was „die Partei" (also die SPÖ) ihm angetan hatte: „totale Isolierung und Ächtung ... Das hat sich später durch die Einwirkung Kreiskys gemildert ..." (Olah 1995, 316)

Im Kampf um das Erbe des Vaters werden wesentliche Teile der Geschichte eben dieses Vaters entweder, ex post, zur Unterstreichung des Bruches herangezogen – so Androschs Freundschaft mit Simon Wiesenthal, die zu zeigen er sich offenbar bis 1980 gehütet hat, um den Vater nicht zu provozieren; oder aber die Geschichte wird umgedeutet oder zumindest sehr willkürlich interpretiert, um nicht dem Vater, sondern dem „politischen", dem verstoßenen Sohn den Geruch des „Austroperonismus" anzuhängen.

Doch nicht nur in der Art und Intensität der Parteinahme Peter Kreiskys wird die psychoanalytische Dimension des Konfliktes deutlich – auch in der Verlängerung des Konfliktes zwischen Kreisky und Androsch in den Konflikt zwischen Vranitzky und Androsch. (Palme 1999, 207–230) Der nur schwer für Außenstehende nachvollziehbare Konflikt zwischen dem Nachfolger des Nachfolgers Kreiskys im Kanzleramt und im Parteivorsitz und demjenigen, der sich mehrere Jahre hindurch fast sicher fühlen konnte, in eben diesen beiden Funktionen Nachfolger Kreiskys zu werden, wird die traumatische Seite des Konfliktes ebenfalls deutlich.

Als Vranitzky 1984 Finanzminister und 1986 Bundeskanzler wurde, galt er für die Öffentlichkeit als Vertrauter Androschs. Deshalb auch opponierte Kreisky gegen beide Karrieresprünge Vranitzkys. Der Bruch zwischen Kreisky und Fred Sinowatz, dem Kreisky vorwarf, Handlanger des „Androsch-Clan" geworden zu sein, hatte vor allem auch in Vranitzkys politischem Aufstieg eine wichtige Ursache. (Pelinka 1993, 29, 55 f.) Doch als Vranitzky Kanzler war, wendete sich allmählich die Perspektive: Androsch wollte Vranitzky, Vranitzky wollte Androsch nicht mehr als Freund sehen. Parallel dazu söhnten sich Kreisky und Vranitzky aus.

Das verlangt geradezu nach einer psychoanalytischen Erklärung: Vranitzky, nicht Androsch hatte die Rollen besetzt, die (ursprünglich von Kreisky selbst) Androsch zugedacht waren; und mit denen, Jahre hindurch, Androsch mehr oder weniger rechnen konnte. Als aber klar war, dass Vranitzky diese Rollen sehr eigenständig wahrzunehmen gedachte, war der Konflikt mit Androsch vorprogrammiert – wobei in diesem Zusammenhang keine Form der Schuldzuweisung an den einen oder anderen möglich ist. Aber kaum hatte sich der – ursprünglich – nicht geliebte Nachfolger,

Vranitzky, vom verlorenen Sohn (und dieser von Vranitzky) erkennbar gelöst und war mit diesem in einen auch öffentlich wahrnehmbaren Konflikt geraten, da war der (im Altenteil befindliche) Vater bereit, diesen neuen „Kronprinzen" zu legitimieren – eine Auszeichnung, die den verlorenen Sohn erst recht veranlasste, sich vom nunmehr regierenden politischen Ziehsohn besonders deutlich abzugrenzen.

Vranitzky übernimmt in seinen „Erinnerungen" eher die Sichtweise Androschs – bezogen auf dessen Konflikt mit Kreisky: So habe Kreisky wegen des guten Verhältnisses Androschs zu den Sozialpartnern „eine Schwächung seiner (Kreiskys – Anm. AP) Führungsposition" gefürchtet. (Vranitzky 2004, 44) Den – späteren – Konflikt zwischen Androsch und ihm, Vranitzky, deutet aber Vranitzky ganz eindeutig psychologisch: „Wer Androsch so gut kennt wie ich, weiß, dass der Einzug eines ehemaligen Mitarbeiters in das von ihm über so viele Jahre befehligte Winterpalais des Prinzen Eugen nicht als der Inbegriff seiner Wunschvorstellungen gelten konnte. Dass dieser Mitarbeiter später auch noch Androschs eigenes Lebensziel, nämlich Bundeskanzler der Republik zu werden, erreichte, musste die allenfalls noch vorhandenen Sympathien für mich zusätzlich erheblich schwächen." (Vranitzky 2004, 307)

Der Konflikt zwischen dem politischen Vater und dem politischen Sohn hatte Nachfolgekonflikte gezeugt: zwischen dem „richtigen" und dem politischen Sohn; und zwischen dem ursprünglich ausgewählten, dann aber verstoßenen und dem ursprünglich abgelehnten, aber nachträglich anerkannten „Kronprinzen".

3. Die funktionale Erklärung

Die österreichische Sozialdemokratie war, als die Ära Kreisky begann, noch immer – teilweise – vom Austromarxismus geprägt. Diese am Ende der Monarchie und in der Ersten Republik entwickelte Tradition umfasste eine Bandbreite, die von den „rechten" Theorien Karl Renners über die „zentristische" Position Otto Bauers bis zum „linken" Flügel Max Adlers reichte. Gemeinsam war allen diesen Spielarten des Austromarxismus, dass sie sich auf Karl Marx beriefen – und sich gleichzeitig vom Leninismus und damit vom sowjetischen Modell prinzipiell abgrenzten. Die SDAP (Sozialdemokratische Arbeiterpartei) der Ersten Republik ging davon aus, dass der Sozialismus mit den demokratischen Mitteln eines Wahlerfolges und bei Aufrechterhaltung von Parlamentarismus und Mehrparteiensystem zu erreichen ist. Innerhalb der Sozialistischen Arbeiterinternationale dieser Zeit galt diese österreichische Variante sozialistischer Theorie und Strategie als der konsequenteste Umsetzungsversuch des Marxismus unter den Rahmenbedingungen westlich-liberaler Demokratie. (Leser 1968)

Die SPÖ hatte nach ihrer Wiedergründung 1945 mit der austromarxistischen Tradition theoretisch nicht gebrochen. Der Widerstand der Partei und der (sozialdemokratischen) Freien Gewerkschaften gegen die Beseitigung des demokratischen Verfassungsstaates durch die autoritäre Regierung Dollfuss 1933 und 1934 galt in der Zweiten Republik als ein Teil der Geschichte, auf den die SPÖ besonders stolz sein konnte. Insbesondere der heroisch gedeutete Bürgerkrieg des Februar 1934 sowie das Scheitern der beiden Diktaturen – der autoritären („austrofaschistischen") Spielart wie auch des totalitären Nationalsozialismus – schienen keinen Grund zu liefern, die eigene Theorie und Strategie vor 1934 in Frage zu stellen. (Leser 1963, 215–238; Leser 1968) Auch wenn die Praxis der SPÖ – die Große Koalition zwischen 1945 (bis 1947 als Allparteienregierung unter Einschluss der KPÖ) und 1966 sowie der Aufbau des neokorporatistischen Netzwerkes der Sozialpartnerschaft nur mit großer Mühe (austro-)marxistisch begründet werden konnte – am ehesten noch mit Otto Bauers freilich nur für eine kurze Perspektive gedachtes Konzept des „Gleichgewichtes der Klassenkräfte": Die SPÖ war nicht gezwungen, sich ernsthaft mit der Frage der Kompatibilität austromarxistischer Theorie und koalitionärer Regierungspraxis zu befassen. (Zu einer Kritik an dem Theorie-Praxis-Widerspruch dieser Zeit siehe Leser 1963, 215–238; Leser 1968, 449–509. Zu der Möglichkeit, die Sozialpartnerschaft marxistisch zu rechtfertigen siehe Matzner 1978, 36–55; Pelinka 1981, 69–79)

Mit dem Beginn der Ära Kreisky musste das Spannungsfeld zwischen austromarxistischer Tradition und Regierungspraxis jedoch voll ins Bewusstsein kommen: Die SPÖ regierte allein, und ab 1971 ausgestattet mit dem außerordentlichen Mandat einer absoluten Mehrheit an Stimmen und Nationalratsmandaten. Nach 21 Jahren Koalition und vier Jahren Opposition hatte die SPÖ – als Resultat eines demokratischen Wettbewerbes – die Chance, unbehindert von einem Koalitionspartner ihre Ansprüche in die Wirklichkeit umzusetzen. Das „Gleichgewicht der Klassenkräfte", das Otto Bauer zur Rechtfertigung der Koalitionspolitik der SDAP zwischen 1918 und 1920 formuliert hatte (Bauer 1923), konnte nicht mehr zur Begründung des Aufschubes eines radikalen gesellschaftlichen Wandels herangezogen werden. Wann, wenn nicht spätestens nach dem Gewinn der absoluten Stimmen- und Mandatsmehrheit 1971, sollte die Stunde des Sozialismus schlagen?

Doch die Stunde des Sozialismus im Sinne Otto Bauers und des Austromarxismus war auch 1971 nicht gekommen. Die SPÖ konnte – als Regierungspartei – eine Reihe von großen Erfolgen reklamieren:

- 1973 sorgte das neue Strafgesetz – die Strafrechtsreform – für einen Modernisierungsschub. Die Haftstrafen wurden reduziert, die strafrechtliche Diskriminierung der Homosexualität wurde (teilweise schon 1971) weitgehend beseitigt und mit der „Fristenlösung" wurde die Abtreibung während der ersten drei Schwangerschaftsmonate straffrei gestellt.
- 1975 wurden durch das Universitätsorganisationsgesetz (UOG) die Universitäten neu strukturiert und eine gestufte Mitsprache („Mitbestimmung") aller Universitätsangehörigen eingeführt.

Doch diese (und andere) spektakuläre Erfolge, die von der SPÖ gegen den Widerstand der Opposition durchgesetzt wurden, waren gerade im Sinne des Austromarxismus Erfolge im Bereich des „Überbaues". Im – aus marxistischer Sicht – letztlich entscheidenden „Unterbau", im Bereich der Ökonomie, setzte die SPÖ nur sehr vorsichtige Schritte. Diese Vorsicht in der Wirtschafts- und Finanzpolitik hatte mehrere Gründe:

- Die SPÖ-Regierung akzeptierte grundsätzlich den Mechanismus der Sozialpartnerschaft. Dadurch erhielten die Arbeitgeberverbände indirekt ein Mitsprache- und Vetorecht, mit dem sie tiefe Einschnitte in das Wirtschafts- und Sozialgefüge blockieren konnten. Das Arbeitsverfassungsgesetz 1973 war dafür ein Beispiel: Die von der SPÖ offiziell angestrebte paritätische Mitbestimmung in den Aufsichtsräten der Kapitalgesellschaften (Aktiengesellschaften, Gesellschaften mit beschränkter Haftung) – eine Reform, die von der SPÖ-Mehrheit im Nationalrat mit einfacher Mehrheit hätte durchgesetzt werden können, wurde nach einem sozialpartnerschaftlich ausgehandelten Kompromiss abgeschwächt: Die ArbeitnehmerInnen erhielten nicht – paritätisch – die Hälfte der Sitze im Aufsichtsrat, sondern nur ein Drittel. Das Hauptanliegen der Arbeitgeberverbände (Bundeswirtschaftskammer, Vereinigung Österreichischer Industrieller), den EigentümervertreterInnen die Mehrheit und damit die letzte Entscheidungsgewalt zu sichern, war so garantiert – von einer regierenden Sozialdemokratie, die im Besitz der absoluten Parlamentsmehrheit war. (Atzmüller 1985, 171–180)

- Die SPÖ-Regierung akzeptierte, dass ein kleiner und weltwirtschaftlich verflochtener Staat wie Österreich die Entwicklungstendenzen und Weichenstellungen der Weltpolitik und -wirtschaft als Rahmendatum zur Kenntnis zu nehmen hatte. Deshalb schloß auch die Bundesregierung – im Gleichklang wie die anderen EFTA-Staaten – 1972 mit der EG ein Freihandelsabkommen ab, das die österreichische Wirtschaft noch enger an den Gemeinsamen Markt binden musste. Darüber hinaus band die Währungspolitik der Regierung – vertreten von Hannes Androsch, aber auch abgestützt auf die Österreichische Nationalbank – den Schilling an die D-Mark. Im Gefolge der von den USA, der Regierung Nixon, ausgelösten Währungsschwankungen wurde so die österreichische Währung (und damit indirekt auch die österreichische Wirtschaft) an die der Bundesrepublik Deutschlands gebunden. Eine durch die Handelsströme bestehende Verflechtung zwischen Österreich und Deutschland wurde auf diese Weise noch zusätzlich verstärkt.

Der finanz-, wirtschafts- und sozialpolitische Spielraum der Regierung Kreisky war somit eingeengt. Die SPÖ sah keine Möglichkeit, diese Beengung zu sprengen – sie versuchte, das beste aus diesen beschränkenden Bedingungen zu machen. Die fundamentale Umgestaltung der Gesellschaft im Sinne austromarxistischer Zielvorgaben war aber so von vornherein nicht möglich. Das aber wurde von der SPÖ nicht offen ausgesprochen.

Doch als die Grenzen der Politikfähigkeit einer österreichischen Reformregierung deutlich wurden – da mussten Antworten gefunden werden, warum Anspruch und Wirklichkeit der regierenden Sozialdemokratie auseinander klafften. Und weil die strukturelle Antwort versäumt worden war – der Hinweis auf die Grenzen der Gestaltungsfähigkeit insbesondere im Bereich des „Unterbaues", da erfüllte der Konflikt zwischen Kreisky Androsch die Funktion des Erklärens.

3.1. Der fundamentale Anspruch: Eine andere Gesellschaft

Die Ära Kreisky musste sich an den Ansprüchen messen lassen, die von der SPÖ – unter Fortführung der austromarxistischen Tradition – geweckt worden waren. Diese Tradition kam in dem 1970 geltenden Grundsatzprogramm der SPÖ von 1958 ebenso zum Ausdruck wie in dem 1978 neu formulierten Grundsatzprogramm.

Das Programm von 1958 erklärte die Beseitigung der Klassen zu einem der grundsätzlichen Ziele der SPÖ. Ebenso sprach sich die SPÖ in diesem Programm für eine „gemeinwirtschaftliche Ordnung" aus, „in der die privatkapitalistische oder staatskapitalistische Macht beseitigt und durch einen Ausgleich persönliche und gemeinwirtschaftlicher Interessen ersetzt wird." (Kadan, Pelinka 1979, 94 und 102)

Im Programm von 1978 war die austromarxistische Semantik weniger deutlich als im Programm von 1958. Dennoch blieben die programmatischen Ansprüche auch 1958 in der Tradition des Programms von 1958. So hieß es in wortwörtlicher Übernahme des Programms von 1958:

> „Die Sozialisten wollen ... die Klassen beseitigen und den Ertrag der gesellschaftlichen Arbeit gerecht verteilen ... Wir Sozialisten streben eine klassenlose Gesellschaft an, in der die Herrschaftsverhältnisse und Privilegien überwunden sind und die auf den Grundwerten Freiheit, Gleichheit, Gerechtigkeit und Solidarität aufbaut." (Kadan, Pelinka 1979: 141)

Das dem Marxismus entsprechende Ziel einer „klassenlosen Gesellschaft" in Verbindung mit der Überwindung der „Herrschaftsverhältnisse" wurde mit einem sehr unverbindlichen, weil höchst unterschiedlichen Deutungen offenen Formulierung einer gerechten Verteilung verbunden. Diesen Begriff der gerechten Verteilung konkretisierte das Programm freilich im Sinne von mehr Gleichheit. Unter der Überschrift „Für eine gerechte Einkommensverteilung" hieß es:

> „Die Sozialisten treten ein ... Für eine gerechte Einkommens- und Lohnfestsetzung ... Solidarische Lohnpolitik ist die Basis einer gerechten Einkommensverteilung ... Für die Verringerung der Ungleichheit der Einkommen durch die Steuerpolitik ." (Kadan, Pelinka 1979, 161)

Damit hatte die SPÖ selbst den Maßstab geliefert, an dem die Ergebnisse ihrer Regierungstätigkeit gemessen werden konnten: Das Ziel der SPÖ war die Herstellung von mehr Gleichheit in der Gesellschaft. Diesem Ziel dienten auch die verschiedenen, nicht oder nicht primär ökonomischen Reformmaßnahmen der Regierung Kreisky:

- Die Strafrechtsreform beseitigte die von Frauen diskriminierend angesehenen Strafsanktionen gegen die Abtreibung in den drei ersten Schwangerschaftsmonaten.
- Die Universitätsreform ersetzte die „Ordinarienuniversität", in der nur ProfessorInnen an Entscheidungen beteiligt waren, durch eine mitbestimmte Universität.
- Förderungen im Schulbereich – Gratisschulbuch, Gratisschulfahrt – sollte sozial schwachen Schichten der Bevölkerung den Zugang zur höheren Bildung erleichtern.

Doch der – aus marxistischer Sicht – Kernbereich, der Abbau ökonomischer Ungleichheit, konnte nicht oder kaum mit dem Instrumentarium von Gesetzen und Verordnungen gesteuert werden. Denn Österreich war eine – durch eine 1946 und 1947 beschlossene Verstaatlichung relativierte – Marktwirtschaft. Diese war zwar, durchaus dem (west-)europäischen Standard entsprechend, durch sozialstaatliche Vorsorge (z.B. durch das umfassende Netz staatlich definierter Pflichtversicherungen) eingegrenzt. Aber grundsätzlich bestimmte der wirtschaftliche Ablauf auch in Österreich sich selbst; grundsätzlich herrschten auch in Österreich die Logik und die Gesetzmäßigkeit der Marktwirtschaft. Die durch OECD- und EFTA-Mitgliedschaft sowie EG-Freihandelsvertrag zusätzlich politisch abgesicherte Westorientierung der österreichischen Wirtschaft unterstrich den prinzipiell marktwirtschaftlichen Charakter der österreichischen Ökonomie.

Diesen Charakter in Frage zu stellen – daran konnte oder wollte die regierende SPÖ nicht denken. Deshalb fehlten ja auch im 1978 beschlossenen Grundsatzprogramm die wirtschaftspolitischen Vermittlungsschritte, die hätten erklären können, wie das Ziel der verstärkten Vermögens- und Einkommensgleichheit erreicht werden könnte. Die aus dem Austromarxismus hergeleiteten Grundsätze der SPÖ blieben auch im Programm politisch isoliert – eine Art unverbindliches Credo.

Egon Matzner hatte im Zusammenhang mit der Erstellung des Grundsatzprogramms 1978 von zwei Optionen geschrieben:

> Erstens ... Nullpolitik: wir lassen uns in die Zukunft treiben, ohne die Entscheidungs- und Machtverhältnisse anzutasten ... Die zweite Strategie besteht in der bewussten Veränderung der Entscheidungsverhältnisse, der gesellschaftlichen Ziele, des individualistischen und hedonistischen Wertesystems. (Matzner 1978, 13)

Matzners 1978 publizierter Vorwurf war, dass die SPÖ als Regierung bisher im wesentlichen „Nullpolitik" betrieben hätte; dass die Entscheidungsverhältnisse unangetastet, dass die gesellschaftlichen Ziele und Werte unverändert geblieben wären. Zwei Jahre, nachdem Matzner diese Kritik formuliert hatte, brach der Konflikt zwischen Kreisky und Androsch offen aus. Der Konflikt fand statt vor dem Hintergrund eines wachsenden Unbehagens darüber, dass die Praxis der regierenden SPÖ den programmatischen Zielen der Partei nicht entsprechen würde. Was war schuld – oder, wer hatte Schuld?

Die funktionale Erklärung des Konflikts hat demnach viel mit der Erklärung „Richtungsstreit" zu tun. Die Erklärung „Richtungsstreit" beruht darauf, dass für viele der Konflikt zwischen Kreisky und Androsch ein Konflikt zwischen Grundsatzpolitik und Regierungspragmatismus war; zwischen einer Politik, die auf das Ziel des demokratischen Sozialismus ausgerichtet war – und einer Politik, die letztlich Regieren als Selbstzweck auffasste. Der Gegensatz zwischen Kreisky und Androsch wird als inhaltlicher Konflikt gesehen und gedeutet.

Die funktionale Erklärung geht hingegen davon aus, dass der „Richtungsstreit" eine Art unbewusstes Ablenkungsmanöver war. Nicht die Wahl einer von zwei Optionen – und die Kritik an dieser Wahl, sondern die Illusion des Vorhandenseins mehrer Optionen steht im Mittelpunkt der funktionalen Erklärung. Der „Richtungsstreit" ermöglichte, so die funktionale Erklärung, die Flucht aus der Einsicht in

- erstens darin, dass den Ansprüchen der SPÖ eine falsche Analyse des Ist-Zustandes zugrunde gelegt war; ein Bild von der Gesellschaft, in der die Begrifflichkeit Klassen und Klassenunterschiede die real vorhandenen Differenzen nur höchst unzureichend auszudrücken vermochte; und in der insbesondere die Vorstellung von einer Steuerbarkeit Österreichs und der österreichischen Gesellschaft durch eine Regierungspolitik angesichts der Abhängigkeiten und Verflechtungen des Landes naiv überzogen war.
- Zweitens darin, dass den Ansprüchen der SPÖ eine falsche Analyse des Soll-Zustandes zugrunde gelegt war; ein Bild von einer Gesellschaft mit durchaus sympathieträchtigen Merkmalen – aber eben ein Bild, dessen Erreichbarkeit mangels einer klaren strategischen Analyse höchst nebulos blieb; ein Bild von Österreich, das sich im Zusammenhang mit den vielfältigen (und in der Ära Kreisky sich vertiefenden) Verflechtungen Österreichs mit Europa nach einer europäischen und nicht bloß nach einer österreichischen Strategie verlangte.

Einer Partei, zu deren Ansprüchen auch die „internationale Solidarität" zählte, hätte klarer sein können, dass ein demokratischer Sozialismus sich nicht als Insel in einem Meer kapitalistischer Gesellschaften errichten ließ.

Einer Partei, die sich „für eine weltweite Gemeinschaft der Völker" aussprach, hätte bewusster sein können, dass der „Kampf gegen jede Unterdrückung und Ausbeutung durch ... privatwirtschaftliche oder staatskapitalistische Macht" (Kadan, Pelinka 1979, 141) nicht primär die Aufgabe der Regierung eines Acht-Millionen-Staates sein kann.

Aber diese europäische und internationale Dimension konnte die SPÖ nicht wirklich thematisieren, denn

- globale oder auch nur europäische Umverteilungsansprüche hätten angesichts des – relativen – Reichtums Österreichs eine Umverteilung bedeutet, die zumindest kurzfristig zulasten der meisten Menschen in Österreich gegangen wäre. Eine solche Orientierung konnte aber die SPÖ nicht für mehrheitsfähig halten. Die SPÖ wollte und konnte nicht mit einem Profil in Wahlen gehen, das einen relevanten Transfer von Reichtum aus Österreich weg beinhaltet hätte.
- Die nationalstaatliche Orientierung der österreichischen Sozialdemokratie (wie auch aller anderen sozialdemokratischen Parteien) war, allen internationalen Parolen zum Trotz, ungebrochen. Sie entsprach auch den realen Rahmenbedingungen – die SPÖ verdankte ihre Regierungsmacht ihrer Fähigkeit, Mehrheiten in Österreich (und nicht anderswo) zu gewinnen.
- Das Bewusstsein um die realen Verflechtungen österreichischer Politik und Wirtschaft war um 1980 eher unterentwickelt. Gerade die Sozialdemokratie sah Verflechtungen eher als Bedrohung, die abzuwehren sowohl wünschenswert wie auch möglich erschien. Wenn z.B. das Programm der SPÖ 1978 davon sprach, vom „Wohlfahrtsstaat zur sozialen Demokratie" voranzuschreiten (Kadan, Pelinka 152), so war implizit klar, dass nur von Österreich die Rede war.
- Die Erfahrungen mit der und die Erwartungen an die Europäische(n) Integration waren in Österreich wegen der nicht vorhandenen Mitgliedschaft in EGKS und EWG (bzw. EG) nicht gegeben. Dass das sozialdemokratische Konzept der Gegenmachtbildung in einem sich integrierenden Europa nicht mehr nationalstaatlich, sondern vor allem europäisch interpretiert werden musste, war der österreichischen Sozialdemokratie daher eher fremd.

Und so war die regierende SPÖ mit der Bürde eines Anspruches belastet, den sie – in Österreich, als österreichische Regierungspartei – so gar nicht umsetzen hätte können. Dem umfassenden Reformanspruch stand, jedenfalls im Bereich des ökonomischen „Unterbaus", die Begrenzung nationaler Politik entgegen. Das zu thematisieren hätte jedoch bedeutet, den

Anspruch auf radikale Veränderung entweder aufzugeben – oder ihn auf die europäische Ebene zu heben. Die SPÖ konnte das eine nicht riskieren – und das andere nicht andenken, jedenfalls nicht in der Ära Kreisky. Beides hätte das Selbstbild gefährdet, das die SPÖ von sich hatte.

3.2. Die bescheidenere Realität: Modernisierung ohne Egalisierung

Die Einkommens- und Vermögensverteilung änderte sich in der „Ära Kreisky" nicht, jedenfalls nicht in einer signifikant wahrnehmbaren Form. Durch das Wirtschaftswachstum wurde dieser Umstand teilweise zugedeckt – der Wohlstand wuchs, sodass die unveränderte (ungleiche) Verteilung des Wohlstandes weniger bewusst wurde.

Am Beispiel der lohnsteuerpflichtigen Einkommen kann dies verdeutlicht werden: Am Höhepunkt der Ära Kreisky konnte eine leichte Steigerung der Ungleichheit der Bruttolöhne festgestellt werden – und eine leichte Verschiebung der Lohnsteuerlasten zuungunsten der höheren Einkommen, aber nicht des obersten Zehntel, dessen Belastung zurückging.

Tabelle: Verteilung der Lohnsteuerpflichtigen

Schichtung der Lohnsteuerpflichtigen nach der Bezugshöhe	Bruttobezüge in Prozent		Lohnsteuer nach Jahresausgleich in Prozent	
	1976	1979	1976	1979
unterstes Zehntel	1,4	1,3	0,1	0,1
2. Zehntel	3,7	3,5	0,5	0,4
3. Zehntel	5,6	5,4	2,1	2,7
4. Zehntel	7,2	7,0	4,1	3,9
5. Zehntel	8,6	8,4	5,6	5,8
6. Zehntel	9,6	9,6	6,7	7,5
7. Zehntel	11,3	11,0	9,0	9,4
8. Zehntel	12,9	12,8	11,8	12,0
9. Zehntel	14,8	15,5	15,2	16,9
oberstes Zehntel	24,9	25,5	44,9	42,3

Quelle: Sozialstatistische Daten 1986. Beiträge zur Österreichischen Statistik. Hg. vom Österreichischen Statistischen Zentralamt, Heft 807, Wien 1986, 195

In der Ära Kreisky änderte sich nichts daran, dass etwa zehn Prozent der unselbstständig Erwerbstätigen etwa 25 Prozent aller Bezüge vor Steuer erhielten; und dass andere zehn Prozent kaum mehr als ein Prozent erhielten. Diese tendenziell eher zunehmende Einkommensungleichheit wurde teilweise aufgefangen durch eine Verschiebung der Lohnsteuerbelastung

„nach oben“ – allerdings sank für das oberste Zehntel diese Belastung, sodass gerade die Bestverdienenden nicht nur in ihren Brutto-, sondern erst recht in Ihren Nettobezügen Nutznießer der Entwicklung waren.

Eine in der Ära Kreisky erstellte Studie über „Ungleichheit in Österreich“ kommt zu folgendem allgemeinen Ergebnis: „In den vergangenen zwanzig Jahren hat sich die Einkommensungleichheit unter den unselbstständig Erwerbstätigen kaum verändert. Die vorliegenden Daten zeigen keinen systematischen Trend in Richtung größerer Gleichheit, wohl aber eine Zunahme der Einkommensstreuung seit Anfang der Siebzigerjahre.“ (Fischer-Kowalski, Bucek 1979, 194) Unter „Zunahme der Einkommensstreuung“ ist eine wachsende Ungleichheit zu verstehen.

Rund um das Parteiprogramm, das 1978 verabschiedet wurde, um den im selben Jahr zugespitzten Konflikt um die Inbetriebnahme des Atomkraftwerkes Zwentendorf und um den als Triumph empfundenen Wahlsieg der SPÖ 1979 wurden Stimmen laut, die – im Sinne des programmatischen Anspruchs der Partei – mehr Einkommensgerechtigkeit im Sinne des Abbaues von Ungleichheit forderten. Karl Blecha, als Zentralsekretär engster Mitarbeiter Kreiskys, schrieb 1980: „Verteilungspolitische Erfolge stehen noch aus ... es gilt selbstkritisch einzubekennen, dass es in zehn Jahren sozialistischer Regierungszeit zwar gelungen ist, den Wohlstand beträchtlich zu steigern, nicht jedoch, die Unterschiede zu verringern.“ (Blecha 1980, 3)

Dieses Bild zieht sich durch die gesamte Grundsatzdebatte in der Schlussphase der Ära Kreisky. Und diese Debatte begleitete auch den Konflikt Kreisky – Androsch. Kurt Bayer hielt im Oktober 1980 die „Misserfolge (der SPÖ – AP) bei der Verteilungspolitik“ fest und erteilt Österreich (und damit der Regierung Kreisky) folgende Zensur: „Wachstum: Note 1; Verteilung: Note 5“. (Bayer 1980, 10 f.)

Die regierende SPÖ versuchte, diese Widersprüche mit dem Sammelbegriff der „Reformen“ zuzudecken. In diese Begrifflichkeit wurden allgemeine, nicht spezifisch sozialistische, sondern eher allgemein als „liberal“ argumentierbare Reformmaßnahmen (z.B. in der Justizpolitik) mit teilweise sozialistisch begründbaren Maßnahmen (z.B. in der Bildungspolitik) subsumiert. In dieser dann durchaus beachtlichen Bilanz konnte eher versteckt werden, dass ein durch Umverteilung bewirkter Abbau vor allem materiell messbarer Ungleichheit nicht stattfand; wohl nicht stattfinden konnte. Aber eben das konnte oder wollte sich die regierende SPÖ nicht eingestehen. (Pohoryles 1990)

Anstelle einer Gesellschaft mit weniger Ungleichheit wurde als Ergebnis der Ära Kreisky eine Gesellschaft attestiert, die „moderner“ geworden war. Nicht Umverteilung, sondern Modernisierung – das war das im wesentlich breit akzeptierte Resultat der Regierungstätigkeit der SPÖ. Die Modernisierung in der „Ära Kreisky" hatte folgende Merkmale: „Durchsetzung sparsamer demografischer Reproduktion, von Kernfamilien-Lebensweisen, Urbanisierung, Verallgemeinerung von Lohnarbeit, Zurückdrängung körperlicher Arbeit und Abbau archaischer Herrschaftsverhältnisse zwischen den Geschlechtern und Altersgruppen". (Fischer-Kowalski 1986, 91)

Die Beschleunigung solcher Prozesse standen durchaus im Einklang mit den Zielvorstellungen der Sozialdemokratie. Sie waren aber nicht der Kern dessen, was die SPÖ – in ihrem Parteiprogramm und in ihrem allgemeinen Selbstverständnis – als spezifisch sozialistisch bezeichnen würde. Sie entsprachen vielmehr einem allgemeinen Liberalisierungsprogramm, das alles Mögliche – aus der Sicht der SPÖ durchaus Positive – beförderte; das aber die sozialdemokratische Gerechtigkeitsvision einer Gesellschaft von zunehmender ökonomischer Gleichheit nicht näher brachte.

Dieser Befund war zu dem Zeitpunkt, an dem der Konflikt zwischen Kreisky und Androsch aufbrach, unbestritten: Die SPÖ hatte eine Reihe von Erfolgen aufzuweisen. Die SPÖ konnte darauf verweisen, dass unter ihrer Hegemonie die österreichische Gesellschaft „moderner" und „europäischer" geworden war – im Sinne einer Angleichung an (ursprünglich) weiter fortgeschrittene westliche Industriestaaten. Aber „sozialistischer" war die Gesellschaft nicht geworden. Denn gerade die spezifisch sozialistischen Erfolge – der Abbau auch und gerade der ökonomischen Ungleichheit – waren ausständig. Umso dringender war die Frage, wer oder was für dieses Defizit die Verantwortung zu übernehmen hatte:

- Waren es überzogene Zielvorstellungen, die in einem – noch dazu kleinen und sozialpartnerschaftlich bestimmten – Nationalstaat einfach nicht unter den Voraussetzungen liberaler Demokratie zu verwirklichen waren? Hatte das Defizit primär strukturelle Ursachen?
- Oder war es ein Versagen von Personen, die (aus welchen Gründen auch immer) eine an sich mögliche Verwirklichung des demokratischen Sozialismus in einem Staat verhinderten? Hatte das Defizit primär Ursachen, die an Personen lagen?

Kreisky war, verständlicherweise, nicht besonders glücklich, wenn er auf die Widersprüche zwischen Anspruch und Wirklichkeit angesprochen wurde – er wollte offenbar einer Entscheidung zwischen der strukturellen und der personalisierenden Antwort ausweichen. Alexander Van der Bellen berichtet von einem Abendessen mit Kreisky, zu dem dieser „vor allem

Ökonomen" geladen hatte – offenkundig in der Spätphase des Kanzlers: „Ein eloquenter junger Sozialdemokrat brachte Fragen der Einkommensverteilung zur Sprache; ein Thema, das von Kreisky ziemlich brüsk beiseite geschoben wurde." (Van der Bellen 2000, 275)

Kreisky wich aus – weil das Thema ihn zu einer Antwort gezwungen hätte, die ihm nicht angenehm sein konnte: Er hätte entweder konzedieren müssen, dass er und seine Partei von falschen Voraussetzungen und überzogenen strategischen Annahmen ausgegangen waren; oder er hätte persönlich Schuldige, persönlich Verantwortliche nennen müssen. Wer, wenn nicht er, wäre dafür in Frage gekommen – oder aber sein „Kronprinz", der Finanzminister.

Josef Hindels stellte eine Verbindung zwischen einem Defizit der Bilanz der SPÖ-Regierung und personellen Verhältnissen her. Er schrieb vom „erlahmenden Reformeifer" – am Beispiel des Ausbaus der Mitbestimmung: „Von einem Kampf um die Erweiterung der betrieblichen und überbetrieblichen Mitbestimmung kann keine Rede sein." Und das, so Hindels, obwohl das eben erst verabschiedete Programm unter dem Schwerpunkt „Soziale Demokratie" eben diese Erweiterung unbedingt erfordern würde. (Hindels 1980, 18)

Hindels hatte auch eine Erklärung für diese Widersprüche: Viele, zu viele Sozialisten seien, von materiellen Privilegien verwöhnt, dem Ziel der Partei untreu geworden. Deshalb forderte Hindels eine „Festlegung einer Einkommensgrenze für Sozialisten durch Parteitagsbeschluss ... damit das Sein nicht das Bewusstsein weg vom sozialistischen Ziel führt ... Es gilt, alle Erscheinungen der Korruption, des übermäßigen Geldverdienens, der Verquickung von Politik und Geschäft in den eigenen Reihen zu bekämpfen." (ebenda)

Hindels hatte mit seinem marxistisch begründeten („Sein ... Bewusstsein") Ansatz eigentlich das Tor zu einer moralisierenden Erklärung geöffnet: Die Ursache für die Widersprüche zwischen Anspruch und Wirklichkeit liegen in der eigenen Partei – im Verhalten eines Teils der Parteiführung. Hindels nannte Androsch nicht mit Namen – aber der Zeitpunkt der Veröffentlichung der Kritik (Sommer 1980) machte es unvermeidlich, dass die Meinung aufkommen musste, gemeint sei Hannes Androsch. Die Debatte um die Finanzierung seiner Villa und um sein Verhältnis zur Firma „Consultatio" war am Höhepunkt – wem denn, wenn nicht Androsch, könnte innerhalb der Parteiführung ein Lebensstil vorgehalten werden, aus dem „übermäßiges Geldverdienen" und die „Verquickung von Politik und Geschäft" vorgeworfen werden?

Egon Matzner nannte, ebenso wenig wie Hindels, Androsch mit Namen, aber er stellte einen Bezug zum AKH-Skandal her. Dieser Skandal falle in die Verantwortung der SPÖ, die im Bund und in Wien die Verantwortung für die wachsende Korruption habe. (Matzner 1980) Bruno Aigner nannte zwar auch nicht Androschs Namen, aber er nannte Personen, die teilweise (Franz Bauer, Geschäftsführer der „Consultatio") im engeren Umfeld Androschs waren. Eine „Neue Klasse", so Aigner, habe sich in der SPÖ eingenistet. Und diese Klasse hätte ein Eigeninteresse entwickelt, die zu den Interessen der Sozialdemokratie diametral entgegengesetzt seien.

> Nach fast elf Regierungsjahren hat die SPÖ Fett um die Hüften angesetzt. Sie ist vom Bazillus angesteckt, den sie sich als ‚Arzt am Krankenbett des Kapitals' geholt hat. Manche Teile der SPÖ sind sogar verseucht. Eiterbeulen, wie der ‚Club 45', brechen auf. Parasitäre Erscheinungen (Bauer, Winter, Wilfling und Co.) nehmen zu. (Aigner 1981, 5)

Mit dem Begriff der „Neuen Klasse" machte Aigner Anleihen nicht nur bei Milovan Djilas, sondern auch bei Robert Michels und dessen „ehernem Gesetz der Oligarchie". Anders aber als Michels sah Aigner die Entwicklung nicht als letztlich unvermeidliche Folge des Trends zur politischen und sozialen Elitenbildung, sondern als ein durchaus steuerbares – und daher in diesem Sinne als politisches und moralisches Problem.

Hindels, Matzner und Aigner sahen die Ursachen für die Diskrepanz zwischen sozialistischem Anspruch und politischer Wirklichkeit primär oder ausschließlich in menschlichem Versagen. Dafür lieferte der AKH-Skandal ein wichtiges Anschauungsbeispiel. Doch dieser Skandal mit seinen strafrechtlich relevanten Aspekten führte – zumindest indirekt und zumindest in der Wahrnehmung von Androschs Gegnern – direkt zu Hannes Androsch. In der Debatte des Jahres 1980 wurde zumindest implizit ein Zusammenhang zwischen dem kriminellen Verhalten von Personen wie Winter und dem Einflussbereich von Androsch hergestellt. (Schmid 1999, 267–275) Und die Gegner Androschs nutzten diesen impliziten Zusammenhang, um einen Konflikt auf der persönlichen Ebene auszutragen. Die strukturelle Seite – nämlich die Ursachen für das Glaubwürdigkeitsdefizit der SPÖ, für den Abstand zwischen Anspruch und Wirklichkeit in den falsch eingeschätzten, das heißt überschätzten Gestaltungsmöglichkeiten einer Regierung in einer liberalen Demokratie in einem kleinen Nationalstaat zu suchen, diese strukturelle Seite blieb aber und eben deshalb unterbelichtet.

Androsch bot sich als personalisierende Erklärung – als „Sündenbock" – auch durch das an, was Ewald Nowotny „Lebensstil" nennt. (Nowotny, in Schmid 1999, 271) Androsch machte kein Hehl daraus, dass er sich Dinge leisten konnte, die den meisten Österreichern nicht zugänglich waren: eine Villa zum Beispiel. Androsch verabsäumte es, sich rhetorisch und in seinem Verhalten ständig als Kind der Arbeiterklasse und Produkt der Arbeiterbewegung hinzustellen. Androsch schien es zu genießen, Erfolg zu haben – und zwar auch materiellen Erfolg. Androsch verhielt sich so, wie das von einem erfolgreichen Aufsteiger erwartet wird.

Und so konnte es geschehen, dass der Großbürgersohn Kreisky, der in einer – gemieteten – Villa lebte, zum Inbegriff des grundsatztreuen Sozialsten wurde; Androsch aber, der zwar nicht proletarischer, aber eher klein- als großbürgerlicher Herkunft war, wurde sein Lebensstil zum Vorwurf – vor allem auch die in seinem Eigentum stehende Villa. Deren Finanzierung war ja auch Gegenstand eines steuerrechtlichen Verfahrens. (Palme 1999, 155–188)

Vieles an der Rollenverteilung zwischen dem grundsatztreuen Kreisky und dem „neureichen" Androsch war eine Frage und Folge des Stils. Die Frage ist freilich müßig, ob ein seinen individuellen Erfolg eher herunterspielender Androsch sich der ihm dann zugewachsenen Sündenbock-Rolle entziehen hätte können. Aber ein Stellvertretender Parteivorsitzender, Vizekanzler, Finanzminister und fast schon offizieller „Kronprinz", der sich für seinen Wohlstand nicht entschuldigte, diesen auch gar nicht verbarg – ein solcher Politiker bot sich optimal an, um das Defizit an Sozialismus in Österreich zu erklären.

3.3. Projektion und Verdrängung des Widerspruchs

Ein dauerhafter Widerspruch zwischen Anspruch und Realität wird mit hoher Wahrscheinlichkeit einen Konflikt produzieren. Das galt auch für die SPÖ, die am Höhepunkt ihrer Regierungsmacht sich eingestehen musste, dass der demokratische Sozialismus in Österreich nicht oder noch nicht verwirklicht worden war. Dieser Konflikt kam zum Ausbruch – aber er wurde durch eine Personalisierung entschärft. Dadurch, dass der Konflikt nicht zwischen der Erwartung der klassenlosen Gesellschaft des demokratischen Sozialismus und der mit diesen Erwartungen nicht übereinstimmenden Wirklichkeit einer SPÖ-regierten Gesellschaft gesehen und interpretiert wurde, ersparte sich die SPÖ die Konfrontation mit dem Widerspruch. Durch die Personalisierung des Konflikts ist der Widerspruch selbst verdrängt worden.

Zwei Jahre vor Ausbruch des Konfliktes zwischen Kreisky und Androsch hatte sich die SPÖ ein neues Grundsatzprogramm gegeben. Auffallend an diesem Programm war nicht, dass die SPÖ sich programmatisch in die Kontinuität mit dem Programm von 1958 und damit mit der austromarxistischen Tradition stellte. Auffallend war, dass die SPÖ im neunten Jahr der Ära Kreisky das Programm nicht benutzte, um die Ursachen für die offenkundigen

Grenzen ihrer politischen Gestaltungsfähigkeit zu reflektieren. Das Programm formuliert in 34 Paragraphen die Grundsätze der Partei, in 36 Paragraphen die „Welt, die wir verändern wollen" – also die Gesellschaft und ihre Rahmenbedingungen. Im dritten Abschnitt werden – in insgesamt 88 Paragraphen – die „Forderungen der Sozialisten" aufgelistet. Abschließend wird, in 24 weiteren Paragraphen, der „Weg der Sozialisten" ausgeführt. (Kadan, Pelinka 1979, 141–190)

Eine Partei, die in einem historisch einmaligem Ausmaß die österreichische Politik dominierte, überschrieb das umfangreichste Kapitel ihres Programms mit „Die Forderungen der Sozialisten". Forderungen – an wen? An sich selbst? Eine Partei, die auch nach acht Jahren der Alleinregierung ausreichend Grund zur Annahme hatte, ihr Gestaltungswille sei nicht erschöpft, ihre Ziele seien noch nicht erreicht – eine solche Partei reflektierte in ihrem Programm nicht über die Gründe, warum noch so viel zu tun sei. Das Programm formulierte vielmehr:

> „Auch in der österreichischen Gesellschaft gibt es noch ein hohes Maß an Einkommensungleichheit. Ein relativ kleiner Prozentsatz der österreichischen Bevölkerung verfügt über einen beträchtlichen Teil des produktiven Vermögens und bezieht daraus hohe Einkommen." (Kadan, Pelinka 1979, 161)

An dieser Formulierung fällt zunächst auf, dass mit dem Wort „noch" die Erwartung fortgeschrieben wurde, das Maß an Einkommensungleichheit könnte in Österreich erheblich reduziert werden. Ebenso fällt auf, dass das Programm keine Gründe angibt, warum der Zustand der Einkommensverteilung nach acht Jahren sozialdemokratischen Regierens nicht zufrieden stellender ist. Die SPÖ agierte in ihrem Programm so, als wäre sie eine Oppositionspartei, die an die Regierenden Forderungen richtet – und nicht wie eine Regierungspartei, der die entscheidende politische Verantwortung für den Status quo zukommt.

Dass zwischen dem Zustand der Gesellschaft in Österreich und den programmatischen Vorstellungen der SPÖ auch nach 8 Jahren sozialdemokratischer Alleinregierung eine wesentliche Distanz war, kann nicht überraschen. Dass aber im Programm die SPÖ keine Verantwortung dafür übernimmt, dass es diese Distanz in diesem Ausmaß (noch) gibt, lässt wesentliche Schlussfolgerungen zu:

- Die SPÖ sah sich 1978 nicht in der Lage, die Ursachen zu nennen, die für den Abstand zwischen Ist- und Soll-Zustand verantwortlich waren. Wenn etwa die ungleiche Vermögens- und Einkommensverteilung Grund dafür ist, eine Forderung nach mehr Egalität prominent in das

Programm aufzunehmen, so wäre ja nahe liegend gewesen, auszuführen, weshalb die SPÖ-Regierung nicht erfolgreicher bei der Herstellung von mehr Egalität war; und wie sie in Zukunft als Regierungspartei dem Ziel der Egalität näher kommen wollte.

- Die SPÖ gab in ihrem Programm keine konkreten Gründe für den Abstand zwischen Ideal und Wirklichkeit an. So fehlt im gesamten Programm jeder Hinweis auf die zentrale Bedeutung der österreichischen Sozialpartnerschaft, die den Handlungsspielraum der Regierung und damit der SPÖ in Fragen der Wirtschafts-, Finanz- und Sozialpolitik wesentlich beschränkte; und ebenso fehlt jeder Hinweis darauf, ob die SPÖ diese handlungsbegrenzende Sozialpartnerschaft beibehalten oder abschaffen, stärken oder schwächen will.
- Die SPÖ reflektierte in ihrem Programm auch nicht über die generellen Grenzen politischer Gestaltungskraft durch Regierung und Parlament. Dass in einer mit der (west-)europäischen Wirtschaft eng verflochtenen Volkswirtschaft eines Kleinstaates dessen Regierung nur relativ enge Handlungsfreiheiten hatte; dass Österreich etwa durch die in der Ära Kreisky beschlossenen Bindung des Schilling an die D-Mark die Möglichkeiten der – jeder – Regierung reduziert waren; dass daher eine österreichische Besonderheit, ein demokratischer Sozialismus in einem (kleinen) Staat ganz einfach politisch nicht möglich war: Das alles wurde im (vom) Programm ausgeblendet.

Da die SPÖ ausdrücklich nicht nur „Privilegien", sondern auch „Herrschaftsverhältnisse" überwinden wollte (Kadan, Pelinka 1979, 141), wäre eine Thematisierung grundsätzlicher Fragen der politischen Strategie auf ein gewisses Dilemma hinausgelaufen: Zur Umsetzung ihres ambitionierten Programms hätte die SPÖ zumindest die spezifisch politischen Formen der „Herrschaftsverhältnisse" nicht überwinden, sondern im Gegenteil ausbauen müssen – um als demokratisch legitimierte Regierungspartei diese Herrschaft als Hebel zur Etablierung des demokratischen Sozialismus nützen zu können. Kurz- bis mittelfristig hätte eine konsequent an ihrem Programm orientierte SPÖ nicht weniger, sondern mehr (demokratisch legitime) Herrschaft einsetzen müssen. Ob das mit einem langfristigen Ziel der Überwindung der „Herrschaftsverhältnisse" generell zu vereinbaren gewesen wäre – auf diese Problematik ließ sich die SPÖ offiziell lieber nicht ein.

Doch entscheidend für den Gegensatz zwischen Anspruch und Wirklichkeit war, dass die regierende SPÖ offenbar nicht ausreichend „Herrschaft" einsetzen konnte, um dem Ziel der „klassenlosen Gesellschaft" und des „demokratischen Sozialismus" signifikant näher kommen zu können. Das

Grundsatzprogramm 1978 hatte dieses Dilemma noch überspielt. Der Konflikt zwischen Kreisky und Androsch brachte es – indirekt – an die Oberfläche: Was war die Ursache am Widerspruch zwischen dem, was die Partei wollte, und dem, was sie nach einem Jahrzehnt der Regierungsmacht erreicht hatte – war es persönliches Versagen, oder war es die Überschätzung der Gestaltungsmöglichkeiten demokratischen Regierens?

Die Antwort Nummer eins – die Personalisierung – ermöglichte, der Antwort Nummer zwei auszuweichen. Denn diese wäre für die Partei wahrscheinlich viel unangenehmer gewesen: Sie hätte das Eingeständnis bedeutet, dass die SPÖ in die Phase ihrer Hegemonie – in die „Ära Kreisky" – mit überzogenen Erwartungen eingetreten war, die auf einer falschen gesellschaftlichen Analyse aufgebaut waren und falsche Ansprüche geweckt hatten. Die zweite Antwort – die strukturelle – hätte an die Grundfesten des sozialdemokratischen Selbstwertgefühls gerüttelt. Die erste Antwort – die personalisierende – schien der Partei dies zu ersparen. Sie war die bequemere Antwort.

Es fällt auf, dass rund um den Konflikt Kreisky – Androsch zum letzten Mal innerhalb der SPÖ intensiv über Verteilungseffekte und Gleichheitspostulat diskutiert wurde. Als das Dr.-Karl-Renner-Institut 1985 in Form einer Tagung eine Bilanz der sozialdemokratischen Hegemonie zu ziehen versuchte, spielte interessanterweise das Thema der Vermögens- und Einkommensverteilung keine Rolle. Anders noch als 1980 wurde zwar über Wirtschafts- und Sozialpolitik gesprochen und diskutiert, wurde die Sozialpartnerschaft thematisiert und die Grenzen der Modernisierung angesprochen – aber die Diskrepanz zwischen dem programmatischen Anspruch, die Ungleichheit der Vermögens- und Einkommensverhältnisse systematisch abzubauen, und der diesem Anspruch widersprechenden Realität wurde nicht thematisiert. (Fröschl, Zoitl 1986, 37–114)

Als sich der Konflikt zwischen Kreisky und Androsch zuspitzte, thematisierte Ewald Nowotny nochmals die ökonomische Gleichheit als Herausforderung der Sozialdemokratie. Doch nach zehn Jahren Alleinregierung hatte sich bereits ein heroisch-resignativer Unterton eingeschlichen: „Stärker noch als in den Bereichen des Rechtswesen, der Politik und der Kultur gleicht daher im Bereich des Wirtschaftsgeschehens der Kampf um mehr Egalität dem immer währenden, nie ganz gelingenden Bemühen des Sisyphos: Es bedarf ständiger gewaltiger Anstrengungen, um auch nur das erreichte Maß an Egalität zu bewahren." (Nowotny 1980, 221) Der sozialdemokratische Sisyphos – musste er sich also zufrieden geben, dass seine Politik der Verteidigung der gegebenen Ungleichheit gegenüber der Alternative, (noch) mehr Ungleichheit, halbwegs erfolgreich ist?

Mit dem Konflikt Kreisky – Androsch hatte sich ein Teil der Partei noch einmal gegen eine politische Wirklichkeit aufgebäumt, die dem politischen Anspruch prinzipiell nicht entsprach. Mit der Lösung des Konfliktes – mit dem Abgang Androschs von Regierung und Parteispitze – war die personalisierende Antwort gegeben. Da diese – für alle erkennbar – aber am Widerspruch nichts geändert hatte, nicht ändern konnte, wäre an sich die strukturelle Antwort fällig gewesen: Kann eine Partei, die im Wettstreit um Stimmen von bestimmten Interessen abhängig ist, die Gesellschaft überhaupt im Sinne der demokratisch-sozialistischen Vorgaben gestalten? Kann eine Regierungspartei, die aus nachvollziehbaren Gründen das durch die Sozialpartnerschaft ausgedrückte „Gleichgewicht der Klassenkräfte" respektiert, signifikant Vermögen und Eigentum umverteilen? Kann eine Regierung, die über einen immer intensiver wirtschaftlich verflochtenen, relativ kleinen Staat verfügt, einen demokratischen Sozialismus in nationalstaatlicher Souveränität aufbauen?

Der SPÖ mag die Verweigerung der strukturellen Antwort auch leichter gefallen sein, weil ab 1983 sie ja nicht mehr über eine absolute Mehrheit im Nationalrat verfügte und auch nicht mehr allein regierte. Das mag mitgeholfen haben, dass die SPÖ eine – die einfache – Antwort zur Erklärung des Grundwiderspruches als Regierungspartei gab; und dass sie sich die weniger einfache Antwort ersparte. Das Ende der Ära Kreisky gab der SPÖ wieder die Möglichkeit, die Diskrepanz zwischen Anspruch und Wirklichkeit in die Verantwortung eines Koalitionspartners zu verlagern: Die FPÖ (bis 1986/87) und die ÖVP (bis 1999/2000) waren natürlich bestens geeignet, durch ihre Schlüsselrolle im Ministerrat und im Nationalrat die Verantwortung dafür zugeschoben zu bekommen, dass Österreich zwar immer „moderner", nicht aber „sozialistischer" wurde. In der Phase, in der ein solches Ausweichen nicht möglich gewesen war – jedenfalls nicht auf Dauer, hatte die SPÖ sich anders um eine tiefere Analyse ihres Grundwiderspruchs gedrückt: Sie hatte, als die Kritik an den Defiziten der Regierungspolitik zu deutlich wurde, die Verantwortung personalisiert; sie hatte, statt eine strukturelle Antwort zu geben, einen Namen genannt: Hannes Androsch.

Damit war, zunächst einmal, die Frage vom Tisch – nicht aber das Problem, den nach dem Ausscheiden Androschs ja weiterhin ausbleibenden Ausbruch des demokratischen Sozialismus erklären zu müssen. Doch dieses Problem wurde überlagert – vom Ende der Ära Kreisky.

4. Der erste Vergleich: Die Krise des französischen Sozialismus 1983

Die Kraft der französischen Linken wurde in der Vierten und in der Fünften Republik mehrfach gebrochen. Zunächst war die Linke in Frankreich auch gestärkt durch die Erfahrung der Volksfrontregierung gegen Ende der Dritten Republik. Eine 1936 bis 1938 regierende Koalition von Linksparteien zunächst unter der Führung des Sozialisten Leon Blum, von der Kommunistischen Partei im Parlament unterstützt, hatte nachgeholt, was in anderen Ländern an sozialstaatlichem Reformprogramm – so auch in Österreich, als Resultat der Koalitionsregierung 1918–1920 – schon gesichert war. Korporatistische (sozialpartnerschaftliche) Absprachen zwischen Arbeitgeberverbänden und Gewerkschaften hatten die Veränderungen begleitet, die die 40-Stunden-Woche und einen gesetzlichen Mindesturlaub von zwei Wochen eingeführt hatten. (Eley 2002, 268–270).

Dazu kam, dass ein Teil der französischen Rechten durch das Vichy-Regime diskreditiert war. 1944, dem Jahr der Befreiung, schien Frankreichs Zukunft der Linken zu gehören: Neben den Gaullisten war die Linke insgesamt Trägerin der Resistance, auf deren Mythos die französische Demokratie 1944 errichtet wurde. Doch es kam anders – die französische Linke wurde, anders als die britische, politisch marginalisiert:

- In der Vierten Republik (1944/46 bis 1958) wurde die ursprüngliche Stärke der Linken, die sich auch auf die Tradition der Volksfront (1936 bis 1938) berufen konnte, durch den vor allem außenpolitisch bedingten Gegensatz zwischen Kommunisten (PC) und Sozialisten (SFIO) zerstört. Der PC blieb in Fundamental- und Daueropposition; die SFIO war zumeist Teil fragiler Koalitionen mit Parteien des Zentrums und der gemäßigten Rechten.
- Die 1958 gegründete Fünfte Republik wurde von der gaullistischen Sammelpartei RPR definiert und beherrscht. Durch die 1958 für die Nationalversammlung eingeführte Mehrheitswahl bedeutete die Spaltung der Linken einen zusätzlichen Bonus für die gaullistische Rechte. Es schien keine linke Alternative zur gaullistischen Hegemonie zu geben.

Die Neugründung der Sozialistischen Partei nach Auflösung der SFIO, als Parti Socialist, löste einen neuen Elan aus, der schon 1974 den Gründer des PS – François Mitterrand – fast in das Präsidentenamt getragen hätte. Der Aufschwung des PS erlaubte es auch, eine Allianz mit dem PC zu suchen, ohne fürchten zu müssen, unter das Diktat der Kommunisten zu kommen. Vielmehr wurde bald deutlich, dass innerhalb der neuen strategischen Allianz zwischen PC und PS letztere der dominante Faktor war.

Auf dieser Basis gewann François Mitterrand als Kandidat nicht nur des PS, sondern der verbündeten Linken die Präsidentschaftswahl von 1981. Und im Gefolge des historischen Mitterrand-Sieges gewann die Linke kurz danach auch die Parlamentswahl. In der Nationalversammlung und in der von Mitterrand berufenen Linksregierung gab der PS ganz eindeutig den Ton an.

Die Ära Mitterrand begann mit einer hohen Erwartung: Nach mehr als 20 Jahren des Ausschlusses von der Regierungsmacht der 5. Republik sollte die Linke nun – endlich – Frankreich nach ihren Plänen reformieren. Die von Mitterrand und seiner PS geführte Linksallianz wollte im Rahmen der Verfassung der 5. Republik und der liberalen, der pluralistischen Demokratie die französische Gesellschaft zu einer sozialistischen machen.

Dies Erwartung wurde schon 1983 entscheidend zerstört. Im März 1983 kam es, als Folge des Widerspruchs zwischen nationaler (französischer) Politik und transnationaler (europäischer und globaler) Rahmenbedingungen, zu einer schweren Krise der französischen Linken. Diese Krise war die Wasserscheide der gesamten „Ära Mitterrand". (Friend 1998: 42) Vor dieser Krise gab es eine sozialistisch-kommunistische Allianz mit dem Anspruch, Frankreich zum Modellfall des (demokratischen) Sozialismus zu machen. Nach der Krise war diese Allianz praktisch am Ende, und der PS hatte sich zu einer sozialdemokratischen Partei des (west-)europäischen Durchschnitts verwandelt – zu einer Partei, die zu akzeptieren gelernt hatte, dass es im Europa des ausgehenden 20. Jahrhunderts keinen nationalen, keinen französischen Weg zum Sozialismus geben konnte.

Der Ablauf der Krise war auch durch die spezifische Struktur des 1971 in der Tradition der alten Sozialistischen Partei (SFIO) von Mitterrand gegründeten „Parti Socialist" bestimmt. Anders als die SPÖ – aber ähnlich den italienischen Democristiani (DC) und der Liberal-Demokratischen Partei Japans (LDP) – war der PS in unterschiedliche, auch von außen klar erkennbare Fraktionen gespaltet, die voneinander sowohl durch besondere persönliche Loyalitäten als auch durch spezifische ideologische Traditionen unterscheidbar waren. Cole (Cole 1994: 79 f.) unterscheidet für den Beginn der Ära Mitterrand vor allem vier Fraktionen („courants"):

1. Die zentristische Mitterrand-Fraktion, die den Neuanfang der nicht-kommunistischen Linken personifizierte und vor allem an die Person des Parteigründers und Präsidenten der Republik gebunden war.

2. Die CERES-Gruppe, die sich eindeutig als linker Flügel verstand, mit vielen substanziellen Übereinstimmungen mit der Kommunistischen Partei (PC) – verbunden durch Jean-Pierre Chevenément und dessen Europa- und US- skeptischem Kurs.
3. Die Gruppe um Michel Rocard, der in der zweiten Präsidentschaft Mitterrands Premier werden sollte und eine unkonventionelle Mischung aus Ideen der „Neuen Linken" von 1968 und einer (in Frankreich sozialdemokratisch genannten) wirtschaftspolitischen Vorsicht (oder pragmatischen Orthodoxie) vertrat.
4. Die Gruppe um Pierre Mauroy, Mitterrands ersten Premierminister, der vor allem die Kontinuität der alten Sozialistischen Partei (SFIO) in den PS einbrachte.

Die Krise des PS und der Linksregierung überhaupt wurde vor allem entlang der Gegensätze dieser Fraktionen ausgetragen. Dabei kam der Mitterrand-Fraktion eher die Rolle des Schiedsrichters zu – zwischen einer vor allem von Mauroy und seinem Finanzminister Delors, aber auch von Rocard vertretenen Politik der Reduktion des sozialistischen Anspruchs; und einer vor allem von Chevenément innerhalb des PS, der Kommunisten innerhalb der Koalition vertretenen Politik des Beharrens auf eben diesem Anspruch.

4.1. Der Anspruch: „Demokratischer Sozialismus in einem Staat"

Der Wahlsieg der Linken, der auf der Grundlage eines gemeinsamen Programms von Sozialisten und Kommunisten erfolgte, drückte ein klares Ziel aus: den Übergang vom Kapitalismus zum Sozialismus. (Codding, Safran 1979, 251) Unmittelbar nach dem Sieg der Linken bei der Präsidentschafts- und der Parlamentswahl begann die Regierung mit einem umfassenden Verstaatlichungsprogramm. Nationalisiert wurden unter anderen die großen Firmen Compagnie Générale d' Electricité, Thomson-Brandt St. Gobain, Rhone-Poulenc, sowie Pechiney, Ugine et Kuhlman. (Steinacker, Westphal 1985, 381–412; Singer 1988: 111–113)

Diese Verstaatlichung, die dem Wahlprogramm und auch dem traditionellen Anspruch der französischen Linken entsprach, repräsentierte die Vorstellung eines (demokratischen) Sozialismus in einem Staat. Die von Mitterrand gezimmerte und nun von Mauroy geführte Koalitionsregierung war von dem starken Bedürfnis bestimmt, nach Jahrzehnten des Ausschlusses von der Regierungsmacht ein anderes Frankreich als das von Charles De

Gaulle vertretene zu schaffen. Es sollte sozialistisch sein – nicht sozialdemokratisch. Denn der Begriff „Sozialdemokratie", in Frankreich auch vom PS des François Mitterrand zurückgewiesen, stand für eine Anpassung an den mainstream westeuropäischer Politik; stand vor allem für die SPD und die Labour Party. Von dieser sollten sich PS und die Linksregierung vor allem durch eine umfassende Politik der Umgestaltung ökonomischer Machtverhältnisse unterscheiden.

Doch was 1945 der britischen Labour Party unter Clement Attlee möglich war – vor dem Hintergrund der Mangelwirtschaft des Kriegsendes; und was auch in Österreich, unter den Vorzeichen der Konzentrationsregierung und ihrer Verstaatlichungsgesetze 1946 und 1947 gelang – als Folge des Kapitalmangels, des Problems des „deutschen Eigentums" und der Zugriffswünsche der sowjetischen Besatzungsmacht, das gelang mehr als drei Jahrzehnte später in Frankreich nicht.

Die französische Ökonomie war 1981 bereits zu sehr mit der europäischen und mit der globalen Ökonomie verflochten. Ausdruck dieser Verflechtung war Frankreichs Beteiligung an der Europäischen Integration – an der EGKS, an der EWG und der Euratom, die 1981 bereits zur Europäischen Gemeinschaft (EG) verschmolzen waren. Innerhalb der EG hatte das verabredete Europäische Währungssystem (EWS), ein Vorbote der Europäischen Währungsunion (EWU), die währungspolitische Souveränität aller teilnehmenden Staaten zwar noch nicht de jure, aber de facto reduziert.

Die 1981 mit großem Elan einsetzende Politik der französischen Linksregierung sollte schneller als von den Architekten dieser Politik erwartet die Grenzen erfahren, die das EWS und die europäische Integration in ihrer Gesamtheit einer nationalen Politik setzten. Und mit den Grenzen, die von Europa definiert wurden, standen auch die Grenzen in engem Zusammenhang, die von der Logik der globalen Kapitalflüsse hergeleitet wurden.

4.2. Die Realität: Währungsverfall als Ausdruck der Grenzen sozialistischer Politik

Von Anfang an war klar, dass die anspruchsvolle Politik der Präsidentschaft Mitterrands und der Regierung Mauroy sich vor allem an den ökonomischen Gegebenheiten reiben muss. Dabei gab es sowohl innere, endogene, als auch äußere, exogene Faktoren: (Cerny 1983, 213)

- endogen: steuerliche und budgetbezogene Grenzen, Rückgang des privaten Investments und die allgemeinen Schwierigkeiten des strukturellen Wandels;

- exogen: Kapitalflucht, Währungsspekulation und der globale Zusammenhang von Produktion, Wechselkursen und Kapitalakkumulation.

Das Zusammenspiel endogener und exogener Faktoren begrenzte den ursprünglich so entschlossenen Gestaltungs- und Veränderungswillen. Dazu kam, dass das Linksbündnis, das 1981 mit so überzeugender Mehrheit gewählt wurde, in sich keineswegs homogen war – da waren die Koalitionspartner des PS, insbesondere die Kommunisten; und da war, vermutlich viel wichtiger, die fraktionelle Vielfalt innerhalb des PS. Mitterrand hatte ja eine als Partei – als PS – verkleidete Allianz unterschiedlicher Gruppierungen zum Sieg geführt. Zwischen diesen Quasi-Parteien innerhalb des PS gab es vieles, was sie nicht verband; verbunden waren sie durch die Person Mitterrand, durch den Wahlsieg und durch ein anspruchsvolles Programm – nicht aber durch eine gemeinsame Vorstellung, wie dieses Programm umzusetzen wäre.

Noch 1981 begann, als Folge der internationalen Reaktion auf das französische Sozialisierungsprogramm, ein Verfall der französischen Währung. (Singer 1988: 132 f.) Die Bindung Frankreichs an die Europäische Gemeinschaft und das Europäische Währungssystem (EWS) hatte offenkundig der nationalen Steuerungsmöglichkeit Grenzen gesetzt, die Mitterrand und Mauroy so nicht bedacht hatten.

Im Oktober 1981 wertete die Regierung Mauroy erstmals den Franc ab. Im Juni 1982 folgte eine zweite Abwertung. (Cameron 1996: 63–67) Diese Abwertungen konnten den Abfluss von Kapital aber nur bremsen, nicht stoppen.

1983 spitzte sich die Situation zu: Auf der einen Seite stand der Anspruch der von Mitterrand geführten Linksallianz – auf der anderen Seite die realen Bedingungen der französischen Gesellschaft und Wirtschaft, die sich offenkundig nicht mehr mit den traditionellen Instrumenten nationalstaatlicher Politik allein gestalten ließen. Der „Sozialismus in einem Staat" hatte eine Grenze erreicht. (Ross 1996: 39)

Im Februar und März 1983 – vor dem Hintergrund der bevorstehenden Kommunalwahlen – stellte sich der Regierung folgende Alternative: Mitterrand und Jean-Pierre Chevenément, der Minister für Industrie und Forschung, wollten Frankreich aus dem Verbund der EMS lösen, um so – unbehindert von den disziplinierenden Grenzen europäischer Verabredungen – einen nationalen französischen Protektionismus zu forcieren. Premier Mauroy, massiv gestützt von Finanzminister Jacques Delors und von Laurent Fabius (der bald Mauroys Nachfolger als Regierungschef werden sollte), vertrat die andere Position: Frankreich sollte im EMS bleiben und – unter Respektierung der Regeln des europäischen Währungssystems – eine weitere Abwertung des Franc durchführen. Mauroy gelang es – auch mit dem Mittel einer Rücktrittsdrohung, Mitterrand zu überzeugen. Chevenément sah, innerhalb des PS isoliert, keinen anderen Ausweg als den Rücktritt von seinem Regierungsamt. (Berstein 1998: 58; Friend 1998: 43)

Norman Birnbaum stellt die für den PS, die Präsidentschaft Mitterrand und die Regierung Mauroy strategisch entscheidende Frage: „Was sollten die Sozialisten (und ihre kommunistischen Verbündeten in der Regierung) sowie die Gewerkschaften tun, wenn die verstaatlichten Banken und Versicherungskonzerne sich einem internationalisierten Kapitalismus fügen mussten? ... Die sozialistische Regierung meinte, dass sie sich auf die Bedingungen der internationalen Märkte einlassen müsse: Es wurde ein harter Sparkurs gefahren, um die Währung zu stabilisieren und Frankreich in einer Linie mit den übrigen EU-Staaten, vor allem mit Deutschland, zu halten." (Birnbaum 2003, 304)

Mitterrand und der PS sahen keine Möglichkeit, eine sozialistische Politik in Frankreich gegen den globalen Kapitalismus und gegen die innerhalb der EU zunehmend abgestimmte Politik Europas zu machen. Frankreich war keine sozialistische Insel, konnte keine solche Insel im Meer Europas sein. Das ambitionierte Sozialismus-Programm des PS war zu Ende.

Der PS hatte eine Lektion gelernt: In Frankreich war es bis dahin üblich, den Sozialismus à la PS von der Sozialdemokratie à la SPD abzugrenzen und in letzterer doch eher den Ausverkauf der sozialistischen Ideale an die Logik des Kapitalismus zu sehen. 1983 war diese Illusion zu Ende. Der Sozialismus der „Ära Mitterrand" konnte – wie der Sozialismus der „Ära Kreisky" oder der der „Ära Blair" – die Gesetzmäßigkeit eines zunehmend globalisierten Kapitalismus nicht im nationalen Alleingang aufheben.

4.3. Die Konsequenz: Konfliktlösung als Sach-, nicht als Personalentscheidung

Die Krise des März 1983 sollte – prägend für die verbleibenden zwölf Jahre der „Ära Mitterrand" – die Weichen stellen: für eine Politik, mit der Frankreichs Linke die europäischen (und damit die globalen) Grenzen sozialistischer Ansprüche akzeptierte; und gegen eine Politik, die diese Akzeptanz verweigerte.

Entlang der Trennlinien zwischen den „courants" hatte sich die Position Mauroys direkt (und die Rocards indirekt) durchgesetzt – gegen Chevenément. Mitterrand und damit das entscheidende Zentrum der Partei hatte sich zuerst am nationalen Weg des CERES zu orientieren versucht – nur um dann zum europäischen Weg Mauroys und Delors' umzuschwenken.

Der Konflikt innerhalb des PS war natürlich auch ein persönlicher. Die „courants" machten inhaltliche Ein- und Zuordnungen möglich, sie setzten aber die Dynamik persönlicher Gegensätze nicht außer Kraft. So konnte Michel Rocard, ein – indirekter – Sieger des März 1983, das Resultat der Krise nicht wirklich nützen, weil Mitterrand und Fabius, der sich erfolgreich als „Mitterrandist" profilierte, in Rocard einen persönlichen Gegenspieler sahen. Doch Chevenément und seine Fraktion konnten sich seit dem März 1983 nicht mehr erholen – und obwohl Chevenément mit seiner Gruppierung noch zwei Jahrzehnte hindurch die französische Politik mitbestimmen sollte, war der Konflikt 1983 entscheidend für den faktischen, erst später auch formellen Bruch zwischen Chevenéments CERES und der Partei. (Bell 1998)

Die „Sieger" des Konfliktes sollten freilich auch eine höchst unterschiedliche politische Zukunft vor sich haben. Mauroy hatte sich zwar bei (ursprünglich sogar gegen) Mitterrand durchgesetzt – aber seine Ablöse als Premier durch Fabius stand unmittelbar bevor. Mitterrand wollte offenbar einen unbedingten „Mitterrandist" als Premier. Delors verabschiedete sich 1984 von der Regierung – er wurde Präsident der Europäischen Kommission. Sein Nachfolger als Wirtschafts- und Finanzminister wurde Pierre Bérégovoy, der ab 1981 Chef des Präsidialamtes Mitterrands gewesen war und ebenfalls zu den „Siegern" des Konfliktes von 1983 gezählt wird. (Lacouture 1998: 85)

Vom Ausgang des Konfliktes des März 1983 führt eine direkte Linie zur Politik der Regierung Jospin, die – trotz einer sozialistischen Rhetorik – mit ihrer Politik der Privatisierung das aufzulösen bestrebt war, was von der Ära Mitterrand und ihrem sozialistischen Anspruch noch übrig war. Dass die von Jospin geführte Regierung die Politik der Privatisierung, von ihren (gaullistischen) Vorgängern vor 1997 begonnen, ab 1997 fortsetzte, war das Eingeständnis in die Unvermeidlichkeit dessen, was Mitterrand und sein PS 1983 zu lernen hatten – dass es keinen „französischen Weg zum Sozialismus" geben kann; dass die Gestaltungsmöglichkeit nationaler Politik im Europa der Währungsunion beständig abnimmt. Das Schicksal des Parteiführers und Präsidentschaftskandidaten Jospin zeigt aber auch, dass die von ihm 1997 geweckten Erwartungen aber für einen massiven Vertrauensverlust verantwortlich waren, die 2002 das Ende der Karriere Jospins bringen sollten: Zwischen Jospin und Juppé, seinem gaullistischen Vorgänger im Amt des Premiers; zwischen Jospin und Chirac, seinem Konkurrenten um das Amt des Präsidenten schien es für viele, deren Augen auf ein sozialistisches Ziel gerichtet waren, keine signifikanten Unterschiede zu geben.

4.4. Gemeinsamkeiten und Unterschiede zwischen der Krise der SPÖ und der Krise des PS

Die wohl wesentliche Gemeinsamkeit zwischen der Krise der SPÖ, 1980, und der Krise des PS, 1983, war der tiefe Graben zwischen Erwartung und Realität; zwischen der Vorstellung, dass – legitimiert durch Wahlerfolge – nun die Stunde des demokratischen Sozialismus gekommen sei; und der Realität, dass sich ein Qualitätssprung in dem von vielen erwarteten Ausmaß nicht einstellte.

In Österreich war die Bilanz eines Jahrzehnts sozialistischen Regierens wohl unter den Begriff „Modernisierungsschub" zu subsumieren. Vor allem im nicht-ökonomischen Bereich hatte die Regierung Kreisky wesentliche Reformen durchgesetzt – die Strafrechtsreform 1973 und die Universitätsreform 1975. Doch dieser Bilanz stand gegenüber, dass ab 1975 der Reformelan erschöpft schien – bzw. die Modernisierungsaufgaben erfüllt waren. Vor allem aber war die Gesamtbilanz der „Ära Kreisky" dadurch gekennzeichnet, dass es zwar wesentliche sozialpolitische Maßnahmen zugunsten sozial Schwacher gegeben hatte – etwa das Gratisschulbuch und die Gratisschulfahrt; dass aber die gesellschaftliche Gleichheit insgesamt, gemessen etwa an der Einkommensverteilung, sich nicht signifikant verbessert hatte. Dem österreichischen Sozialismus blieb der Erfolg versagt, der in den Augen gerade der sich auf die austromarxistische Tradition berufenden Linken in der Partei doch entscheidend sein sollte: der Schritt in Richtung einer Gesellschaft der Gleichen.

In Frankreich war die Bilanz der ersten Jahre der Ära Mitterrand dadurch charakterisiert, dass die von der linken Mehrheit betriebene Politik rasch an – vor allem international und europäisch definierte – ökonomische Grenzen stieß. Die sozialistische Politik Mitterrands und Mauroys provozierte den Abfluss von Kapital – und damit einen ständigen Wertverlust der französischen Währung. Dies erzwang, auch als Konsequenz des Europäischen Währungssystems (EWS), die Abwertung des Franc – und damit auch eine die französischen Konsumentinnen und Konsumenten treffende Verteuerung aller Importwaren.

In beiden Fällen war die Grenze der Reformpolitik ökonomisch definiert; in beiden Fällen wurde damit ein Limit nationalstaatlicher Politik demonstriert. Der „Sozialismus in einem Staate" konnte unter den Rahmenbedingungen liberaler, westlicher, pluralistischer Demokratie zwar skizziert – unter den Rahmenbedingungen einer international (und vor allem europäisch) verflochtenen Ökonomie aber garantiert nicht umgesetzt werden.

Diese Grenze war aber weder der SPÖ in den 70er-Jahren, noch dem PS (und schon gar nicht seinem Koalitionspartner, dem PC) 1981 voll bewusst. Die Regierung Kreisky und die Regierung Mauroy agierten, zumindest in der Wahrnehmung der parteiinternen Öffentlichkeit, als gelte es, den Sozialismus – demokratisch legitimiert – auf einer einsamen Insel aufzubauen. Und als deutlich wurde, dass dies so nicht gelang, führte dies zu Konflikten. Der Graben zwischen Erwartung und Wirklichkeit musste zu Auseinandersetzungen führen.

Die beiden Parteien – die SPÖ und der PS – gingen höchst unterschiedlich mit der Krise um. In Österreich wurde der Konflikt Kreisky – Androsch vor allem auf der Ebene des Moralisierens und der persönlichen Schuldzuweisungen ausgetragen. Und Bruno Kreisky, die Integrationsfigur der Partei, hatte sich als Integrator selbst aus dem Spiel genommen – weil er Partei war. In Frankreich hingegen blieb die Integrationsfigur – François Mitterrand – weitgehend über den Fraktionen und Parteiungen des die Krise begleitenden Konflikts. Deshalb konnte Mitterrand auch als Schiedsrichter auftreten, dessen Spruch den Konflikt entschied und die Krise beendete – soweit dies kurzfristig und (im engeren Sinne) politisch überhaupt möglich war. In Frankreich wurde die Krise von einem politischen Richtungsstreit ausgelöst und begleitet, in dem die verschiedenen Optionen der Sozialdemokratie strategisch verdeutlicht wurden. In Österreich hingegen wurde die Krise vor allem als Streit um die Parteiführung verstanden, dessen tieferer Hintergrund eher in einem ödipalen und weniger in einem strategischen Konflikt gesehen wurde.

Kreisky war in der Krise der SPÖ, 1980, Partei. Mitterrand war in der Krise des PS, 1983, Schiedsrichter zwischen und über den Parteien. Kreisky versuchte die Enttäuschungskrise zu meistern, indem er sich an die Spitze der Enttäuschten stellte – und diesen eine personalisierte Erklärung offerierte: Hannes Androsch, „nouveau riche", verbürgerlichter Repräsentant eines den Sozialismus verdrängenden Pragmatismus. Mitterrand versuchte die Enttäuschungskrise zu meistern, indem er – nach einigem Zögern und Zaudern – sich auf die Seite derer stellte, die diese Enttäuschung für unvermeidbar hielten.

Hinter diesen beiden Abläufen sind wesentliche Unterschiede festzustellen: Die Krise der SPÖ brach nach einem Jahrzehnt sozialistischer Hegemonie im politischen System Österreichs aus; die Krise des PS im dritten Jahr sozialistischer Hegemonie im politischen System Frankreichs. Die wesentlichen Akteure des Konfliktes innerhalb der SPÖ waren durch Unterschiede im Alter gekennzeichnet – aber nicht durch Unterschiede in der politischen Herkunft: Alle wesentlichen Akteure waren Produkt des Milieus, des sozialistischen Lagers – teilweise noch des Lagers, wie es vor 1934 bestanden hatte (Kreisky selbst, aber auch Firnberg, Broda, Benya, Waldbrunner). Die wesentlichen Akteure des Konflikts innerhalb des PS waren hingegen durch die fraktionellen Trennlinien innerhalb des ja 1971 neu gegründeten PS gekennzeichnet. Insbesondere Mitterrand selbst kam aus keinem traditionell linken Milieu. Der SFIO hatte er gar nicht angehört. Sozialist im Sinne einer parteipolitischen Bindung war Mitterrand eigentlich erst seit 1971. Und Ähnliches galt auch für andere Akteure – für Jacques Delors etwa, der erst in den 70er-Jahren zu Mitterrand und zum PS und damit zum demokratischen Sozialismus gestoßen war; für Michel Rocard, dessen PSU immer einen speziellen Akzent getragen hatte, der ihn von der Tradition des SFIO unterschied. (Baumann-Reynolds 1995: insbes. 92–115)

Kreisky war 1980 mit einem Konflikt konfrontiert, der an der Fiktion der Einheit der Partei rüttelte. Mitterrand hatte mit einem Konflikt zu tun, dessen Hintergrund die offen eingestandene, quasi fraktionelle Fragmentierung im PS war. Die SPÖ (und Kreisky) hatten etwas zu verlieren, was der PS nie gekannt hatte – die Vorstellung einer geschlossenen Partei; die Realität eines politisch-weltanschaulichen Lagers.

In diesem Sinne war der PS die „modernere" Partei. Er hatte die Brüche bereits hinter sich, die – aus den katastrophalen Niederlagen in den ersten zwölf Jahren der Fünften Republik erklärbar – die Partei des demokratischen Sozialismus in Frankreich zerstört und wieder aufleben hatte lassen: von vornherein als Koalition erkennbar differenter „courants".

Die SPÖ hatte, ihren noch katastrophalen Niederlagen in der Schlussphase der Ersten Republik zum Trotz, die Harmonievorstellungen des Lagerdenkens noch nicht aufgeben müssen. Es half der Partei Kreiskys, dass ihre großen Niederlagen – vor allem die von 1934 – mit dem heroischen Gestus des Widerstandes gegen den Faschismus versehen waren. Die SFIO hatte diese Möglichkeit nicht, ihre Niederlagen von 1958, 1965 und insbesondere 1969 als moralische Heldentaten zu interpretieren. Die Niederlagen der SFIO waren Niederlagen im demokratischen Wettbewerb – die Niederlagen der SPÖ hingegen waren Niederlagen im Kampf für Verfassung und Rechtsstaat und Demokratie, gegen einen antidemokratischen Feind.

Der Konflikt traf die SPÖ 1980 daher viel härter als es den PS 1983 traf: Wie sonst nur noch in der Krise um Franz Olah, 1964 und 1965, wurde die SPÖ emotional an den Rand einer Zerreißprobe gebracht. Es war ein alle in der Partei tief traumatisierender Familienkonflikt, der sich da 1980 abspielte – auch unabhängig von den (möglichen, teilweise sinnvollen) Deutungen des Kreisky-Androsch-Konfliktes als einer quasi-ödipalen Auseinandersetzung zwischen politischem Vater und politischem (Zieh-)Sohn.

Für eine solche Emotionalisierung fehlten im PS die Voraussetzungen. Dem Konflikt fehlte daher auch die traumatisierende Komponente. Und er war viel eindeutiger als Richtungsstreit erkennbar – klarer erkennbar auch in seiner Funktion einer Erwartungs- und Enttäuschungskrise. Der PS hatte das nicht mehr zu verlieren, was die SPÖ 1980 noch schützen zu können glaubte – die Vorstellung von einer quasi-religiösen Geschlossenheit; von einer Einheit, die über die Kongruenz von Interessen hinausging.

Der Konflikt in der SPÖ von 1980 war wie der im PS von 1983 Ausdruck der unvermeidlichen Krise des nationalstaatlich orientierten demokratischen Sozialismus, der gerade unter optimalen Hegemoniebedingungen Grenzen erfahren musste, die vorher nicht erfahrbar waren: Die Grenzen nationaler Politikgestaltung; die Grenzen – letztlich die Unmöglichkeit – eines demokratischen Sozialismus in einem Staat. Doch diese Sicht der Krise war in der SPÖ 1980 und danach verstellt – weil der Konflikt die Aufwühlungen mit sich brachte, die ein tiefer familiärer Konflikt mit sich bringt. Im Fall des PS war die funktionale Deutung der Krise viel leichter – denn der PS war kein Lager, keine Familie. Er war, in diesem Sinne, eben die „modernere" Partei.

5. Der zweite Vergleich: Die Krise der britischen Labour Party 1979 bis 1997

Der Wahlsieg der britischen Labour Party im Sommer 1945 ermöglichte die Entstehung eines Modells, an dem sich die europäische Sozialdemokratie lange zu orientieren vermochte. Der „demokratische Sozialismus" der Regierung Clement Attlee wurde in doppelter Weise für das Verständnis der europäischen Mitglieder der Sozialistischen Internationale bestimmend:

- Der Sozialismus der Labour Party war ohne Einschränkungen in die Wertvorstellungen und Spielregeln der britischen Westminister-Demokratie eingebunden. Die Labour Party praktizierte einen Sozialismus, der liberale Demokratie nicht nur respektierte, sondern voraussetzte. Dadurch grenzte sich der Sozialismus der Labour Party grundsätzlich vom Sozialismus des Marxismus-Leninismus und damit von den Kommunistischen Parteien ab. Diese Abgrenzung wiederum schloss auch einen prinzipiellen Antisowjetismus in der Internationalen Politik mit ein, der sich etwa in der Integration von sozialdemokratisch (mit-)regierten Ländern in die diversen westlichen Organisationen und Allianzen (Marshall Plan und OEEC, bzw. OECD; NATO; Europarat; EGKS, bzw. EWG und schließlich EG) konkretisierte.
- Der Sozialismus der Labour Party war einer des „dritten Weges" zwischen einem Sozialismus, der jede Form des Privateigentums and Produktionsmitteln ablehnte; und einem Kapitalismus, der jede Form der Vergesellschaftung des Eigentums ausschloss. Die Labour Regierung betrieb systematisch eine Politik der Verstaatlichung von Schlüsselindustrien und des öffentlichen Verkehrs, sie vermied es aber ebenso konsequent, sich mit einer Politik der Gesamtkollektivierung zu befassen. Das Kabinett Attlee (1945 bis 1951) war einer „mixed economy" verpflichtet, in der sich Privat- und Kollektiveigentum nebeneinander ebenso fanden wie Elemente der Marktwirtschaft und des staatlichen Dirigismus.

Diese Form des Sozialismus war nicht nur für die europäische Sozialdemokratie prägend; sie stand auch für den damals herrschenden Konsens, für den Mainstream in der (west-)europäischen Politik überhaupt. Nicht nur die sozialdemokratischen Parteien wurden von solchen Positionen geprägt, auch die konservativen und christlich-demokratischen Parteien wie der französische MRP und die ursprünglich an diesem stark orientierte ÖVP. Das 1946 beschlossene „Wiener Programm" des ÖAAB (wie auch das „Ahlener

Programm“ der CDU) reflektierte in der unmittelbaren Nachkriegszeit einen breiten (west-)europäischen Konsens: Die Zukunft Europas sollte nicht durch ungebremsten Kapitalismus, sondern durch eine pragmatisch zu bestimmende Mischform markt- und planwirtschaftlicher Elemente bestimmt werden. (Skalnik 1972, insbes. 208–210)

Die britische Labour Party gab damit einen Konsens vor, der auch von den britischen Konservativen 1951 – nach der Wahlniederlage Attlees – übernommen wurde: Die Regierung Winston Churchills akzeptierte 1951 und in den Jahren danach einen Großteil der von der Labour-Regierung vorgenommenen Verstaatlichungen wie auch das anspruchsvolle Programm des nationalen Gesundheitsdienstes. Der Wettbewerb zwischen Labour und Konservativen fand ab 1945 zunächst auf dem von Labour inhaltlich definierten Boden eines Sozial- und Wohlfahrtsstaates und einer „mixed economy“ statt. (Best 2002, 302–307)

Die Wahlniederlage der Labour Party, 1951, löste einen internen Richtungsstreit aus. Auf der einen Seite standen die Anhänger eines regierungssozialistisch orientierten Pragmatismus, die – wie Hugh Gaitskell – primär die Regierungsfähigkeit der Partei und damit den nächsten Wahlerfolg im Auge hatten. Auf der anderen Seite standen Personen wie Aneurin Bevan, denen der Wahlsieg nur ein Mittel zum Ziel und nicht Ziel an sich war. Bevan stand, wofür – in zeitbedingt etwas veränderter Form – 1979 und danach auch Foot stand: „for a more aggressive socialist policy“. (Harris 1982, 515) Die Antwort auf die Niederlage und den Verlust der Regierung sollte, so Bevan und der „linke“ Flügel, zu einer Betonung sozialistischer Grundsätze führen – zu einem Ruck nach links; während Gaitskell für eine Orientierung an der politischen Mitte stand. Dort, und nicht links außen, waren ja auch Wahlen zu gewinnen.

Doch der Richtungsstreit der 50er-Jahre nahm nur auf den ersten Blick das vorweg, was 1979 zur veritablen Krise der Partei werden sollte. Zwar ging es nach 1951 und nach 1979 auch darum, in welchem Maße Labour Konzessionen an die politische Mitte – an die entscheidenden „marginal voters“ – machen sollte, um Wahlen zu gewinnen. Aber nach 1951 sah sich Labour einer Konservativen Partei gegenüber, deren Pragmatismus die wesentlichen Errungenschaften der Regierung Attlee unangetastet ließ. (Eley 2002, 387 f.) Der Mainstream britischer Politik war und blieb von Labour definiert. Nach 1979 hingegen war Labour mit einer regierenden Konservativen Partei konfrontiert, die eben diesen Mainstream neu definierte; die den nationalen Konsensus der Jahre nach 1945 aufkündigte. Die Krise, in die die Labour Party 1979 geworfen wurde, hatte daher eine ganz andere, viel tiefere Dimension als der Richtungsstreit nach 1951 – ab 1979 sah sich Labour mit einem Politikverständnis konfrontiert, das zum Teil das Ende nationaler Politikfähigkeit ankündigte.

5.1. Der Beginn der Krise: Ein strukturkonservativer Reflex

Attlee und Macmillan, Wilson und Heath waren – als sozialdemokratische oder konservative Regierungschefs – im Wesentlichen vom sozialstaatlichen Grundkonsens der Nachkriegszeit geprägt. Daran sollte sich in Großbritannien ab 1979 etwas grundlegend ändern: Die Konservative Regierung unter Margaret Thatcher begann, diesen 1945 entstandenen Konsens systematisch zu zerstören. „Thatcherism" wurde – wie „Reagonomics" in den USA – zum Schlagwort für Privatisierung und Deregulierung; zum Schlachtruf dessen, was in Europa „Neoliberalismus" und in den USA „Neokonservativismus" genannt wurde und wird.

Die britische Labour Party reagierte auf diesen Paradigmenwechsel britischer (und bald auch europäischer) Politik mit einem strukturkonservativen Reflex: Unter Michael Foot wurde sie, in der Opposition, zur Verteidigerin des Status quo ante. Doch dabei wurde die Parteiführung von einer „Viererbande" herausgefordert: Shirley Williams, William Rodgers, David Owen, Roy Jenkins. Den Erfolg gegen diese Dissidenten bezahlte die Partei mit der Gründung einer gemäßigten Linkspartei – der Social Democratic Party (SDP), deren weitere Entwicklung zu einer Verschmelzung mit der Liberal Party zur Liberal Democratic Party (LDP) als zentristische Partei zwischen Labour und Konservativen führte. Doch die Auseinandersetzungen innerhalb der Labour Party trugen 1983 entscheidend zur katastrophalsten Wahlniederlage der Labour Party seit 1935 bei – und zur Legitimation des „Thatcherismus". (Eley 2002, 462–464)

SDP und LDP positionierten sich auch und vor allem europapolitisch anders als Labour: Jenkins, der – noch nominiert von der Labour-Regierung – der erste britische Präsident der EU-Kommission gewesen war, und die anderen zentristischen Labour-Rebellen sahen die Realität der Europäischen Union anders als die Labour-Führung nach 1979 – nämlich grundsätzlich positiv. Die Rebellen nahmen das vorweg, was dann – etwa ein Jahrzehnt später – zu einem Merkmal von „New Labour" unter Tony Blair werden sollte: die Aussöhnung der britischen Linken mit der europäischen Integration. Auch in diesem Sinn hätte das Konzept der „Viererbande" die Krise von Labour vermeiden können – Labour wäre dann schon 1979 in die Phase eingetreten, die dann, nach einer schmerzhaften und langen Zeit des

Ausschlusses von der Regierungsmacht, 1997 beginnen sollte. Hätte die „Viererbande" 1979 die Führung der Partei übernommen – die Regierung Thatcher hätte sich vermutlich nicht zu einer Ära ausgewachsen.

Die Labour Party hatte sich 1979 – nach einer Regierungszeit von fünf Jahren unter den Premiers Wilson und Callaghan – der Logik des Parteienwettbewerbs verweigert. Sie reagierte auf die Wahlniederlage nicht, wie das die SPÖ 1966 getan hatte – sie bewegte sich nicht in Richtung der politischen Mitte. Die Labour Party zog aus der Niederlage nicht die nahe liegende Schlussfolgerung, dass sie der Konservativen Partei die 1979 verlorenen, wahlentscheidenden Stimmen der politischen Mitte streitig machen müsste. Sie überließ die politische Mitte kampflos einerseits den Dissidenten der SDP, andererseits der Konservativen Partei, die unter den Rahmenbedingungen der Mehrheitswahl und des Zwei-Parteien-Systems ja der Hauptnutznießer der Lernverweigerung der Labour Party sein musste.

Die Krise der Labour Party wurde durch die Fehleinschätzung der Ergebnisse der Regierungen Wilson und Callaghan ausgelöst. Die Parteiführung unter Michael Foot und Anthony Benn sah die Ursache für die Niederlage 1979 in einem Zuwenig an Staatsinterventionismus und Unionismus – also gewerkschaftlicher Offensiven. Für Foot und Benn waren Wilson und Callaghan nicht am Ende der Möglichkeiten eines demokratischen Sozialismus in einem Staat angelangt – im Gegenteil, ihr Scheitern wurde auf ein Defizit an Sozialismus zurückgeführt. Die Labour Party verhielt sich 1979 und in den Jahren danach so, als wäre die britische Gesellschaft grundsätzlich dieselbe wie die am Beginn der Ära Attlee; als gelte es, an die Grenzen (national-)staatlicher Politik expansiv vorzustoßen; als wäre die nationalstaatliche Politikgestaltung weiterhin mindestens in dem Maße gegeben, wie das 1945 der Fall gewesen war. Dass Großbritannien durch seinen Beitritt zur EG und dass auch unabhängig davon Nationalstaaten prinzipiell Politikfähigkeit verloren hatten – dieser Erkenntnis konnte die Labour Party ab 1979 ausweichen, weil sie in der Opposition war. Eben dies war der SPÖ in der Schlussphase der Ära Kreisky ebenso wenig möglich wie dem PS in den ersten Jahren der Ära Mitterrand.

Und doch hätte es auch in Großbritannien genügend Evidenz dafür gegeben, dass der traditionell etatistische Denk- und Strategieansatz der europäischen Sozialdemokratie an Grenzen gestoßen war. Geoff Eley sieht gerade in dieser Zeit das Aufkommen eines dualen Arbeitsmarktes als Zeichen geänderter Voraussetzungen:

> The British example bespoke a general trend: in this period Western European capitalism increasingly acquired dual labor markets. Best-paid

> workers were divided from the rest by company-negotiated contracts dispensing with the old corporatist ground rules. (Eley 2002, 392)

Die Egalität innerhalb der Arbeitnehmerschaft begann sich zurückzuentwickeln. In Großbritannien – wie auch in Frankreich und in Österreich – bedeutete dies auch eine Auseinanderentwicklung der privaten und der öffentlichen Gewerkschaften. Die Gewerkschaften, die sich auf Arbeiter und Angestellte der Privatwirtschaft stützten, wurden durch die Dualität des Arbeitsmarktes schwer getroffen – für die aufstiegsorientierten und aufstiegsfähigen bot der duale Arbeitsmarkt Chancen völlig unabhängig von gewerkschaftlicher Rückendeckung. Innerhalb der Gewerkschaftsbewegung führte dies zu einer neuen Gewichtung – die Gewerkschaften des öffentlichen Dienstes nahmen relativ an Bedeutung zu, während die Gewerkschaften der privaten Wirtschaft die Folgen der dualen Arbeitsmarksituation zu tragen hatten. Die Gewerkschaften, die innerhalb des britischen Dachverbandes TUC stark wuchsen, waren die GMB (General and Municipal Workers), NALGO und NUPE – durchwegs Gewerkschaften, deren Basis der öffentliche Sektor war und deren Mitgliedschaft zunehmend aus Frauen bestand. (Eley 2002, 392) Damit drohte aber dem etatistischen Sozialismus à la Attlee eine Voraussetzung verloren zu gehen – die Fähigkeit der Gewerkschaften zur Gegenmachtbildung am Arbeitsmarkt.

Doch das wollte oder konnte die Labour Führung am Beginn der 80er-Jahre so nicht sehen. Sie verweigerte sich der Anpassung ihrer Politik an die geänderten gesellschaftlichen (ökonomischen) Rahmenbedingungen. Damit hielt sie ein schrumpfendes Wählersegment mit Erwartungen bei der Partei, die für die entscheidenden Grenzwählerschichten entweder nicht mehr glaubwürdig oder nicht mehr interessant waren. Die Labour Party betrieb in dieser ersten Phase ihrer Krise eine Politik des „als ob" – „als ob" der Kapitalismus der 80er-Jahre mit dem der 40er-Jahre grundsätzlich identisch wäre; „als ob" Staatsinterventionismus Resultate bringen könnte, die für eine Mehrheit der arbeitenden Menschen attraktiv sein könnte; „als ob" Großbritannien ein voll souveräner Nationalstaat sei, dessen Politikfähigkeit nicht durch die Trends der Europäisierung und Globalisierung immer mehr eingeschränkt wäre. Die Krise der Labour-Party war zuallererst eine Krise der Wahrnehmung.

Das Resultat dieser Krise war die Ära Thatcher: Eine Folge von konservativen Wahlsiegen, die zu einer im 20. Jahrhundert einmaligen Dominanz einer Partei – der Konservativen – beitrugen. Die Spaltung der Labour Party und der strukturkonservative Reflex der Parteiführung unter Foot lieferten der Konservativen Partei die bestmöglichen Voraussetzungen für achtzehn Jahre der Hegemonie. Die Labour Party hatte sich selbst um ihre Wettbewerbs- und Erfolgsfähigkeit gebracht. Nach dem Desaster Michael Foots erholte sich die Partei unter der Führung von Neil Kinnock nur langsam, bis mit der Übernahme der Parteiführung durch Tony Blair sich ein anderer, neuer „Dritter Weg" durchgesetzt hatte: Labour beharrte nicht mehr auf der Welt von gestern, auf der Welt des Clement Attlee, in der umfassende Sozialisierungsprogramme mir einer weiten Akzeptanz rechnen konnten. Mit Blair (und der theoretischen Überhöhung durch Anthony Giddens) signalisierte Labour, dass sie den Paradigmenwechsel zu akzeptieren gelernt hatte: Das Konzept des demokratischen Sozialismus in einem Staat war zu Ende. Labour beanspruchte jetzt nur mehr, den Kapitalismus mit einem menschlichen Antlitz versehen zu können.

Das Beharren auf dem Konzept von gestern hatte die Labour Party in einen „tiefen Sumpf der Verzweiflung" gebracht. (Birnbaum 2003, 379) Foot und die anderen Mitglieder der Parteiführung, die nach 1979 den Oppositionskurs bestimmten, hatten keine Konsequenzen aus den seit 1945 veränderten Rahmenbedingungen gezogen, in denen sich Großbritannien befand: Das Land war Teil eines „Gemeinsamen Marktes", der sich bald zu einem „Binnenmarkt" weiterentwickeln sollte. Die traditionelle Stammwählerschaft Labours – die ArbeiterInnen – sahen immer weniger in der „besitzenden Klasse", im Bürgertum, ihre Gegner; immer mehr reagierten sie mit dem kleinbürgerlichen Reflex und versuchten das zu verteidigen, was ihnen der soziale Konsens – von Attlee und Macmillan, Wilson und Heath abgesichert – gebracht hatte: Besitz und relativen Wohlstand. Immer mehr wählten daher Thatcher und die Konservativen, die ihnen ein bürgerliches Selbstverständnis vermittelten – in Abgrenzung von Gewerkschaften und Staatsverwaltung.

Labour war in der Zeit Margaret Thatchers (1979 bis 1990) gelähmt, in sektiererischem Diskurs verhaftet – und unfähig, neue Mittelschichten anzusprechen. Labour ermöglichte durch diese Unfähigkeit zum Wettbewerb erst die Hegemonie des Thatcherismus – der erfolgreichen Zerstörung von vielem, was den alten „dritten Weg" Clement Attlees ausgemacht hatte. Labour hatte eine der Voraussetzungen der „Ära Thatcher" selbst geschaffen, indem sich die Partei der Realität verweigert hatte.

5.2. Das Ende der Krise – ein neuer „Dritter Weg" ?

In den 90er-Jahren begann Labour Konsequenzen zu ziehen. Kinnock versuchte, fast erfolgreich, die Wettbewerbsfähigkeit zurückzuerlangen – die relativ knappe Wahlniederlage 1992 gegen die nun von John Major geführten Konservativen zeigten, dass Labour der politischen Realität wieder auf der Spur war.

Diese Realität erforderte eine neue Definition dessen, wofür Harold Laski und Clement Attlee 1945 erfolgreich gestanden waren: „erweiterte Sozialleistungen, bessere Bildungschancen, eine staatliche Gesundheitsfürsorge und die Verstaatlichung wichtiger Industriebetriebe". (Birnbaum 2003, 184) Anthony Giddens und Tony Blair gingen davon aus, dass das Beharren auf dem Programm, das 1945 richtig – weil erfolgversprechend – gewesen war, 1997 nicht richtig sein könnte. Die Labour Party signalisierte vor ihrem erdrutschartigen Erfolg 1997, dass sie sich auf den Boden des neuen, von Thatcher definierten Mainstreams stellen würde – auf den Boden der zurückgenommenen staatlichen Interventionen und der weitgehend privatisierten Industrie. Blair wollte auf Thatcher und Major im Rahmen dieser Voraussetzungen eine Antwort finden, die sich vom konservativen Angebot dennoch erkennbar unterschied.

Blair stellte sich auch – in Abgrenzung zum bis dahin dominanten EU-skeptischen Kurs der Labour Party – viel deutlicher auf die Realität der europäischen Integration ein. In Verbindung mit Anthony Giddens Analyse akzeptierte Blair die Gegebenheit verschärfter globaler Wirtschaftskonkurrenz – und die daraus abzuleitende Konsequenz, „dass Versuche, den Sozialstaat als Umverteilungsmechanismus zu benutzen, heute noch größere Schwierigkeiten bereiten als bisher. Politische Umverteilungsmaßnahmen wirken sich wahrscheinlich nachteilig aus, da sie das Niveau der Vermögensbildung reduzieren und daher Gefahr laufen, auch für diejenigen, die eigentlich am meisten davon profitieren sollten, suboptimale Ergebnisse zu erzielen." (Giddens 1997, 112)

Die Kreise der Labour Party war auch durch eine besondere Realitätsverweigerung gekennzeichnet. Bei der Wahl 1983 hatte die Kampagne Michael Foots und seines Teams den Eindruck erweckt, als wäre die Partei gar nicht so besonders am Wahlsieg interessiert. „After four years of talking exclusively to themselves, many Labour politicians and activists had forgotten the need to address themselves to the rest of the electorate; in some quarters, willingness to do so was itself a cause for suspicion." (Williams 1983, 53) Die Partei hatte schmerzhaft zu lernen, dass die reine Lehre nichts ist, wenn man mit ihr keine Wahlen gewinnen kann; dass es besser auch für die reine Lehre ist, von dieser Abstriche zu machen – um so mehrheitsfähig zu werden.

Die Krise der Labour Party und ihre Überwindung kennzeichnet einen tiefen Einschnitt in der Entwicklung der europäischen Sozialdemokratie. Die Labour Party wurde in der Ära Thatcher auch als Partei der Gewerkschaften gedemütigt. Der Aufstieg aus der Krise war möglich, als sich Labour – als

Partei ja eine Gründung der Gewerkschaften, die sich eine Partei als verlängerten politischen Arm zugelegt hatten – von der intensiven Bindung an die Gewerkschaften freigespielt hatte. Der Aufstieg der Labour Party unter Blair, unter den Zeichen des neu definierten „Dritten Weges", war die Folge der Emanzipation der Partei von den Gewerkschaften.

Hinter diesem Zusammenhang sind keineswegs nur spezifisch britische Bedingungen zu sehen. Wie James Piazza in einer empirisch sehr anspruchsvollen Studie belege, ist das hinter der Labour-Krise stehende strukturelle Dilemma – die intensive Bindung der Partei an die Gewerkschaften – ein Problem für die europäische Sozialdemokratie schlechthin. Piazza argumentiert, gestützt auf empirische Evidenz, in folgende Richtung: (Piazza 2001)

- Der messbare Abstieg gewerkschaftlicher Organisationskraft und (lohn-)politischer Durchsetzungsfähigkeit ist die Folge der Globalisierung. Das Kapital spielt sich, im Zuge der transnationalen ökonomischen Entwicklungen, immer mehr von staatlichen Begrenzungen frei. Die Gewerkschaften, traditionell als Gegenmacht zum Kapital auf der Basis der Nationalstaaten entwickelt, bleiben als zunehmend machtloser Faktor in der nationalstaatlichen Enge zurück.
- Parteien der gemäßigten Linken – also im Wesentlichen sozialdemokratische Parteien – sind nicht oder nicht in diesem Sinne von der Globalisierung betroffen. Ihre Logik, orientiert am Wahlerfolg, baut nicht (wie die der Gewerkschaften) auf einer bipolaren Konfliktsituation zwischen Kapital und Arbeit, die durch die Globalisierung zunehmend asymmetrisch wird. Die Logik sozialdemokratischer Parteien baut auf einem politischen Marktmechanismus, der von seiner inneren Verfasstheit grundsätzlich keine festgeschriebenen Positionen kennt – und der dem flexibelsten Konkurrenten den Zuschlag erteilt.
- In dieser Situation sind Gewerkschaften der Klotz am Bein der sozialdemokratischen Parteien. Diese haben daher jedes Interesse, sich von starren Bindungen an Gewerkschaften zu lösen, um so die volle Wettbewerbsfähigkeit zu sichern. Sozialdemokratische Parteien, denen dies gelingt, können Wahlen gewinnen und Regierungen bilden. Sozialdemokratische Parteien, denen das nicht gelingt, werden von der asymmetrischen Situation, in denen sich Gewerkschaften zunehmend befinden, entscheidend behindert.
- Eine wettbewerbsfähige, sich von Gewerkschaften emanzipierende Sozialdemokratie kann sich von dem befreien, wovon sich Gewerkschaften definitionsgemäß nicht freimachen können – „generous social

spending, nationalized industry or centralized bargaining". (Piazza 2001, 426) Eine wettbewerbsfähige Sozialdemokratie ist eine des – neu definierten – „Dritten Weges".

5.3. Parallelen und Unterschiede zum PS und zur SPÖ

Die SPÖ wurde von der Krise erfasst, als sie regierte. Der PS machte mit der Krise Bekanntschaft, als er nach einer besonders langen Durststrecke in der Opposition endlich an der Regierung war. Die Labour Party wurde erst voll getroffen, als sie nach zwei Phasen des Regierens – 1966 bis 1970 und 1974 bis 1979 – schon in der Opposition war. Labours Krise war – anders auch als die Krise des PS, 1983 – die Krise einer Sozialdemokratie in der Opposition. Die Krise der SPÖ war, grundsätzlich wie die des PS, eine Krise einer Sozialdemokratie an der Regierung.

Dennoch sticht eine Parallele deutlich ins Auge: Der linke Flügel der Labour Party sah in einem Zuwenig an Sozialismus die Ursache für die Wahlniederlage; und der innerparteiliche Sieg dieses Flügels, personifiziert in Michael Foot, wollte – aus der Oppositionsrolle heraus – die Konservativen durch die Propagierung von mehr Sozialismus verdrängen. Die Teile des „linken Flügels" in der SPÖ, die den Konflikt zwischen Kreisky und Androsch als Richtungsstreit und in Androsch die Ursache für ein Zuwenig an Sozialismus sahen, wollten (aus der Regierungsrolle heraus) ebenfalls mehr Sozialismus.

Die Krise der Labour Party hatte für die Entscheidung zwischen einem Mehr oder einem Weniger an Sozialismus freilich ein viel eindeutigeres Ergebnis gebracht als die Krise der SPÖ: Ähnlich wie in der gerafften Krise des PS, 1983, mündete die sich lange hinziehende Krise der Labour Party letztlich in einem klaren Ergebnis: Die Sozialdemokratie des ausgehenden 20. Jahrhunderts konnte nicht mehrheits- und daher auch nicht regierungsfähig sein mit einem Profil, das für mehr Sozialismus stand; sondern nur mit einem Profil, das weniger Sozialismus versprach.

Die Analysen von Anthony Giddens liefern dafür die begleitende Erklärung. (Giddens 1997; Giddens 1998) Die traditionelle Gegenüberstellung von „links" und „rechts" sei überholt, wenn – so Giddens – damit der Gegensatz der traditionellen, nationalstaatlich entwickelten Parteifamilien gemeint ist. Der – traditionelle – Sozialismus sei in der Defensive, und das sei „nicht bloß eine Reaktion auf die Angriffe der Neoliberalen bzw. auf die von neoliberalen an der Macht durchgesetzten politischen Maßnahmen, sondern es ist eine nüchterne Einstellung, die von den Problemen, denen der Sozialstaat gegenübersteht, erzwungen wird." (Giddens 1997, 115)

Das Konzept eines nationalstaatlich vermittelten demokratischen Sozialismus hat nicht versagt, weil es per se falsch war oder ist; es hatte zu versagen begonnen, weil der Nationalstaat nicht mehr die geeignete Ebene zur Umsetzung eines derart anspruchsvollen Konzepts war. Der demokratische „Sozialismus in einem Staat", Ziel etwa der Regierung Attlee, wird durch Globalisierung und – in der britischen Krisensituation, anders als in der französischen, eher unterspielt – Europäisierung zu einer unerreichbaren Utopie. Denn Globalisierung und Europäisierung entziehen der Souveränität des Nationalstaates entscheidende Substanz – und nehmen damit der Sozialdemokratie die Elemente, die von ihr traditionell beansprucht wurden. Wenn etwa eine egalisierende Steuerpolitik dazu führt, dass Kapital aus Großbritannien abfließt – und dadurch Arbeitslosigkeit wächst, und wenn durch den Binnenmarkt der EU dem Kapitalabfluss politisch nicht gegengesteuert werden kann, dann ist Labour gezwungen, auf Sozialismus zu verzichten.

Mit dieser Einsicht setzte die Umorientierung der Labour Party ein – die sie schließlich wieder wettbewerbs- und regierungsfähig machte. Diese Einsicht wurde der Labour Party brutal vermittelt – durch eine Serie von Wahlniederlagen. Diese Einsicht wurde der SPÖ nur in vergleichsweise homöopathischen Dosen vermittelt, weil an die „Ära Kreisky" nicht eine Phase sozialdemokratischer Opposition, sondern sozialdemokratisch geführter Koalitionen anschloss. Die Erfahrung von Koalitionen mit deklariert nicht- oder antisozialistischen Parteien ersparte aber der SPÖ, die Erfahrungen zu machen, die der oppositionellen Labour Party und die dem (in einem Linksbündnis) regierenden PS nicht erspart blieb: Allein die Verantwortung für die Rolle der Opposition oder für die Rolle der Regierung zu tragen. Diese Rahmenbedingung, die die SPÖ 1980 vorfand – die Rahmenbedingung für die Alleinverantwortlichkeit, ging 1983 verloren. Danach konnte für den Mangel an Sozialismus immer der Koalitionspartner verantwortlich gemacht werden – bis 1986/87 die FPÖ, bis 1999/2000 die ÖVP.

Auf die Krise der Labour Party folgte deren Europäisierung. Auf eine offene, feindselige Opposition gegenüber der britischen EG-Mitgliedschaft in der Ära Foot folgte eine schrittweise Aussöhnung schon unter Kinnock und dann unter Blair. Erleichtert durch die wachsenden Affekte Thatchers und eines Großteils der Konservativen gegen die EG profilierte sich Labour als zunehmend EU-freundlich – auch aus inhaltlichen Gründen:

> Labour has adjusted more readily than the Conservatives to the dynamics of the integration process since the latter half of the 1980s. Policy developments in the EU, such as the social dimension to the single market, have been attractive to the Labour Party and the trade union movement. After a long exclusion from national government, Europe offered a welcome alternative to the Conservative governments' economic and social policies ... More importantly, the issue of national sovereignty, which was at the heart of Labour's traditional hostility to the European project ..., has become a less salient issue for the Labour Party in the 1990s. (Daniels 1998, 91)

Die Labour Party hatte einen Schritt in Richtung Internationalität, in Richtung Transnationalität getan – heraus aus dem nationalen Getto. Diese Entwicklung wurde von einem immer stärker pro-marktwirtschaftlichen Denken der Partei begleitet: Die EG (EU) hörte auf, als „kapitalistischer Block" ein Negativobjekt von Labour zu sein, weil Labour – der Neudefinierung des „Dritten Weges" entsprechend – sich nicht mehr als Antithese zu Marktwirtschaft und Kapitalismus sah. Doch gerade die Europäisierung liefert die Parallele zum PS – und zur SPÖ. Die SPÖ begann, nach der Krise um den Konflikt Kreisky – Androsch, sich ebenfalls der EG (EU) gedanklich zu nähern und die Möglichkeit einer EG-Mitgliedschaft Österreichs, Jahrzehnte hindurch von der SPÖ prinzipiell und schroff abgelehnt, immer mehr zu akzeptieren – bis Franz Vranitzky (für die SPÖ) und Alois Mock (für die ÖVP) den Beitrittskurs der (zweiten) Großen Koalition festlegten. (Schaller 1994)

Die Europäisierung der Labour Party und der SPÖ war nicht das direkte Ergebnis der Krise – anders als beim PS, bei dem gerade die Krise von 1983 die Einsicht provozierte, eine Linksregierung könne nicht den demokratischen Sozialismus an der EG vorbei aufbauen und die Mechanismen der europäischen Integration ignorieren. Die Europäisierung der drei sozialistischen (sozialdemokratischen) Parteien stand aber in einem zeitlich logischen Zusammenhang – bei dem PS und der Labour Party direkt, bei der SPÖ indirekt hatte die Krise der 80er-Jahre auch die strategische Sackgasse eines nationalstaatlichen Sozialismuskonzeptes verdeutlicht. Der Weg nach Europa war daher nur logisch – um so gesellschaftliche Gestaltungskraft wieder zu gewinnen: für die Labour Party, für den PS und für die SPÖ.

6. Der Konflikt Kreisky – Androsch als Indikator für einen Paradigmenwechsel europäischer Politik

Als 1970 die Ära sozialdemokratischer Alleinregierungen (Ära Kreisky) in Österreich begann, da fand die SPÖ eine Reihe von spezifisch österreichischen Rahmenbedingungen vor. Diese unterschieden sich wesentlich von den Rahmenbedingungen am Beginn der Ära Mitterrand wie auch von den Rahmenbedingungen am Beginn der Ära Blair. Diese spezifisch österreichischen Rahmenbedingungen waren:

- Obwohl 1970 die SPÖ eine Alleinregierung der ÖVP ablöste, gab es nur einen eingeschränkten Nachholbedarf sozialdemokratischer Regierungstätigkeit. Die SPÖ, von 1945 bis 1966 Partner der ÖVP in einer Großen Koalition, hatte in den mehr als zwei Jahrzehnten ihrer Regierungsbeteiligung wesentlichen Anteil an der Entwicklung eines Sozial- und Wohlfahrtsstaates, der auch in den Jahren der ÖVP-Regierung von 1966 bis 1970 nicht aufgehoben wurde. Anders als die Präsidentschaft Mitterrand 1981 und die Regierung Blair 1997 konnte (musste) die Regierung Kreisky auf einem wesentlich auch sozialdemokratisch gestalteten Sockel politischer Standards aufbauen. Der Anspruch der Regierung Kreisky konnte daher nicht ein so radikaler Veränderungsanspruch wie der Mitterrands sein. Der Anspruch der Regierung Kreisky stand aber auch nicht in dem Ausmaß vor dem Hintergrund einer langen Serie von Wahlniederlagen, die der britischen Labour Party ein neues Profil aufzwang: an die Stelle eines „Dritten Weges" à la Attlee war der „Dritte Weg" à la Giddens (und damit Blairs) getreten. Während Mitterrand 1981 eine radikale Änderung des Status quo zu versprechen schien – und Blair 1997 bloß eine bessere Verwaltung des Status quo, war Kreisky Anspruch 1970 weitergehend als der Blairs – aber bescheidener als der Mitterrands.
- Der Spielraum der Regierung Kreisky war erheblich durch die Spielregeln der Sozialpartnerschaft eingeschränkt. Anders als in Frankreich, 1981, und anders als in Großbritannien, 1997, war in Österreich 1970 die Gewerkschaftsbewegung erstens integriert und nicht in konkurrierende Richtungsgewerkschaften aufgespaltet; und, zweitens, war der ÖGB nicht – wie die britischen Gewerkschaften nach der Ära Thatcher – nach einer Serie von harten Arbeitskonflikten gebrochen. Kreisky musste akzeptieren, dass der ÖGB – repräsentiert durch die Mehrheitsfraktion, die Fraktion sozialistischer Gewerkschafter (FSG) – zu einer Art Koalitionspartner innerhalb der SPÖ-Regierung wurde; und dass der ÖGB

Wert darauf legte, die sozialpartnerschaftlichen Netzwerke intakt zu halten. Dadurch wurde, indirekt, auch der Arbeitgeberseite Mitsprache in der Regierungspolitik eingeräumt. Am deutlichsten wurde dies bei der Beschlussfassung des Arbeitsverfassungsgesetzes 1973, als die SPÖ ihre parlamentarische Mehrheit nicht einsetzte, um – ihrem Programm entsprechend – die paritätische Mitbestimmung durchzusetzen; sondern die vitalen Interessen von Wirtschaftskammer und VÖI (Vereinigung österreichischer Industrieller) berücksichtigte.

- Bezüglich der Beziehung zwischen Kirche(n) und Staat war der Spielraum der Regierung Kreisky zusätzlich eingeschränkt. Die Große Koalition hatte 1960 (Konkordat) und 1962 (Schulgesetze) der katholischen Kirche besondere Rechte eingeräumt, die mit einfacher parlamentarischer Mehrheit nicht geändert werden konnten. Da die SPÖ bereit war, diesen Status quo zu akzeptieren, konnten bestimmte vor allem bildungs- und kulturpolitische Vorstellungen nicht umgesetzt werden. Die SPÖ respektierte die staatliche Finanzierung des Religionsunterrichtes im öffentlichen Schulwesen ebenso wie sie die staatliche Finanzierung der (katholischen) Privatschulen sogar ausbaute: In der Phase der SPÖ-Alleinregierungen übernahm die Republik Österreich, über das im Konkordat festgeschriebene Ausmaß hinaus, die gesamte Finanzierung der Personalkosten des Privatschulwesens. Dies ließ keinen Raum für umfassende Reformen in der Ausbildung von LehrerInnen (Pädagogische Akademien waren teilweise in der Verantwortung der Katholischen Kirche). Und eine konsequent auf die Trennung von Kirche(n) und Staat abzielende Politik konnte überhaupt nicht vertreten werden.

Am Ende der Ära Kreisky stand jedenfalls die ernüchternde Frage nach „Alternativen zum herkömmlichen Sozialstaat". Der (national-)staatsbezogene demokratische Sozialismus hatte nicht nur keine – im Sinne seines eigenen Verständnisses – neue Gesellschaft, keinen neuen Menschen geschaffen. Auch der Sozial- und Wohlfahrtsstaat, wesentlich das Produkt der pragmatischen, regierungsorientierten europäischen Sozialdemokratie nach 1945, war an Grenzen gestoßen. Die Kritik am Etatismus – an der Vorstellung, mit den Instrumenten des Staates die Gesellschaft gestalten zu können, eine Kritik, die Jahrzehnte hindurch von der neokonservativen und/oder neoliberalen Rechten geäußert worden war, wurde unter dem Eindruck von Reagonomics und Thatcherismus auch von Teilen der Linken aufgenommen. (Matzner 1987) Die Linke verlor jedenfalls in den 80er-Jahren in Europa die politische Themenführerschaft; die politische Definitionsmacht über das, was wichtig und über das, was richtig ist.

6.1. Abnahme nationaler Politikfähigkeit

In der Ära Kreisky schien die Beziehung zur Europäischen Gemeinschaft durch das 1972 abgeschlossene, 1973 in Kraft getretene Freihandelsabkommen eine dauerhafte Lösung für Österreichs internationale und vor allem europäische Position zu bieten:

- Das Freihandelsabkommen öffnete den Gemeinsamen Markt der EG für Österreichs Produkte – mit Ausnahme der agrarischen Erzeugnisse. Umgekehrt öffnete sich der österreichische Markt den Produkten der EG – ebenfalls mit Ausnahme der Landwirtschaft. Dadurch schien die Gefahr des Ausschlusses Österreichs von seinen mit Abstand wichtigsten Märkten gebannt zu sein.
- Das Freihandelsabkommen war eine Alternative zum (aus österreichischer Sicht) neutralitätsrechtlich möglichen, neutralitätspolitisch aber nicht wünschenswerten Beitritt zur EG selbst. Österreich konnte so, unter Minimierung wirtschaftlicher Nachteile, seine Stellung als immer während neutraler Staat im Ost-West-Konflikt und in dem gerade in der „Ära Kreisky" anlaufenden KSZE-Prozess festigen. (Luif 1994, 280–283)

Doch schon in den 80er-Jahren sollte sich die Vorstellung, mit dem Freihandelsabkommen sei Österreichs Verhältnis zur EG dauerhaft geregelt, als Illusion erweisen. Die Entscheidung der EG, bis 1993 den Gemeinsamen Markt zu einem Binnenmarkt zu vertiefen, relativierte den Wert des Freihandelsabkommens. Und das sich abzeichnende Ende des Ost-West-Konflikts beseitigte das bis dahin entscheidende Hindernis, das einen Beitritt Österreichs zur EG verhindert hatte. Die Folge war, dass die Koalitionsregierung SPÖ–ÖVP 1989 einen Antrag auf Beitritt zur EG stellte – mit der Konsequenz, dass Österreich 1995 Mitglied der zur EU transformierten EG wurde. (Schneider 1990; Pelinka, Schaller, Luif 1994)

Mit dem Beitritt zur EU gab Österreich wesentliche Teile seiner nationalen Souveränität auf – ein Entwicklungsprozess, der sich danach (v.a. auch durch Österreichs Beteiligung an der Europäischen Währungsunion ab 1999) noch fortsetzte. Österreichs politisches System und die österreichische Politik überhaupt sind durch die Mitgliedschaft in einer teilweise supranationalen Gemeinschaft, die auch Charakterzüge eines Bundesstaates aufweist, entscheidend beeinflusst. Die Fähigkeit Österreichs, Politik autonom zu gestalten, ist durch die EU-Mitgliedschaft formell beschränkt. (Neisser, Puntscher Riekmann 2002)

Die Vorboten dieser Entwicklung spielten in die Ära Kreisky hinein und wurden auch im Kreisky-Androsch-Konflikt reflektiert. Hannes Androsch stand ja – im Wesentlichen dabei von den Wirtschaftsverbänden, also von der Sozialpartnerschaft, wie auch von der Österreichischen Nationalbank gedeckt – für die „Hartwährungspolitik". Diese äußerte sich konkret an die Bindung der österreichischen Währung an die deutsche – also des Schilling an die D-Mark. Dadurch verlor Österreich de facto die Möglichkeit, die Währungspolitik selbstständig zu gestalten und sie z.B. konjunkturpolitisch einzusetzen.

Kreisky hatte sich immer wieder gegenüber dieser Bindung kritisch geäußert – er sah in dieser Hartwährungspolitik einen Wettbewerbsnachteil für die österreichische Exportindustrie. (Kreisky 1996, 147 f.) Vor allem aber musste ihn stören, dass er und seine Regierung damit politischen Handlungsspielraum einbüßten. Im Konflikt selbst positionierte sich Androsch als Vertreter dieser Politik, die für ihn Ausdruck der Einsicht in reale Gegebenheiten war; und er (und andere) nahmen Kreisky als Vertreter einer diesbezüglich illusionären Politik wahr, der die Grundlage solider Kenntnisse der Ökonomie fehlte. Mit anderen Worten: Kreisky wurde als Repräsentant einer betont nationalstaatlichen Politik gesehen – Androsch hingegen als Repräsentant einer Politik, der die Grenzen nationalstaatlicher Souveränität besser und konsequenter erkannt hätte.

Es wäre eine unzulässige Vereinfachung, in Androschs Position einen Vorläufer der EG- und der EU-Orientierung der SPÖ der späten 80er-Jahre zu sehen – und in Kreiskys Position die Nachhut nationalstaatlichen Denkens, das sich der Europäisierung verschloss. Kreisky, der den ab 1987 zunehmend auf eine EU-Mitgliedschaft orientierten Kurs der SPÖ unter Franz Vranitzky (Schaller 1994) akzeptierte, verschloss sich keineswegs den Entwicklungstendenzen, die den Nationalstaat immer mehr relativierten. Aber die Begründungen, die rund um den Kurs der Hartwährungspolitik pro und contra gegeben wurden, waren Begründungen, die den Kern nationalstaatlicher Politikfähigkeit trafen:

- Die Position Androschs (und der Mehrheit der ExpertInnen gerade auch der sozialdemokratisch dominierten Arbeitnehmerverbände) war, dass Österreich sich nicht die Illusion einer souveränen Währungspolitik leisten kann.
- Die Position Kreiskys, der in dieser Frage ja Androsch und den Sozialpartnern nachgegeben hatte, war ursprünglich die, Österreichs Politikfähigkeit im Bereich der Währungspolitik nicht leichtfertig aufzugeben.

Damit war aber der Konflikt zwischen zwei miteinander letztlich unvereinbaren Paradigmen angesprochen. Androsch nahm – rückblickend –

für sich in Anspruch, dass die von ihm (und den meisten ExpertInnen aus dem Bereich der ÖGB und der Arbeiterkammern) vertretene Hartwährungspolitik (und, damit verbunden, die Orientierung an der D-Mark) den Kriterienkatalog von Maastricht und damit Österreichs Qualifikation für die Europäische Währungsunion vorweggenommen habe. (Androsch 2003, 124) Kreisky hingegen argumentierte – ebenfalls rückblickend, dass sein (erfolgloser) Widerstand gegen die Hartwährungspolitik sich an den Export- und damit Expansions- bzw.Überlebensinteressen österreichischer Industriebetriebe orientiert habe. Androsch und der Nationalbank warf er vor, einer „eine Doktor Eisenbart-Theorie" zu folgen, auf die „ein Teil" der „momentanen Probleme" der österreichischen Industrie zurückzuführen seien. (Kreisky 1996: 148)

Dass Androsch (und andere) sich in dieser Frage gegen Kreisky in den 70er-Jahren durchgesetzt hatten, trug sicherlich zur allmählich wachsenden Entfremdung zwischen Kreisky und Androsch bei. Dass hinter diesem Teilaspekt des Konfliktes aber auch die Frage nach der wirtschaftspolitischen Steuerungsfähigkeit durch eine nationale Wechselkurspolitik steht, hebt diesen Sachkonflikt zwischen Kreisky und Androsch auf eine andere Ebene: Mit der Hartwährungspolitik und der dadurch veranlassten Bindung des österreichischen Schilling an die Deutsche Mark hatte Androsch eine Grenze nationaler Politik akzeptiert – eine Grenze, die Kreisky so nicht akzeptieren wollte.

6.2. Unmöglichkeit nationalstaatlicher Sozialismuskonzepte

Wolfgang Merkel hat – unter Berücksichtigung der Zeit, in der die Krisen der SPÖ, des PS und der Labour Party stattfanden, also für das letzte Viertel des 20. Jahrhunderts – eine „Niedergangsthese" für die Sozialdemokratie formuliert und ausführlich begründet. Merkel spricht auch in diesem Zusammenhang von einer „Niedergangsperiode von 1974 bis 1990". (Merkel 1993, 76). Merkel geht dabei von der „Hauptthese" aus, „dass sozialdemokratische Parteien nicht schlicht Opfer gesellschaftlicher Veränderungsprozesse sind, sondern als Akteure sich dem Wandel anzupassen und ihn gar mitzugestallten vermögen. Der Charakter der Partei mag sich wohl verändern, deren Untergang programmiert er jedoch nicht." (Merkel 1993, 85)

Merkels vielfach überprüfte These lässt sich auf folgende zwei Aspekte zusammenfassen:

- Die europäische Sozialdemokratie hat in den letzten 25 Jahren des 20. Jahrhunderts sich wesentlich verändernde Rahmenbedingungen vorgefunden. Insbesondere war und ist das traditionelle WählerInnenpotenzial sozialdemokratischer (sozialistischer) Parteien – die Industriearbeiterschaft („das Proletariat") – einem ständigem Schrumpfungsprozess ausgesetzt. Der Hintergrund ist ein langfristiger ökonomischer Wandlungsprozess, der den sekundären (industriellen) Sektor schwächt und den tertiären (Dienstleistungs-)Sektor stärkt. Die europäische Gesellschaft wird nicht zu einer Arbeiter-, sie wird zu einer Arbeitnehmergesellschaft, in der nicht der (die) Arbeiter(in), sonder der (die) Angestellte – also nicht „blue collar", sondern „white collar" dominieren. Gleichzeitig nahmen und nehmen marktwirtschaftliche Tendenzen – Deregulierung, Privatisierung – zu auf Kosten der für die unmittelbare Zeit nach 1945 in Westeuropa typische „Gemischtwirtschaft" – das Neben- und Miteinander von öffentlicher und privater Wirtschaft.

- Die Sozialdemokratie kann – als europäische Parteifamilie (als Summe demokratischer Linksparteien in Europa) – dann überleben, und zwar durchaus erfolgreich, wenn sie sich diesem umfassenden Trend nicht einfach widersetzt und (oder) sich von diesem treiben lässt, sondern wenn sie versucht, diesen Trend mitzugestalten. Das ist auch das Wesen des „Dritten Weges" von Giddens – zwischen alter, etatistischer Sozialdemokratie und Neoliberalismus (Neokonservativismus) eine vermittelnde Position zu gestalten: Marktwirtschaft (oder Kapitalismus) mit menschlichem Antlitz – abgegrenzt von der (aus sozialdemokratischer Sicht nicht wünschenswerten) Marktwirtschaft (Kapitalismus) pur und der (nicht mehr der Realität entsprechenden) in diesem Sinne illusionären Vorstellung von einem demokratischen Sozialismus in einem Staat.

Die Sozialdemokratie hat in Westeuropa um die Wende zum 21. Jahrhundert dort ihre Wettbewerbs- und Regierungsfähigkeit erhalten, wo sie sich dem gesellschaftlichen Megatrend angepasst hat: am deutlichsten in Großbritannien, aber auch in Frankreich (der Wahlsieg des PS 1997 und die Politik der Privatisierung der Regierung Jospin) und in Deutschland (der Wahlsieg der SPD 1998 und, abermals, 2002 und die Politik der Deregulierung der Regierung Schröder).

In allen diesen Fällen ist dieser Wandel mit Krisen und Krisensymptomen einhergegangen – insbesondere (so in Großbritannien, so in Deutschland) mit einem langen Ausschluss sozialdemokratischer Parteien von der Regierungsmacht. In Österreich hat diese Krise so nicht stattgefunden – die SPÖ blieb auch nach dem Ende der Ära Kreisky die stimmen- und mandatsstärkste Partei, bis zur Nationalratswahl 2002; und sie blieb auch Regierungs- und Kanzlerpartei, bis zur Regierungsbildung 2000.

Der Konflikt Kreisky – Androsch war aber eine Vorwegnahme (und Personalisierung) des Konfliktes. Durch die Projektion unterschiedlicher sozialdemokratischer Positionen auf die beiden ranghöchsten SPÖ-Politiker in der „Ära Kreisky" wurde ein Konflikt zu einer Zeit ausgetragen, die (anders als in Frankreich oder in Großbritannien) in Österreich an sich diesen Konflikt (noch) nicht notwendig gemacht hätte: Die SPÖ hatte ja gerade den größten Wahlsieg der Geschichte der österreichischen Demokratie erreicht; die Gefahr des Absturzes in die Bedeutungslosigkeit schien nie so gering wie nach der Nationalratswahl 1979. Die vom Kreisky-Androsch-Konflikt ausgelöste (oder induzierte) Krise hatte andere Ursachen – und dennoch war sie eine Parallelkrise:

Die beiden Flügel der SPÖ nutzten den Konflikt, um ihre jeweiligen Positionen durch Personalisierung zu verdeutlichen. Die entschiedenen Anhänger Kreiskys bekämpften in Androsch den „rechten" Sozialdemokraten, dem sie Mangel an Grundsatztreue vorhielten – und der so als Projektionsfläche ihres Unmuts über einen Mangel an Sozialismus nach einem Jahrzehnt SPÖ-Dominanz herhalten musste. Die entschiedenen Anhänger Androschs bekämpften nicht so sehr in Kreisky, aber in den sich besonders artikulierenden Androsch-Gegnern (und damit Kreisky-Anhängern) eine illusionistische sozialdemokratische Linke, die nicht in der Lage wäre, die Zeichen der Zeit zu erkennen. Mit anderen Worten: Der Krise der österreichischen Sozialdemokratie fehlte zwar das materielle Substrat der Krise der regierenden französischen Sozialisten und der opponierenden britischen Labour Party; sie wurde aber so ausgetragen, als hätte sie dieses Substrat.

Der Krise der SPÖ fehlte das materielle Substrat: Weder war der SPÖ 1980 die (schrumpfende) Arbeiterschaft abhanden gekommen, noch war die SPÖ unfähig, die (wachsenden) „neuen Mittelschichten" des „white collar"-Elektorates anzusprechen. Allerdings gab es andere Vorboten: Die Verstaatlichte Industrie sollte zwar erst später, um die Mitte der 80er-Jahre, offen von schweren Erschütterungen heimgesucht werden, die auch für die Sozialdemokratie die partielle Privatisierung notwendig machten. Doch in der Ära Kreisky zeichneten sich Anzeichen der präkeren Situation ab – und die Akzente, mit denen Kreisky und Androsch auf diese Vorboten reagierten, wurden von BeobachterInnen besonders unterschiedlich gewertet: Kreisky wurde als Mann des Status quo gesehen, der den durch die Verstaatlichung zusätzlich abgesicherten „sozialen Frieden" auch um den Preis der Verletzung (betriebs-)wirtschaftlicher Logik erhalten wollte. Androsch wurde als der Mann des Status quo ante gesehen, der sich zunehmend skeptisch gegenüber der Verteidigung der Verstaatlichten um jeden Preis zeigte – vor allem dann, wenn diese Verteidigung wie das ständige Nachwerfen „guten Geldes" in einen Topf ohne Boden erschien. (Palme 1999, 145 f.)

Die Krise der SPÖ 1980 war also eine Krise, die zwar eine Beben- und Bruchlinie der europäischen Sozialdemokratie anzeigte, die aber nicht auf ein bereits ausgebrochenes Beben zuruckgeführt werden konnte. In diesem Sinne war die Krise vorzeitig ausgebrochen – und die Lehren aus der Krisen wurden daher auch nicht mit dieser Intensität erarbeitet, die notwendig gewesen wäre, die Regierungsfähigkeit der Partei zu erhalten (wie im Falle des PS) oder wiederzuerlangen (wie im Falle der Labour Party).

Doch die Folgen dessen, was hinter der Krise war, sind dennoch klar ersichtlich. Die SPÖ nannte sich 1991 von „Sozialistischer Partei Österreichs" in „Sozialdemokratische Partei Österreichs" um und signalisierte damit, vor dem Hintergrund des Zusammenbruchs der Konzepte eines nicht-demokratischen Sozialismus, eine Distanz zu Sozialismus-Konzepten überhaupt. Der SPÖ ist die Vorstellung abhanden gekommen, eine sozialistische, das heißt gerechte und das heißt an Gleichheit orientierte Gesellschaft in Österreich aufbauen zu können. Die SPÖ hat offenkundig die Grenzen erfahren, die sie 1980 noch nicht erfahren hat; und die sie auch nicht sehen wollte.

Egon Matzner, mit der Entstehung des Parteiprogramms 1978 eng verbunden, resümierte 1993 resignativ und ironisch: „Wann wird die – auch in Parteiprogrammen enthaltene – Gesellschafts- und Wirtschaftstheorie wieder die Wirtschafts- und Gesellschaftspolitik inspirieren? Oder muss sich ein neues SP-Programm heute an Shakespeares ‚Wie es euch gefällt' orientieren?" (Matzner 1993, 154)

Matzners Resignation bezieht sich auf die gesamte ökonomische Dimension sozialdemokratischer Ansprüche: Die SPÖ hat es, in den Jahren ihrer politischen Hegemonie in Österreich, nicht geschafft, die gesellschaftlichen Verhältnisse im Sinne ihrer Tradition und Programmatik grundlegend zu verändern. Und daran waren nicht Kreisky und nicht Androsch „schuld". Verantwortlich für dieses Scheitern sozialdemokratischer Ansprüche war, dass die SPÖ von einer zu „idealistischen" Sichtweise politischer Machbarkeit ausgegangen ist. Der Konflikt zwischen Kreisky und Androsch und seine Funktionalisierung, seine Wahrnehmung innerhalb und außerhalb der SPÖ war der letzte – nicht intendierte, aber faktische – Versuch, diese Einsicht in die Vergeblichkeit eines nationalstaatlichen Sozialismus-Konzeptes hinauszuschieben. Danach, nach Androschs „Sturz", gab es keine weitere Möglichkeit der Flucht vor der Wirklichkeit.

Am Ende des Konfliktes Kreisky – Androsch stand die sozialistische Resignation. Thomas Nowotny schrieb 1987 den europäischen Linksparteien (und zuallererst der SPÖ) ins Stammbuch: „Die neue postkapitalistische Produktionsmethode verlangt ... – und das wäre ein ‚Trick der Geschichte' – die fortdauernde Geltung von einigen Werten und Lebenshaltungen, die ursprünglich dem frühen Kapitalismus eigen waren, die aber in der Folge von diesem selbst zerstört wurden; und die nun in Linksparteien wahrscheinlich besser aufgehoben sind als anderswo: nämlich Glaube an Transparenz und Markt, Konkurrenz und Arbeitswille, an Leistungslohn statt Monopolrendite, an soziale Mobilität an Stelle von Hierarchie und Kaste." (Nowotny 1987, 189)

Die Sozialdemokratie als die bessere Schutzmacht über die Grundtugenden des Kapitalismus; die Sozialdemokratie als die effizientere Umsetzung marktwirtschaftlicher Prinzipien: So sollten es ein Jahrzehnt später Giddens und Blair ausdrücken. So ungefähr mag es Androsch, mit seinen langfristig gemeinten Signalen in Richtung Eigenverantwortung, ein Jahrzehnt davor auch gemeint haben. Aber so stand es sicherlich nicht im SPÖ-Parteiprogramm von 1978. So entsprach es nicht dem offiziellen Selbstverständnis der Ära Kreisky.

6.3. Auf der Suche nach transnationalen Sozialismuskonzepten

Norman Birnbaums „Vorletzte Anmerkungen zum Sozialismus", mit denen er den Abschied vom sozialdemokratischen Konzept des Sozial- und Wohlfahrtsstaat analysiert, liefern auch eine mögliche Antwort für die Sozialdemokratie:

> Auf lange Sicht könnte eine weltweite Sozialcharta eingeführt werden mit Klauseln ähnlich denen, die die amerikanischen Gewerkschaften vergeblich bemüht waren, dem North American Free Trade Agreement NAFTA hinzuzufügen. Dann würde der Internationalismus es als seine Aufgabe sehen, den Lebensstandard der höchstbezahlten Arbeiter der Welt zu verteidigen, aber auch die Rechte der niedrigstbezahlten Arbeiter auf anständige und steigende Mindestlöhne zu fördern. Menschenrechte, etwa das Recht, unabhängige Gewerkschaften zu organisieren, haben auch wirtschaftliche Bedeutung. (Birnbaum 2003, 456 f.)

Birnbaums Resumee: Der demokratische Sozialismus wird international sein – oder er wird nicht sein. Darin ist die (bei Birnbaum) nostalgisch-traurig formulierte, aber dennoch eindeutige Erkenntnis enthalten, dass es keinen britischen oder französischen oder österreichischen Weg zum Sozialismus geben kann; dass in Zeiten der Entgrenzung wirtschaftlichen Handelns politisches Handeln ebenfalls entgrenzt werden muss – wenn nicht Illusion und dann, unvermeidlich, Resignation folgen. Das sozialdemokratische Konzept der Verbindung von sozialer Gleichheit mit politischer Freiheit kann unter den Rahmenbedingungen globaler Ökonomie nur global formuliert und umgesetzt werden.

Der Ausgangspunkt für eine – linke, sozialdemokratische – Suche nach der Gewinnung globaler (oder zunächst transnationaler) Politikfähigkeit ist der moralische Antrieb, den auch und gerade Anthony Giddens der Linken zuschreibt: Die Linke findet sich – anders als Konservative und Neoliberale – nicht einfach „mit dem Vorhandensein von Ungleichheiten ab". (Giddens 1997, 336) Die Sozialdemokratie, will sie nicht jede Unterscheidbarkeit aufgeben, ist vor allem dadurch definiert, dass sie an den vorhandenen krassen sozialen Ungleichheiten Anstoß nimmt.

Die alte Antwort der Sozialdemokratie war der Sozial- und Wohlfahrtsstaat, der auf der Grundlage liberaler Demokratie innerstaatlich eine Umverteilung von Lebenschancen zugunsten der sozial Schwächeren versucht hat. Dass diese Antwort nicht mehr greift – was französische und britische und andere SozialdemokratInnen krisenhaft haben erkennen müssen, ändert nichts am Antrieb der Linken. Aber dieser Antrieb verlangt nach neuen strategischen Instrumenten. Und die in der Linken traditionell rhetorisch verankerte Internationalität sollte es auch nicht so schwer machen, den Sozial- und Wohlfahrtsstaat aus seiner nationalen Verengung zu befreien und in eine transnationale Strategie umzusetzen.

Doch dem steht die Abhängigkeit der Sozialdemokratie von einer nach wie vor grundsätzlich nationalstaatlich definierten Demokratie entgegen. Jospin und Blair, Persson und Schröder und andere mussten und müssen zuerst national Wahlen gewinnen, um dann sich einer Strategie transnationaler Gerechtigkeit zuwenden zu können. Und für den Gewinn nationaler Wahlen kann nur zu oft die Erkenntnis hinderlich sein, dass die entscheidenden, die wirklich einschneidenden Ungleichheiten nicht in, sondern zwischen den Staaten bestehen; dass daher der Abbau von Ungleichheiten gerade denen nicht unmittelbar zugute kommt, ja diese sogar direkt zu bedrohen scheint, von deren Wahlverhalten sozialdemokratische Parteien abhängig sind: den WählerInnen in den (relativen) Wohlstandsgesellschaften Großbritanniens und Frankreichs, Deutschlands und Österreichs, Schwedens und Spaniens.

Die nationalstaatlich definierte Demokratie hängt wie ein Bleiklotz an der Sozialdemokratie, wenn diese ihren sie bestimmenden Antrieb – das tiefe Ärgernis mit sozialer Ungerechtigkeit – politisch umsetzen will. Das Fehlen einer transnational definierten Demokratie begrenzt die Fähigkeit der Sozialdemokratie, ihre international definierte Vorstellung von Gerechtigkeit konkret umsetzen zu wollen. Die sozialdemokratischen Parteien sind – strukturell – nicht fähig, mit der Gleichheit, die sie definiert, wirklich ernst zu machen.

In der Ära Kreisky war dies im Widerspruch zwischen einer internationalistischen Solidaritätsrhetorik und dem Fehlen materieller Konsequenzen deutlich: Kreisky profilierte sich (und damit seine Partei und Österreich) als global wahrgenommener Politiker, der sich solcher Themen wie dem eines „Marshall Plans für die Dritte Welt" annahm. Insbesondere in der Phase zwischen 1975 und 1981 waren die Regierung Kreisky und Kreisky als Person – teilweise auch im Kontext der Sozialistischen Internationale – außenpolitisch äußerst aktiv, wobei die Akzente auf internationale Solidarität gesetzt waren. (Bielka, Jankowitsch, Thalberg 1983; Kramer 1986)

Doch in derselben Zeit steigerte die sozialdemokratische Regierung Österreichs die österreichischen finanziellen Mitteln, die für die „Dritte Welt" aufgewendet wurden, nicht – Österreich blieb auch unter sozialdemokratischer Hegemonie unter den westeuropäischen Industriestaaten das Schlusslicht bei den Aufwendungen für die armen Regionen der Welt. Den aktiven Signalen entsprach keine materielle Ausstattung.

Tabelle: Anteil öffentlicher Mittel für die Zusammenarbeit mit Entwicklungsländern am Bruttosozialprodukt, 1976

1. Schweden	0,82	7. Großbritannien	0,38
2. Niederlande	0,82	8. BR Deutschland	0,31
3. Norwegen	0,71	9. Schweiz	0,19
4. Frankreich	0,62	10. Finnland	0,18
5. Dänemark	0,57	11. Italien	0,16
6. Belgien	0,51	12. Österreich	0,10

Quelle: Pelinka 1980, 193. Die Daten basieren auf den offiziellen Angaben des (west-)deutschen Bundesministeriums für wirtschaftliche Zusammenarbeit.

Diese Diskrepanz spielte im Konflikt zwischen Kreisky und Androsch überhaupt keine unmittelbare Rolle. Mittelbar beeinflusste der Widerspruch zwischen der internationalistischen Rhetorik und dem Fehlen materiell relevanter Konsequenzen aber die allgemeine Spannung zwischen Anspruch und Wirklichkeit. Anders als bei innenpolitisch thematisierten Zuschreibungen wurde allerdings Androsch nicht als Verursacher oder auch nur als Symbol eines moralischen Versagens der SPÖ gesehen – zu sehr war die Außenpolitik der Ära Kreisky die Domäne des Kanzlers, als dass eine Kritik an mangelnder internationaler Solidarität sich nicht gegen Kreisky selbst hätte richten müssen.

Die Diskrepanz zwischen internationaler Rhetorik und dem Fehlen eines materiellen Äquivalents zeigt sehr deutlich das Fehlen einer transnationalen Strategie der Sozialdemokratie. Die von Kreisky forcierte Betonung der internationalen Solidarität musste offenkundig deshalb Rhetorik bleiben, weil für mehr als Worte keine Legitimation im österreichischen Elektorat zu gewinnen war. Internationale Solidarität durfte von Kreisky ungestraft beschworen werden; ja, die internationale Aufmerksamkeit, die Kreisky damit auf Österreich lenkte, war vermutlich einer Mehrheit in Österreich nur recht – als Bestandteil des Österreich-Patriotismus, der sich in der Ära Kreisky verstärkte. Aber fühlbare Kosten durfte diese Rhetorik nicht nach sich ziehen.

Ausgangspunkt für eine transnationale Strategie einer sozialdemokratischen Partei in einem Mitgliedsstaat der EU kann und müsste der supranationale Charakter der EU sein. Gerade die nach der Architektur des Vertrages von Maastricht der „ersten Säule" zugeordnete, grundsätzlich der nationalstaatlichen Souveränität entzogene „Gemeinschaft" begrenzt die Politikfähigkeit der Mitgliedstaaten entscheidend.

Dieser Umstand hat – im Vorfeld des Vertrages von Maastricht und der Europäischen Währungsunion (EWU) – die Krise der französischen Linksregierung 1983 entscheidend bestimmt: Präsident Mitterrand und die Regierung Mauroy mussten erkennen, dass jedenfalls in allen wesentlichen Frager der Währungspolitik Frankreich de facto nicht mehr souverän war. In ähnlichem Umfang gilt das auch für die von Hannes Androsch, der Österreichischen Nationalbank und den meisten Wirtschaftsverbänden, insbesondere vom ÖGB vertretene „Hartwährungspolitik". Damit wurde die österreichische Währung an die deutsche und damit an die der Europäischen Gemeinschaft gebunden – zu einem Zeitpunkt, in der mit dem Freihandelsabkommen von 1972 die österreichische Regierung gar nicht daran dachte, der supranationalen Europäischen Gemeinschaft beizutreten.

Die Grenzen, die – im letzten Viertel des 20. Jahrhunderts – sozialdemokratische Parteien erfahren und zu akzeptieren gelernt haben, sind die von der europäischen Integration gesetzten. Sie bestehen eigentlich in der Aufhebung von Grenzen – buchstäblich, wie im Vertrag von Schengen festgelegt; übertragen, wie dies den Freiheiten des Binnenmarktes und insbesondere der EWU entspricht. In der EWU ist die Währungspolitik zur Gänze supranational – und im Binnenmarkt der EU sind wesentliche Bereiche der Wirtschafts- und Sozialpolitik ebenfalls formell oder informell der Gestaltung der Nationalstaaten entzogen.

Für Parteien, deren Selbstbild aber eben der Gestaltungsanspruch ist, bedeutet dies die Notwendigkeit, sich europäisch zu konstituieren. Die sozialdemokratischen Parteien haben sich zwar zu einer europäischen Partei zusammengeschlossen – der Partei der Europäischen Sozialisten (PES). Doch diese Partei ist nur ein loser Dachverband, der weiterhin nationalstaatlich orientierte Parteien locker verbindet. Nur im Europäischen Parlament ist die PES mehr – dort übt sie die integrierenden und zentralisierenden Aufgaben, die einer Partei zukommen, die mehr ist als ein loser Dachverband. (Johansson, Zervakis 2002; insbesondere Ladrech, 2002)

Doch das Dilemma ist, dass die Orientierung der in der PES (oder auch der in anderen europäischen Parteien, wie der konservativ-christdemokratischen Europäischen Volkspartei EVP) zusammengeschlossenen Parteien noch immer notgedrungen und unvermeidlich national ist: Die SPÖ muss in Österreich Wahlen gewinnen; die Entscheidung darüber, wer in Österreich regiert, ist nach wie vor ausschließlich von nationalen Wahlen abhängig. Hingegen ist der Zusammenhang zwischen der Direktwahl des Europäischen Parlaments und der Machtverteilung, bzw. der Entscheidungssituation innerhalb der EU nur sehr indirekt, über die Kompetenzen des Europäischen Parlaments, nicht aber direkt gegeben. Das primäre Entscheidungsorgan der EU, der Rat, ist von der Wahl des Europäischen Parlaments und damit auch von den Erfolgen oder Misserfolgen der europäischen Parteien völlig unabhängig.

Das ist für die Interessen wenig oder kein Problem, die nicht einen so umfassenden Gestaltungswillen wie die sozialdemokratischen Parteien haben. Die Sozialdemokratie aber, die – auch im Verständnis Anthony Giddens – der Gerechtigkeit und damit der sozialen Gleichheit verpflichtet ist (Giddens 1997, 84–115), ist in einem Dilemma: Dort, wo sie Zugang zu den Instrumenten gesellschaftlicher Gestaltung hat – im Nationalstaat, dort sind die Instrumente dank der Verflüchtigung nationalstaatlicher Politikfähigkeit zunehmend unscharf; dort aber, wo sich die Instrumente des „social engineering" zunehmend ballen – auf der Ebene der supranationalen EU, dort fehlt die Möglichkeit, als europäische Partei durch Rekrutierung und Integrierung die Politik transnational zu legitimieren. Dort sind die europäischen Sozialdemokraten wieder auf die Ebene der Nationalstaaten zurückgeworfen – denn deren Regierungen bestimmen letztlich, wie Europa gestaltet wird. Die Nationalstaaten sind zunehmend uninteressant geworden – aber sie bestimmen noch immer die europäische Politikebene.

Wer, wenn nicht die von einem starken Gestaltungswillen geprägte europäische Sozialdemokratie könnte, aus Eigeninteresse, diesen negativen Kreislauf durchbrechen, der vom geschwächten Nationalstaat auf die politisch noch nicht ausreichend gestärkte Union und von dort wieder auf den Nationalstaat verweist? Die Krise des PS hat dies am deutlichsten gezeigt – und es ist aufschlussreich, dass der „Architekt" der europäischen Vertiefung, wie sie sich im Vertrag von Maastricht konkretisiert hat – Jacques Delors, im Gefolge der Krise der französischen Linksregierung von 1983 auf die europäische Ebene wechselte und als Präsident der EU-Kommission einen wesentlichen Beitrag zur Stärkung der EU geleistet hat. Die Krise der Labour Party hat dies weniger direkt, aber auch gezeigt: Der mit Tony Blairs Wahlsieg kausal verbundene Verzicht auf das Programm von „Labour alt" und die zumindest in Akzenten (im Vergleich zu den Konservativen, aber auch zu „Labour alt") deutlich freundlichere Einstellung der Regierung Blair gegenüber der EU weist in eine ähnliche Richtung.

In der Krise der SPÖ von 1980 ist diese Problematik nur indirekt, aber sehr deutlich sichtbar: In dieser Krise kommt die Frustration einer Partei mit einem hohen Gestaltungsanspruch zum Ausdruck – ein Anspruch, der nicht umgesetzt werden kann, weil auch das noch nicht der EG (EU) angehörende Österreich sich eben nicht zum Modellfall eines demokratischen Sozialismus in einem Staat entwickeln konnte.

Will die europäische Sozialdemokratie, will die SPÖ nicht ihre Ansprüche aufgeben und damit ihre spezifische Qualität verlieren, dann wird sie die Lehren aus diesen (und anderen) Krisen ziehen müssen: Eine gestaltende Politik der Sozialdemokratie muss europäisch sein – oder sie wird nicht sein.

7. Ein Stellvertreterkonflikt

Auf der Suche nach den Ursachen des Konflikts zwischen Kreisky und Androsch muss man unvermeidlich zur Erkenntnis kommen, dass es – im Sinne der kriminalistischen Literatur – keine „smoking gun" gibt. Es gibt weder die eine Ursache, noch den einen Täter, noch die eine Tat. Es ist daher müßig, nach einer „Schuld" zu fragen. Es führt zu nichts, wenn man die verschiedenen Erklärungsansätze gegeneinander auszuspielen versucht: Grundsätzlich ist davon auszugehen, dass es eben mehrere Erklärungen gibt, die einander zumeist nicht ausschließen.

Wichtig ist, die Funktion des Konflikts festzuhalten – die Funktion des Konfliktes vor, während und vor allem auch nach den Ereignissen, die 1980 und 1981 abliefen. In den Konflikt, der natürlich bei Kreisky und Androsch und anderen tiefe persönliche Folgen haben musste, haben viele das hineininterpretiert, was sie in dem Konflikt sehen wollten. Und viele haben den Konflikt als Erklärung für Phänomene herangezogen, die sie sonst nicht hätten deuten können oder wollen.

Das kann am Beispiel des Sekundärkonflikts Vranitzky – Androsch verdeutlicht werden, der wohl nur im Zusammenhang mit dem Primärkonflikt Kreisky – Androsch zu verstehen ist. Das Verhältnis zwischen Androsch und seinem früheren Mitarbeiter, Vranitzky, der die Positionen in Regierung und Partei einnehmen sollte, die Androsch fast schon sicher in Aussicht hatte, ist ab 1988 tief gestört, wobei Androsch sich ähnlich verhält wie sich ursprünglich Kreisky ihm, Androsch, gegenüber ab 1980 verhalten hat – er lässt fast keine Chance aus, um sich negativ zu Vranitzky zu äußern; während Vranitzky sich einer vergleichsweise demonstrativen Zurückhaltung befleißigt – was eher dem Verhalten Androschs bis 1980 entspricht, als Androsch sich öffentlich mit kritischen Äußerungen zu Kreisky sehr zurückgehalten hatte (Palme 1999, 222; Vranitzky 2004, 307–311).

Was Liselotte Palme zum Konflikt Kreisky – Androsch feststellte, gilt – mit umgekehrten Vorzeichen – auch für den zwischen Androsch und Vranitzky: „Es scheint, dass Kreisky in dieser Phase der Beziehung (vor Ausbruch des Konflikts – Anmerkung AP) Züge an Androsch freuten, die er später empört abqualifizierte." (Palme 1999, 236) Ähnlich muss das Verhalten Androschs gegenüber Vranitzky nach 1988 beurteilt werden – wenn er etwa über Vranitzkys Tätigkeit als Mitarbeiter („Sekretär") in seinem – des Finanzministers – Büro feststellte: „Er war dort ein wichtiger und wertvoller Mitarbeiter. Aber er war schwach im Konzeptiven, hat kaum je einen eigenständigen Gedanken gehabt." (Palme 1999, 222)

Da und dort überschattete der spätere Konflikt die Wahrnehmung eines im Anfang offenbar harmonisch-freundschaftlichen, aber durch klare Über- und Unterordnung gekennzeichneten Arbeitsverhältnisses. Erst als die Eindeutigkeit der Hierarchie verloren ging – als Kreisky sich subjektiv zumindest von der Nachfolgefrage unter Druck gesetzt sah (und andere ihn darin bestärkten, dass Androsch ihn unter Druck setze); und als Androsch sich dem Bundeskanzler und dann auch noch Parteivorsitzenden Vranitzky und nicht dem früheren „Sekretär" gegenübersah – erst dann setzte die Uminterpretierung ein.

Die politischen Differenzen, die Androsch als Erklärung für den Konflikt mit Vranitzky anführt, überzeugen wohl nicht, um die Tiefe des Bruches zwischen den beiden zu erklären – so Androschs Einschätzung, er hätte im September 1986 die Koalition mit der FPÖ nicht aufgekündigt; eine Einschätzung, die Androsch – damals – auch mit Kreisky geteilt hatte. (Pelinka 1993, 54–62; Palme 1999, 218). Das Hervorstreichen solcher Differenzen lassen zumindest die Vermutung zu, dass die inhaltliche Seite des Konflikts zwischen dem von Kreisky erwählten und dann verstoßenen „Kronprinzen" und dem von Kreisky nicht erwählten, aber nach einer längeren Grollphase akzeptierten Nach-Nachfolger eine Art Überbau über die eigentlichen Ursachen ist.

Diesen kommt man wohl dann näher, wenn man die höchst unterschiedliche Einschätzung von Vranitzkys Verhalten rund um das gegen Hannes Androsch in den 80er-Jahren laufende Finanz- und Strafverfahren und Androschs damit zusammenhängender Abgang von der Creditanstalt 1988 berücksichtigt. Bis Anfang 1988 konnte von einer grundsätzlichen, ursprünglich sogar freundschaftlichen Loyalität zwischen Androsch und Vranitzky ausgegangen werden. Danach entfremdeten sich Vranitzky und Androsch sehr rasch voneinander – wobei die Interpretation der Ursachen voneinander sehr stark abweichen. (Palme 1999, 222–228)

Der Primärkonflikt zwischen Kreisky und Androsch wurde aber auch von zwei anderen, in unterschiedlicher Form generationsspezifischen Konflikten überlagert. Wie der Sekundärkonflikt zwischen Vranitzky und Androsch werfen auch die anderen Sekundärkonflikte Licht auf den Primärkonflikt. Anders aber als der in ja auch in seiner zeitlichen Abfolge sekundäre Konflikt Androsch – Vranitzky sind die beiden anderen Sekundärkonflikte nicht bloß Folge, sondern auch Ursache für den Primärkonflikt.

Einer dieser Konflikte ist der Konflikt zwischen den zwei „Höfen", die sich – indirekt jedenfalls – um Bruno Kreisky und um Hannes Androsch Ende der 70er-Jahre gebildet hatten. Rund um Kreisky und rund um

Androsch sammelten sich jüngere PolitikerInnen, deren Perspektive – spätestens nach dem triumphalen Wahlsieg des 68-jährigen Kreisky 1979 – naturgemäß auf die Zeit nach Kreisky gerichtet sein musste. Nach der 1979 herrschenden allgemeinen Erwartung war es nahe liegend, war es logisch und galt als sicher, dass in absehbarer Zeit Hannes Androsch Bruno Kreisky nachfolgen würde – entweder in beiden Funktionen, als Regierungs- und als Parteichef; oder zumindest in einer der beiden Funktionen, wobei es dann wahrscheinlich erschien, dass die Nachfolge auch in der anderen Funktion etwas später analog geregelt würde.

Der Kreis der Jüngeren um Bruno Kreisky konnte mit einer solchen Entwicklung nur verlieren – der Kreis der Jüngeren (d.h. im Verhältnis zu Androsch etwa Gleichaltrigen) um Hannes Androsch konnte nur gewinnen. Der Kreis um Kreisky musste daher ein Interesse haben, die Nachfolgefrage anders geregelt zu sehen, als es der Papierform des Jahres 1979 entsprochen hätte. Der Kreis um Kreisky musste daher versucht sein, Androsch als Nachfolger zu blockieren. Diese Blockierung konnte aber im Wesentlich nur von einem erwartet werden, konnte nur einer erreichen – Kreisky selbst. Daher entsprach es dem Interesse des „Kreisky-Hofes“, Bruno Kreisky gegen Hannes Androsch aufzubringen. Im Interesse der Angehörigen des „Androsch-Hofes“ hingegen musste es liegen, die Nachfolgefrage der Papierform entsprechend zu sichern. Reaktiv oder präventiv – als erste Anzeichen der Intentionen des „Kreisky-Hofes“ erkennbar waren, oder aber unabhängig davon – versuchte daher der Kreis um Androsch, diesen gegen Kreisky selbst oder aber zumindest gegen die Jüngeren um Kreisky einzunehmen. Der Konflikt war auch und wesentlich ein Konflikt zwischen den Höflingen der beiden „Lager“.

Kreisky und Androsch glichen – und dieses Bild ist eines, das neben mehreren anderen wohl seine Richtigkeit hat – zwei Kämpfern, die gegeneinander getrieben, die aufeinander gehetzt wurden. Die einen versuchten, Kreisky durch negative Geschichten über Androsch zu empören, die anderen taten es mit umgekehrten Vorzeichen. (Interviews Jankowitsch, Lendvai, Mauhart)

Diese Situation der Auseinandersetzung zwischen zwei innerparteilichen Gruppen oder Fraktionen, die sich – auf Kreiskys Seite eher mit dem Hinweis auf die „(Un-)Moral“ und die rechte (und daher unrechte) Gesinnung Androschs – teils ideologisierend, teils nur anschwärzend als Einflüsterer betätigten, kämpften natürlich auch und wesentlich um ihre eigene politische Zukunft. Man wird dabei an ein bestimmtes Politikmuster aus der österreichischen Geschichte erinnert – als bis 1914 der Hof des Kaisers

(Schönbrunn) und der Gegenhof des Thronfolgers (Belvedere) einander gegenüberstanden, einander misstrauisch beobachtend und interpretierend. (Funder 1952, 486–517)

Die Jüngeren rund um Kreisky schienen Anfang 1981 als Sieger aus dem Konflikt hervorzugehen. Mit Herbert Salcher wurde ein Mann Kreiskys als Nachfolger Androschs Bundesminister für Finanzen. Karl Blecha, dessen Rolle am „Hofe Kreiskys" besonders hoch eingeschätzt wird, wurde 1983 in der Koalitionsregierung Sinowatz – Steger, als Kreisky noch als Parteivorsitzender die Zusammensetzung der SPÖ-Seite des Regierungsteams wesentlich zu beeinflussen verstand, Bundesminister für Inneres. Erwin Lanc, eindeutig ein Pro-Kreisky- und Anti-Androsch-Mann, wurde Bundesminister für auswärtige Angelegenheiten. Kreisky hatte verhindert, dass Sinowatz anstelle Salchers schon 1983 Franz Vranitzky als Finanzminister in die Regierung holte – Kreisky hatte noch einmal (wie schon 1981) erfolgreich Salcher als Finanzminister durchgesetzt. (Horvath 1989, 106 f.)

Als 1984 Sinowatz mit der Umbildung der Bundesregierung die Pro-Kreisky-Minister Salcher und Lanc entließ und durch Vranitzky und Leopold Gratz, die teilweise Pro-Androsch, jedenfalls aber nicht pro-Kreisky gesehen wurden, war die Bilanz des Konfliktes zwischen dem „Hof" um Kreisky und dem „Gegenhof" um Androsch nicht mehr so eindeutig. Die Konfliktlinien zwischen den beiden, 1980 personenbezogenen Fraktionen waren spätestens ab 1984 nicht mehr so ohne weiteres erkennbar – und vor allem war nicht so eindeutig, welcher der beiden „Höfe" nun wirklich den Sieg davon getragen hatte.

Der zweite, generationsspezifische Sekundärkonflikt war, dass die prominentesten Angehörigen der Generation Kreiskys innerhalb der SPÖ sich mehr oder weniger offen und eindeutig auf die Seite Androschs stellten. Mit der Stützung Androschs – die letztlich zwar nicht Androschs Ausscheiden aus Regierung und Parteispitze, sehr wohl aber Androschs endgültigen und vollständigen Sturz verhindern konnte – trugen Anton Benya, Christian Broda und Hertha Firnberg ihren Konflikt mit Kreisky aus.

Benya war spätestens seit der Auseinandersetzung um Olah, 1964, Kreisky gegenüber skeptisch eingestellt. Broda stand ebenfalls im Olah-Konflikt mit Benya gegen Olah (und, bis kurz vor der Entscheidung 1964, als Kreisky Olah politisch nicht mehr retten konnte und daher Olahs Parteiausschluss akzeptieren musste, gegen Kreisky). Firnberg wiederum wusste sich, wie auch Broda bei der Strafrechtsreform, bei der Universitätsreform von Kreisky nur halbherzig unterstützt. Überdies zeigte Kreisky 1976, als er sich mit dem Diktum „Alt bin i selber" für Androsch und gegen Firnberg als

Vizekanzler(in) aussprach, wie wenig ihn eigentlich persönlich mit der Wissenschaftsministerin verband. (Horvath 1989, 78 f., 95, 103)

Benya, Broda und Firnberg widersetzten sich zunächst – im September 1980 – erfolgreich Kreiskys Wunsch, Androsch aus der Regierung abzuberufen. Als sich aber Anfang 1981 der Konflikt auf ein Entweder-oder (Kreisky oder Androsch) zuspitzte, erreichten Benya, Broda und Firnberg, dass der Abgang Androschs durch eine entsprechende Konstruktion innerhalb der Creditanstalt-Bankverein – der damals größten Bank Österreichs – optisch gemildert und Androsch zwar nicht an der Parteispitze, aber in der Partei ein Faktor bleiben konnte. Kreiskys Generation stellte sich im Konflikt zwischen Kanzler und Vizekanzler auf die Seite Androschs.

Damit kann und soll nicht gesagt werden, dass Benya, Broda und Firnberg den Konflikt Kreisky – Androsch nur benutzt hätten, um ihre alten, bis dahin kaum offen ausgetragenen Vorbehalte gegen Kreisky auszuspielen; also den Konflikt als Gelegenheit gesehen hätten, gegenüber Kreisky alte Rechnungen zu begleichen. Aber dass der allgemein als „links" eingestufte Christian Broda und der als pragmatisch und daher eher als „rechts" gesehene Benya und die jedenfalls nicht dem rechten Flügel zugerechnete Firnberg zu einer gemeinsamen Frontstellung pro-Androsch und contra-Kreisky fanden, das zeigt zumindest, dass eine simple „Rechts gegen Links"- oder auch „Alt gegen Jung"-Interpretation des Primärkonfliktes nicht stimmt. Der Konflikt innerhalb der Generationen und der Konflikt innerhalb der Flügel und Traditionen der Partei relativierte und verkomplizierte den Konflikt zwischen Kreisky und Androsch.

Der Konflikt zwischen Kreisky und Androsch hatte etwas sehr Alltägliches. Es war die Auseinandersetzung zwischen Menschen unterschiedlichen Lebensalters, die voneinander enttäuscht waren; die – ihren Bruch unterschiedlich rationalisierend – nach mehreren Jahren der engen und freundschaftlichen Zusammenarbeit ganz einfach nicht mehr miteinander „konnten". Seine politische Dimension bekam der Konflikt erst dadurch, dass so viele unterschiedliche Interessen die Auseinandersetzung – mehr oder weniger bewusst – zu instrumentieren versuchten:

- Da versuchten junge Linke, Kreisky zu sich zu ziehen, um durch die politische Ausschaltung des zur Symbolfigur rechter Abweichung gemachten Androschs die gesamte Partei nach links zu rücken.
- Da versuchten Angehörige des „Kreisky-Hofes", Androsch als Nachfolger zu verhindern – und Angehörige des „Androsch-Hofes" versuchten, eben das und möglichst beschleunigt sicherzustellen.

- Da versuchten Prominente der SP-Führungsspitze, den Aktionsradius ihres Altersgenossen Kreisky einzugrenzen, nachdem sie Jahre hindurch hatten hinnehmen müssen, dass sich dessen Stellung in der Partei allen Begrenzungsversuchen entzogen hatte.

Eine gewisse Parallele zu diesen Versuchen, dem Konflikt zwischen Kreisky und Androsch eine bestimmte Interpretation (einen „spin") zu geben, kann auch in den Versuchen gesehen werden, die als erfolgreich eingestufte wirtschafts- und finanzpolitische Bilanz der Ära Kreisky persönlich zuzuordnen. Androsch, der im ersten Jahrzehnt dieser Ära als Finanzminister – ausgestattet mit einer in alle anderen Ressorts reichenden „Querschnittkompetenz" – natürlich wesentliche Verantwortung für diese Bilanz zu übernehmen hatte, beansprucht damit auch ausdrücklich die positiven Seiten dieser Bilanz – mit der Tendenz, diese positive Bilanz mit seinem Ausscheiden aus der Regierung beendet zu sehen. (Androsch, in Weber, Venus 1993, 189–206; Androsch 2003, 121–127; dazu auch Cordt, Mauhart 1988) Vranitzky sieht sich – in einer zu Androsch zunächst durchaus parallelen Abgrenzung zu der Tätigkeit Herbert Salchers als Finanzminister (1981–1984) – aber durchaus ebenfalls in der Tradition dieser erfolgreichen Bilanz, wenn auch mit dem Akzent, dass die Krise der Verstaatlichten Industrie in den 80er-Jahren nach neuen Antworten verlangte, die in den 70er-Jahren noch nicht gefordert waren. (Vranitzky, in Weber, Venus 1993, 179–188; Vranitzky 2004, 89–91)

Hinter den komplexen Interpretationen und Instrumentalisierungsversuchen und teilweise geglückten Instrumentalisierungen wurde auch ein Stellvertreterkonflikt deutlich, der mit den ursprünglichen Positionen der beiden Kontrahenten wenig bis nichts zu tun hatte. Beide, Kreisky und Androsch, waren ja eher „rechte" Sozialdemokraten in dem Sinn, dass sie – unabhängig von der Referenz gegenüber der austromarxistischen Tradition der Partei – sich am Markt orientierten: beide, Kreisky und Androsch, jedenfalls am politischen Markt – auf dem ja die SPÖ in der Ära Kreisky so großartige Erfolge eben durch politische Flexibilität erreicht hatte. Androsch, ressortbedingt mehr als Kreisky, hatte darüber hinaus besonderes Verständnis nicht nur für die Logik des politischen, sondern auch für die des wirtschaftlichen Marktes. Deshalb bot er sich auch, letztlich mehr als (der im sozialistisch-sozialdemokratischen Kontext ebenfalls „rechte") Kreisky, der Parteilinken als Feindbild an. Und deshalb wurde der so persönliche Konflikt indirekt auch zu einem Konflikt über die Richtung und Strategie einer regierenden Sozialdemokratie: Konnte, sollte, musste man von ihr erwarten, dass das Resultat ihres Regierens eine neue Gesellschaft mit dem vom Austromarxismus, von Max Adler beschworenen „neuen Menschen" sein wird?

Anfang der 70er-Jahre hatte Kreisky erklärt: „Solange ich regiere, wird hier rechts regiert." Jahre später, wohl auch unter dem Eindruck seines Konflikts mit dem ebenfalls „Rechten" Androsch, erklärte Kreisky: „Aber je älter ich werde, umso linker werde ich!" (zit. nach Brandstaller 2000, 59) Dass dies Kreiskys Selbsteinschätzung entsprach – auch vor dem Hintergrund seiner Kritik an Reagonomics und Thatcherismus, ist ganz bestimmt richtig. Richtig ist freilich auch, dass die Ergebnisse des Regierens der SPÖ nach Androschs politischem Sturz nicht „linker" wurden; weil sie offenkundig nicht – jedenfalls nicht im spezifisch sozialistischen Kernbereich der SPÖ-Ansprüche – „linker" werden konnten.

Das Resultat sozialdemokratischen Regierens in Österreich hatte alle möglichen Erfolge aufzuweisen – eben die, die unter dem Stichwort der „Modernisierung" und „Reformen" zusammengefasst werden können. (Pohoryles 1990) Aber das Resultat brachte Österreich keine „neue Gesellschaft", keinen „neuen Menschen". Und weil Androschs Stil, weil Androschs Rhetorik besonders deutlich machten, dass dieses umfassende, fundamentale Ziel nicht zu erreichen und deshalb am besten nicht mehr zu erwarten sei, wurde er zum besonderen Objekt der Energien, in die sich die Enttäuschung der Parteilinken verwandelte.

Mit Androschs Abgang von Regierung und Parteispitze wurde allerdings erst recht deutlich, dass es nicht am „Versagen" einzelner Personen lag, wenn die SPÖ ihre spezifisch sozialistischen Ziele nicht erreicht hatte. Aber durch das Hochspielen, durch das Ideologisieren, durch das Instrumentalisieren des Kreisky-Androsch-Konflikts konnte die notwendige Einsicht in die Grenzen des politisch Machbaren noch einmal vertuscht werden.

Ein sehr persönlicher, ein fast alltäglicher Konflikt erhielt so einen umfassenden Stellenwert, der ihn zum Scheitelpunkt der österreichischen Sozialdemokratie – einer der erfolgreichsten Europas – machen sollte.

Zeittafel – Bruno Kreisky

1911	Geb. in Wien
1926	Beitritt zum Verband Sozialistischer Mittelschüler, um bald wieder auszutreten, weil nur diskutiert und keine Aktionen gesetzt würden
1927	Mitglied der Sozialistischen Arbeiterjugend, bald Bezirksobmann
1929	Matura
1930	Obmann der niederösterreichischen Gebietsorganisation der Sozialistischen Arbeiterjugend
Herbst 1930	Beginn des Jusstudiums
1933	Obmann des Reichsbildungsausschusses der Sozialistischen Arbeiterjugend
1934	Die Sozialdemokratische Arbeiterpartei wird verboten – Kreisky arbeitet illegal weiter, er ist ein wichtiger Verbindungsmann zwischen verschiedenen illegalen Gruppen. Er erkannte früh, dass der Sozialdemokratie nicht nur von rechts, sondern auch von links Gefahr drohte.
30. Jän. 1935	Verhaftung wegen illegaler politischer Arbeit
24. Jän. 1936	Sozialistenprozess – Kreisky wird nach einer revolutionären Rede zu einem Jahr Kerker verurteilt und von allen österreichischen Hochschulen relegiert
1938	Fortsetzung des Jusstudium und der illegalen Parteiarbeit
14. März 1938	Gestapo erscheint in Kreiskys Wohnung, Ablegung des letzten Rigorosums noch möglich
15. März 1938	„Schutzhaft"
Aug. 1938	Enthaftung mit der Auflage, das Land zu verlassen
29. Sept. 1938	Verlassen Österreichs mit dem Ziel Schweden
1939–45	Angestellter im Sekretariat der Stockholmer Konsumgenossenschaft, daneben Mitarbeiter verschiedener ausländischer Zeitungen und Zeitschriften und schwedischer Tages-/Wochenzeitungen
Sommer 1939	Kongress der Sozialistischen Jugendinternationale in Lille – Rede Kreiskys (Abgrenzung von Kommunisten)

1941	Obmann des Klubs österreichischer Sozialisten in Schweden, Verbindung zu anderen Emigrantenklubs
Sommer 1943	Konzept für Erklärung der österreichischen Sozialisten in Schweden für die „Wiederherstellung eines selbstständigen Österreichs"
Feb. 1944	Resolution über die Einberufung eines „Österreichischen Nationalkongresses"aus allen Ländern
1945	Kreisky sehnt sich nach Wien – Ernst Lemberger kommt als Abgesandter, um Kreisky nach Wien zu holen, Kreisky setzt jedoch seine Arbeit in Schweden fort
Mai 1946	Kurze Rückkehr nach Wien – Adolf Schärf entscheidet sich gemeinsam mit der Partei, Kreisky im diplomatischen Dienst einzusetzen
Feb. 1947	Zuteilung zur österreichischen Gesandtschaft in Stockholm
Nov. 1949	Beamter in der wirtschaftspolitischen Abteilung des Außenamtes in Wien
1951	Vertrauensmann der SP in Hernals unter dem Bezirksobmann Franz Olah – Als Subkassierer seiner Sektion besucht Kreisky regelmäßig die SP-Mitglieder und lernt so die Mitglieder der „neuen, alten Partei" kennen
Juni 1951	Bundespräsident Theodor Körner betraut Kreisky mit der Funktion des Kabinettsvizedirektors und Beraters in politischen Fragen
2. April 1953	Staatssekretär im Bundeskanzleramt, Sektion „Auswärtige Angelegenheiten"
1954	Teilnahme an Berliner Außenministerkonferenz über den österreichischen Staatsvertrag
1955	Mitglied der österreichischen Delegation, die den Staatsvertrag in Moskau verhandelt
Mai 1956	Folgt Oskar Helmer als Nationalratsabgeordneter nach
Nov. 1956	Wahl Kreiskys in den Parteivorstand (stand gar nicht auf der Liste)
1957	Mitglied der Parteiexekutive (gemeinsam mit Franz Olah, Felix Slavik, Bruno Pittermann)
1959	Stellvertretender Parteivorsitzender und Außenminister im Kabinett Raab III
1.–7. Juli 1962	Von Kreisky organisierte „Konferenz für wirtschaftliche Zusammenarbeit und Partnerschaft" in Salzburg – „Wiener Erklärung" (Vorstellungen über einen „Marshallplan für die Dritte Welt")

20. Aug. 1963	Kongress der Sozialistischen Jugendinternationale in Oslo – Rede Kreiskys
Nov. 1963	Wahlsieg der ÖVP – Kreisky soll aus der Regierung ausscheiden, wird aber v.a. aufgrund der Interventionen von Franz Olah wieder Außenminister
1. Feb. 1967	Wahl zum Parteivorsitzenden der SPÖ
1966–70	Kreisky weist immer wieder darauf hin, wie wichtig die Wirtschaft ist, und wie wenig die Politik vermag, wo und wenn die Wirtschaft daniederliegt.
1969	Verabschiedung der „Eisenstädter Erklärung" durch den Parteitag – klare Abgrenzung von der KPÖ
1. März 1970	Nationalratswahl: relative Mehrheit der SPÖ, Kreisky wird Bundeskanzler
30. Okt. 1970	Reform des Familienrechts: Gesetz über die Rechtsstellung des unehelichen Kindes
27. Nov. 1970	Wahlrechtsreform
1971	Lohn und Einkommenssteuerreform (Progressionsmilderung)
	Bundesheerreform (Verkürzung des Wehrdienstes auf sechs Monate)
	soziale Verbesserungen im Schulwesen (Schülerfreifahrt, freier Zugang zur AHS)
8. Juli 1971	„Kleine Strafrechtsreform"
10. Okt 1971	Nationalratswahl: absolute Mehrheit der SPÖ
Nov. 1971	Heiratsbeihilfe
2. Dez. 1971	Gesetz über die Heiratsbeihilfen zur Hausstandsgründung
Jän. 1972	Mehrwertsteuer eingeführt
Feb. 1972	Hochschultaxen abgeschafft
1. Sept. 1972	Einführung der Gratisschulbücher
Sept. 1972	Ortstafelstreit
15. Feb. 1973	„Stahlfusion" – Strukturbereinigung in der verstaatlichten Industrie
Sommer 1973	Beginn des Baus der UNO-City
10. Juli 1973	Kreisky warnt vor Prosperitätseuphorie in einer Rede über die wirtschaftliche Lage im Nationalrat
28. Sept. 1973	Arabische Terroristen nehmen jüdische Auswanderer aus der UdSSR als Geiseln im Grenzbahnhof Marchegg
29. Nov. 1973	Liberalisierung der Gewerbeordnung
Nov. 1973	Fristenlösung beschlossen

14. Dez. 1973	Mutter-Kind-Pass und Geburtenhilfe eingeführt
Dez. 1973	Arbeitsverfassungsgesetz
Feb. 1974	Schulunterrichtsgesetz
März 1974	Zivildienst eingeführt
Nov. 1974	Gesetz über die 40 Stundenwoche für unselbstständige Beschäftigte
	„Große Strafrechtsreform“
2. Juli 1975	Gesetz über die persönlichen Rechtswirkungen der Ehe (Gleichstellung von Mann und Frau in der Ehe)
5. Okt. 1975	Nationalratswahl: absolute Mehrheit der SPÖ
Okt.1975	Beginn der Peter-Wiesenthal-Kreisky-Affäre
Ende 1975	Terrorangriff auf OPEC-Konferenz
1976	Wahl zum Vizepräsidenten der Sozialistischen Internationale
	Volksgruppengesetz – Es sind lediglich dort zweisprachige Ortstafeln aufzustellen, wo slowenische Minderheit 25% der Gesamtbevölkerung ausmacht (widerspricht Staatsvertrag).
17. Mai 1978	Neues SP-Parteiprogramm wird beschlossen
5. Nov. 1978	Volksabstimmung über Zwentendorf – Kreisky hatte im Fall der Niederlage seinen Rücktritt angekündigt, das Parteipräsidium nimmt seinen Rücktritt jedoch nicht an, sondern stattet ihn mit einer Generalvollmacht zum Privilegienabbau und zur Regierungsumbildung aus.
30. Nov. 1978	Sozialversicherung für freie Berufe wird zum Gesetz
15. Dez. 1978	Atomsperrgesetz
6. Mai 1979	Nationalratswahl: absolute Mehrheit der SPÖ
3. Sept. 1980	Zehn-Punkte-Programm – Sauberkeit und Kontrolle im öffentlichen Leben und strikte Trennung von Politik und Geschäft
9. Sept. 1980	Parteivorstand nimmt das Zehn-Punkte-Programm an
6. Jän. 1981	Wahl zum „Politiker des Jahres 1980“ durch ein Gremium von Politikern, Künstlern und Wissenschaftern in Paris
22. Jän. 1981	Androsch scheidet aus der Regierung aus
15. Mai 1981	SPÖ präsentiert ihr Wirtschaftsprogramm nach einer Wirtschaftskonferenz der Bundesregierung
22./23. Mai 1981	SP-Parteitag unter dem Motto „Österreich muß vorne bleiben“ (Anzeichen einer kommenden Wirtschaftskrise mehren sich)

Okt. 1981	Teilnahme am Nord-Süd-Gipfel in Cancun aus gesundheitlichen Gründen nicht möglich
5. Mai 1982	Ärztekonsilium gibt Grünes Licht für neuerliche Kandidatur Kreiskys
21. Mai 1982	Kreisky entscheidet sich für die Wiederkandidatur unter zwei Bedingungen: (1) Anton Benya muss bleiben (2) Er selbst will freie Hand bei der Regierungsbildung
16. Sept. 1982	Regierungsklausur: Beschäftigungsprogramm gegen Arbeitslosigkeit
1982/83	Kreisky kündigt immer wieder an, dass er bei Verlust der absoluten Mehrheit nicht mehr für das Amt des Bundeskanzlers zur Verfügung stehen würde.
25. April 1983	Nationalratswahl: Verlust der absoluten Mehrheit der SPÖ, Kreisky tritt als Bundeskanzler zurück
25. Sept. 1983	Rücktritt vom Parteivorsitz
9. Jun. 1986	Verzicht auf den Titel Ehrenvorsitzender – „... Unzufriedenheit mit der Politik der Partei in einer ganzen Reihe von Fragen, allen voran die de facto Solidarisierung mit Dr. Hannes Androsch ..." • aus Miteigentum an „Consultatio" wurden keine Konsequenzen gezogen • Gespräche darüber unbefriedigend verlaufen, keine Unterstützung vom Parteipräsidium (mangelnde Sensibilität für Unvereinbarkeit) • Gerüchte über Unregelmäßigkeiten bei Androschs Abgaben (Kreisky wollte nicht, dass Androsch verantwortungsvollen CA-Posten bekommt)
29. Juli 1990	Kreisky stirbt in Wien

Zeittafel – Hannes Androsch

1938	Geb. in Wien
1953	Obmann der Gruppe Floridsdorf des „Verbands Sozialistischer Mittelschüler"
1956	VSStÖ-Mitglied (Verband Sozialistischer Studenten Österreichs)
1959	Studienabschluss an der Hochschule für Welthandel in Wien
1960	Wiener Obmann des VSStÖ
1962	Bundesobmann des VSStÖ
1963	Steuerexperte des SP-Parlamentsklubs
1964	Mitglied des SP-Bezirksvorstandes Floridsdorf
1965	Konsulent des SP-Parlamentsklubs für Steuerfragen Übernahme des Witwen- und Deszentenfortbetriebs (auf fünf Jahre begrenzt) nach dem Tod des Vaters
1966	Beeideter Wirtschafts- und Steuerprüfer
11. April 1967	Referat vor der „Ersten ökonomischen Versammlung der Sozialistischen Partei" – „Öffentliche Armut – privater Reichtum"
23. Okt. 1967	Abgeordneter zum Nationalrat
21. April 1970	Bundesminister für Finanzen
11. Juni 1970	Steuerberatungskanzlei „Consultatio" wird ins Handelsregister eingetragen
1973	Nach 1971 neuerliche Aufwertung des Schilling, es kommt zu einem Konsens zwischen den Sozialpartnern, v.a. der Bundeskammer der gewerblichen Wirtschaft, und dem Finanzminister, Kreisky ist daran nicht beteiligt und daher verärgert.
1974	Nachfolgefrage Bundespräsident – u.a. stellt Androsch eine Kandidatur Kreiskys zur Diskussion Wahl zum stellvertretenden Parteivorsitzenden durch Parteitag
9. Sept. 1975	Gründung der Allgemeinen Krankenhaus Planungs- und Errichtungs-AG (AKPE)
1976	Ernennung zum Vizekanzler

1977	Diskussion um Unvereinbarkeit von Tätigkeit als Finanzminister und Beteiligung an Steuerberatungskanzlei „Consultatio"
	Finanzpolitische Auffassungsunterschiede zwischen Kreisky und Androsch bezüglich Hartwährungspolitik
	Wunsch, Präsident der österreichischen Nationalbank zu werden
1978	Neubesetzung des Präsidentenposten der österreichischen Nationalbank mit Stephan Koren
	Vorsitzender des OECD-Rates
	Kreisky erklärt, dass er von Existenz der „Consultatio" nichts gewusst habe
5. Nov. 1978	Volksabstimmung über Zwentendorf
1. Dez. 1978	Angebliche Entgleisung von Androsch (Eröffnung des Arlbergtunnels)
6. Dez. 1978	Kreisky versucht in einer außerordentlichen Sitzung des erweiterten Parteivorstandes, Mehrheit für Ausscheiden Androschs aus Regierung zu finden
Jän. 1979	Treuhänderlösung für „Consultatio"
Frühjahr 1979	Kontakte mit Steger über mögliche Koalition
1979	Wahlsieg der SPÖ
1980	Kreisky beginnt, konkret von Ablöse Androschs zu sprechen.
	Wahl zum Vorsitzenden des Interimskomitees des Weltwährungsfonds
April 1980	Parlamentarischer Untersuchungsausschuss – gegen Androsch werden unbewiesene Vorwürfe bezüglich Verwicklung in den AKH-Skandal vorgebracht
15. April 1980	Brief Kreiskys an Androsch, in dem er „tiefste Besorgnis um [Androschs] politische Zukunft" äußert
21. April 1980	Vier-Punkte-Vereinbarung, in der festgelegt wird, dass es keine öffentlichen Aufträge mehr für die „Consultatio" geben soll
Juni 1980	Regierungsklausur über die „Korruptionssituation in Österreich", Kreisky berichtet am Beispiel des AKH-Bauskandals und kündigt schonungslose Aufdeckung an
Juli 1980	Androsch opponiert gegen die von Kreisky vorgeschlagene Quellensteuer (Konflikt entlädt sich auf inhaltlicher Ebene)
20. Aug. 1980	Kreisky stattet „profil"-Redakteur mit Materialen gegen Androsch aus

21. Aug. 1980	Sondersitzung des Nationalrats – Der Misstrauensantrag gegen Androsch wird mit den Stimmen der SPÖ und FPÖ abgelehnt, in der Beantwortung der dringlichen Anfrage zu Androschs angeblicher Verwicklung in den AKH-Skandal distanziert sich Kreisky jedoch von Androsch
31. Aug. 1980	ORF-Interview – Androsch zeigt Bereitschaft, alles hinzuschmeißen
3. Sept. 1980	Zehn-Punkte-Programm – Sauberkeit und Kontrolle im öffentlichen Leben und strikte Trennung von Politik und Geschäft
9. Sept. 1980	Parteipräsidium und -vorstand bekräftigen Programm
	Kreisky droht mit Rücktritt
	Das von Androsch schriftlich eingebrachte Rücktrittsangebot (Bedingung: Beibehaltung der Funktion des stellvertretenden Parteivorsitzenden) wird mit Unterstützung von Anton Benya, Christian Broda, Karl Lausecker, Hertha Firnberg, Theodor Kery und Leopold Wagner abgelehnt
Okt. 1980	VP-Misstrauensantrag gegen Androsch
Nov. 1980	VP-Misstrauensantrag gegen Androsch
5. Nov. 1980	Reform der Unvereinbarkeitsbestimmungen im Parlament beschlossen
27. Nov. 1980	Brief Kreiskys an Karl Blecha und Fritz Marsch – „Das Ausmaß der Vertrauenskrise, die die Partei in diesen Monaten durch die Gewinnsucht weniger und das Verständnis, das von einigen hierfür aufgebracht wird, erleidet, ist sehr groß ..."
9. Dez. 1980	Androsch teilt dem SP-Präsidium seinen Rücktritt mit
11. Dez. 1980	SP-Präsidium beschließt, Androsch an Spitze der CA zu setzen
Jän. 1981	Demissionierung, Androsch schließt Rückkehr in Politik nicht vollkommen aus
15. Jän. 1981	Wahl zum Generaldirektor-Stellvertreter der Creditanstalt-Bankverein
6. April 1981	Generaldirektor der CA
1982	Im Lauf des Jahres erscheinen Interviews mit Androsch und Zeitungsartikel in der „AZ", im „Börsenkurier", in der „Wochenpresse", in „Bild am Sonntag" und in der „Kronen-Zeitung", in der die Kritik Androschs an der Regierungspolitik und dem Kanzler explizit gemacht werden
25. Nov. 1982	Der „Foreign Report" berichtet – „Androsch wird möglicherweise Kreiskys Nachfolger"

6. Dez. 1982	Brief Kreiskys an Karl Blecha, in dem der Kanzler die kritischen Zeitungsartikel auflistet und dem Parteipräsidium und -vorstand ihr Schweigen vorwirft
Ende 1982/83	Kreisky versucht, die in der SP-Spitze noch immer vorhandene Rückendeckung für Androsch zu Fall zu bringen
Juli 1983	„Basta" 7/1983: Brief Androschs an Leopold Gratz, in dem er auf die Entscheidung des Wiener Ausschusses reagiert, ihn auf Anraten von Leopold Gratz nicht mehr als Kandidaten für den SP-Parteivorstand vorzuschlagen, und mit Kreisky abrechnet
23. Aug. 1983	„Die Presse": Androsch übt in einem Interview Kritik am Altbundeskanzler, der ihm vorgeworfen hat, dass sein schlechter Gesundheitszustand auf den Streit mit Androsch zurückzuführen sei
12. Dez. 1983	Brief Kreiskys an Fred Sinowatz: Kreisky ist über milde Zurechtweisung Androschs (nach dessen Brief an Gratz) durch das Parteipräsidium enttäuscht
2. Aug. 1984	Anzeige Androschs durch Finanzminister Herbert Salcher wegen Verdachts der Abgabenverkürzung
1988	Verurteilung Androschs
	Ende der CA-Karriere
	Konsulent der Weltbank
1989	Gründung der Androsch International Management Consulting (AIC)
1994	Miteigentümer und Aufsichtsratsmitglied des staatlichen Leiterplattenunternehmens AT&S
1996	Freispruch im Wiederaufnahme-Steuerverfahren
1997	Miteigentümer und Aufsichtsratsmitglied der Österreichischen Salinen AG
2000	Einstieg beim britischen Risikokapitalfonds „nCoTec" und Übernahme des Vorsitzes im Aufsichtsrat
April 2000	Androsch kritisiert die SPÖ, die „eine finanziell kaputte und personell ausgedünnte Partei ohne Inhalte"[1] sei. Er bietet dem neuen SP-Vorsitzenden Alfred Gusenbauer seine Unterstützung an
Okt. 2000	Value Managamement Award für AT&S

[1]) „Der Standard", 22.–24.04.2000.

Dez. 2000	Schadenersatzklage in der Höhe von 100 Mio. Schilling gegen Androsch in seiner Funktion als ehemaliger Aufsichtsrat der insolventen Rieger Bank
Aug. 2001	Kritik am Verkauf der Bank Austria-Creditanstalt an die bayrische Hypovereinsbank[2]
Nov. 2002	Pressekonferenz gemeinsam mit Parteivorsitzendem Alfred Gusenbauer
Jän. 2003	Vorsitzender des Universitätsrates der Montan Universität Leoben
Mai 2003	Androsch verteidigt die Entscheidung der VP/FP-Regierung für den Ankauf der Eurofighter. Das Ausmaß der angekündigten Gegengeschäfte in der Höhe von vier Milliarden Euro bezeichnet er allerdings als „illusorisch"[3]. Die zu seiner Firmengruppe gehörige Flugzeugzulieferfirma Fischer Advanced Composite Components (FACC) werde allerdings von den Gegengeschäften profitieren
	Androsch macht deutlich, dass er „kein Problem mit einer Annäherung zwischen Sozialdemokarten und Freiheitlichen"[4] habe
Juli 2003	Freispruch durch den OGH in Sachen Rieger Bank
Juni 2003	Pläne, um gemeinsam mit Ludwig Scharinger, Chef der Raiffeisenlandesbank Oberösterreich, den Stahlkonzern Vöstalpine zu erwerben und damit die Zerschlagung durch Frank Stronach, Eigentümer des Magna-Konzerns, zu verhindern
26. Sep. 2003	Androsch bietet mit um die insolvente Porzellanmanufaktur Augarten, bekommt jedoch den Zuschlag nicht
Dez. 2003	Hannes Androsch überredet die Bundesregierung und die Stadt Wien zur gemeinsamen Durchführung einer Ausstellung „50 Jahre Staatsvertrag" und organisiert deren Teilfinanzierung aus privaten Mitteln.

2) „Der Standard", 13.08.2001.
3) „Der Standard", 22.05.2003.
4) „Der Standard", 22.05.2003.

Barbara Liegl / Anton Pelinka

Allgemeine Literatur

Aigner 1981: Bruno Aigner: „Momentaufnahme nach der AA-Debatte". In: Die Zukunft, Februar, 5–7.

Androsch 1980: Hannes Androsch, Briefe an Bruno Kreisky, Kopien der Originale.

Androsch 1997: Hannes Androsch, Vortrag an der Universität Graz vom 20. Oktober, Kopie des Redemanuskripts.

Androsch 1998: Hannes Androsch, Brief an Kurt Wimmer vom 10. Februar, Kopie des Originals.

Androsch 2003: Hannes Androsch: „Warum Österreich so ist, wie es ist. Eine Synthese ais Widersprüchen". Wien (Kremayr & Scheriau/Orac).

Androsch, Pelinka, Schachter 1998: Hannes Androsch, Anton Pelinka, Herbert Schachter: „Repliken zum Artikel ‚Der Konflikt zwischen Bundeskanzler Kreisky und Finanzminister Androsch. Versuch einer Rekonstruktion'". In: SWS-Rundschau, 4/1998, 499–511.

Atzmüller 1985: Karl F. Atzmüller: „Die Kodifikation des kollektiven Arbeitsrechts". Wien (Braumüller).

Bauer 1923: Otto Bauer: „Die österreichische Revolution". Wien (Wiener Volksbuchhandlung).

Baumann-Reynolds 1995: Sally Baumann-Reynolds: „François Mitterrand. The Making of a Socialist Prince in Republican France". Westport (Praeger).

Bayer 1980: Kurt Bayer: „Lohnpolitik: Was noch zu tun bleibt. Zum wirtschaftspolitischen Stellenwert der Einkommensverteilung in Österreich". In: Die Zukunft, Oktober, 10–14.

Bell 1998: David Bell: „The Parti Socialist after Mitterrand: A Half-Finished Modernization". In: Maclean 1998, op.cit., 66–85.

Benya 1992: Anton Benya: „Mein Weg: Lebenserinnerungen des langjährigen ÖGB-Präsidenten". Wien (Verlag der österreichischen Staatsdruckerei).

Berstein 1998: Serge Berstein: „The Crisis of the Left and the Renaissance of the Republican Model, 1981–1995". In: Maclean 1998, op.cit., 46–65.

Best 2002: Geoffrey Best: „Churchill. A Study in Greatness". London (Penguin).

Bielka, Jankowitsch, Thalberg 1983: Erich Bielka, Peter Jankowitsch, Hand Thalberg (Hg.): „Die Ära Kreisky. Schwerpunkte der österreichischen Außenpolitik". Wien (Europaverlag).

Birnbaum 2003: Norman Birnbaum: „Nach dem Fortschritt. Vorletzte Anmerkungen zum Sozialismus". Stuttgart (DVA).

Bischof, Pelinka 1994: Günter Bischof, Anton Pelinka (eds.): „The Kreisky Era in Austria". Contemporary Austrian Studies 2. New Brunswick, NJ (Transaction).

Bischof, Pelinka 1996: Günter Bischof, Anton Pelinka (eds.): „Austro-Corporatism. Past, Present, Future". Contemporary Austrian Studies 4. New Brunswick, NJ (Transaction).

Blau 2000: Paul Blau: „Das Nazidilemma der SPÖ". In: Reiter 2000, op.cit., 41–51.

Blecha 1980: Karl Blecha: „Die schwierigen achtziger Jahre – Wir werden sie meistern". In: Die Zukunft, September, 2 f.

Brandstaller 2000: Trautl Brandstaller: „Nicht nur das Meer gepflügt. Über den ‚letzten Sozialisten' der SPÖ". In: Reiter 2000, op.cit., 52–60.

Cameron 1996: David R. Cameron: „Exchange Rate Politics in France, 1981–1983: The Regime-Defining Choices of the Mitterrand Presidency." In: Daley, op.cit., 56–82.

Cerny 1983: Philip G. Cerny: „Democatic Socialism and the Tests of Power: The Mitterrand Presidency Eighteen Months On". In: West European Politics, Vol. 6, No. 3, 197–216.

Codding, Safran 1979: George A. Codding, Jr., William Safran: „Ideology and Politics: The Socialist Party of France". Boulder (Westview Press).

Cole 1994: Alistair Cole: „A House Divided. Socialism à la francaise." In: Raymond 1994, op.cit., 64–89.

Cordt, Mauhardt 1988: Herbert Cordt, Beppo Mauhart (Hg.): „Zurück in die Zukunft". Wien (Orac).

Dachs, Gerlich, Müller 1995: Herbert Dachs, Peter Gerlich, Wolfgang C. Müller (Hg.): „Die Politiker. Karrieren und Wirken bedeutender Repräsentanten der Zweiten Republik". Wien (Manz).

Daley 1996: Anthony Daley (ed.): „The Mitterrand Era. Policy Alternatives and Political Mobilization in France." Houndsmills (MacMillan).

Daniels 1998: Philip Daniels: „From Hostility to 'Constructive Engagement': The Europeanisation of the Labour Party". In: West European Politics, Vol. 21, No. 1, 72–96.

Dickinger 1998: Christian Dickinger: „Der Konflikt zwischen Bundeskanzler Kreisky und Finanzminister Androsch. Versuch einer Rekonstruktion". In: SWS-Rundschau, 1/1998, 73–98.

Eley 2002: Geoff Eley: „Forging Democracy. The History of the Left in Europe, 1850–2000." Oxford (Oxford University).

Feymann 1993: Walter Feymann: „Theodor Kery. Burgenland – Geschichte, Kultur und Wirtschaft in Biographien". Eisenstadt (Roetzer).

Fischer 1980: Heinz Fischer (Hg.): „Rote Markierungen 80". Wien (Europaverlag).

Fischer 1993: Heinz Fischer: „Die Kreisky-Jahre. 1967–1983". Wien (Löcker).

Fischer 1998: Heinz Fischer: „Reflexionen". Wien (Kremayr & Scheriau).

Fischer 2000: Heinz Fischer: „Ein eigenartiger Abend". In: Reiter 2000, op.cit., 65–69.

Fischer-Kowalski 1986: Marina Fischer-Kowalski: „Gesellschaftliche Modernisierung – und was kommt danach?" In: Fröschl, Zoitl 1986, op.cit., 79–91.

Fischer-Kowalski, Bucek 1979: Marina Fischer-Kowalski, Josef Bucek (Hg.): „Ungleichheit in Österreich. Ein Sozialbericht". Wien (Jugend und Volk).

Friend 1998: Julius W. Friend: „The Long Presidency. France in the Mitterrand Years, 1981–1995". Boulder (Westview).

Fröschl, Zoitl 1986: Erich Fröschl, Helge Zoitl (Hg.): „Der österreichische Weg. 1970–1985. Fünfzehn Jahre, die Österreich verändert haben". Wien (Europa-Verlag).

Funder 1952: Friedrich Funder: „Vom Gestern ins Heute. Aus dem Kaiserreich in die Republik". Wien (Herold).

Gatty 1997: Werner Gatty (Hg.): „Die Ära Kreisky: Österreich im Wandel 1970-1983". Innsbruck et al. (StudienVerlag).

Gehler, Sickinger 1996: Michael Gehler, Hubert Sickinger (Hg.): „Politische Affären und Skandale in Österreich". Thaur, Wien et al. (Kulturverlag).

Giddens 1997: Anthony Giddens: „Jenseits von Links und Rechts. Die Zukunft radikaler Demokratie". Frankfurt am Main (Suhrkamp).

Giddens 1998: Anthony Giddens: „The Third Way: The Renewal of Social Democracy." Cambridge (Polity Press).

Haider 1997: Jörg Haider: „Befreite Zukunft jenseits von links und rechts. Menschliche Alternativen für eine Brücke ins neue Jahrtausend". Wien (Politica Edition, Ibera und Molden).

Harris 1982: Kenneth Harris: „Attlee". London (Weidenfeld and Nicolson).

Hindels 1980: Josef Hindels: „Moral, Lebensstil und Sozialismus". In: Die Zukunft, Juli, 15–18.

Höll 2000: Othmar Höll: „Authentizität kann man nicht kaufen“. In: Reiter 2000, op.cit., 78–87.

Horvath 1989: Elisabeth Horvath: „Ära oder Episode. Das Phänomen Bruno Kreisky“. Wien (Kremayr & Scheriau).

Interview: Bezogen auf die Aussagen der von Barbara Liegl und in einem Fall (Helmut Kohl) von Anton Pelinka Interviewten. Die Ergebnisse der Interviews sind in systematisierter Form in dem von Barbara Liegl verfassten Teil des Buches wiedergegeben.

Johansson, Zervakis 2002: Karl Magnus Johansson, Peter Zervakis (eds.): „European Political Parties between Cooperation and Integration“. Baden-Baden (Nomos).

Kadan, Pelinka 1979: Albert Kadan, Anton Pelinka: „Die Grundsatzprogramme der österreichischen Parteien. Dokumentation und Analyse“. St. Pölten (Niederösterreichisches Pressehaus).

Kasemir 1996: Gerard Kasemir: „Spätes Ende für ‚wissenschaftlich Vorgetragenen Rassismus‘ – Die Borodajkewycz-Affäre 1965“. In: Gehler, Sickinger 1996, op.cit, 486–501.

Khol, Stirnemann 1982: Andreas Khol, Alfred Stirnemann (Hg.): „Österreichisches Jahrbuch für Politik ‘81“. Wien (Verlag für Geschichte und Politik).

Klein-Löw 1983: Stella Klein-Löw: „Bruno Kreisky: ein Porträt in Worten“. Wien et al. (Verlag Jungbrunnen).

Konrad 1988: Helmut Konrad: „Die Olah-Krise“. In: Pelinka, Steger (Hg.) 1988, op.cit., 47–56.

Kramer 1986: Helmut Kramer: „Aspekte der österreichischen Außenpolitik (1970–1985)“. In: Fröschl, Zoitl 1986, op.cit., 187–200.

Kramer 2000: Helmut Kramer: „Ein großer Mensch mit seinem Widerspruch“. In: Reiter 2000, op.cit., 132–140.

Kreisky 1996: Bruno Kreisky: „Der Mensch im Mittelpunkt. Der Memoiren dritter Teil“. Herausgegeben von Oliver Rathkolb, Johannes Kunz und Margit Schmidt. Wien (Kremayr & Scheriau).

Kreisky 1997: Peter Kreisky: „Bruno Kreisky – Mensch, Vater, Politiker“. In: Werner Gatty (Hg.) 1997, op.cit., 47–57.

Kreisky 2000: Peter Kreisky: „Kreisky & Kreisky“. Und: „Das Wesen des Kapitalismus hat sich nicht allzu verändert“. Und: „Bruchstücke und Stichwörter“. In: Reiter 2000, op.cit., 141–180.

Kunz 1989: Johannes Kunz: „Prominente im Gespräch, Band 1“. Wien (Kremayr & Scheriau).

Lacouture 1998: Jean Lacouture: „Mitterrand. Une Histoire de Française. Vol.2 : Les vertiges du sommet.“ Paris (ed. du Seuil).

Ladrech 2002: Robert Ladrech: „Party of European Socialists". In: Johansson, Zervakis 2002, op.cit., 81–96.

Lechner 1996: Manfred Lechner: „... Jener, dessen Namen unter den Lebenden nicht genannt werden mag". In: Gehler, Sickinger (Hg.) 1996, op.cit., 419–436.

Lendvai 1996: Paul Lendvai: „Auf schwarzen Listen. Erlebnisse eines Mitteleuropäers". Hamburg (Hoffmann und Campe).

Leser 1963: Norbert Leser: „Begegnung und Auftrag". Beiträge zur Orientierung im zeitgenössischen Sozialismus". Wien (Europa Verlag).

Leser 1968: Norbert Leser: „Zwischen Reformismus und Bolschewismus. Der Austromarximus als Theorie und Praxis". Wien (Europa Verlag).

Leser 1988: Norbert Leser: „Salz der Gesellschaft. Wesen und Wandel des österreichischen Sozialismus". Wien (Orac).

Luif 1994: Paul Luif: „Die Integrationspolitik der europäischen Neutralen". In: Pelinka, Schaller, Luif 1994, op.cit., 271–306.

Maclean 1998: Mairi Maclean (ed.): „The Mitterrand Years. Legacy and Evaluation". London (Macmillan).

Malina 1994: Peter Malina: „Imagination is More than Knowledge. Bruno Kreisky's Life as Biography". In: Bischof, Pelinka (Hg.) 1994, op.cit., 205–221.

Matzner 1978: Egon Matzner: „Wohlfahrtsstaat und Wirtschaftskrise. Österreichs Sozialisten suchen einen Ausweg". Hamburg (ro ro ro).

Matzner 1980: Egon Matzner: „Vom Korruptionsskandal zur Staatskrise?" In: Die Zukunft, September, 13–15.

Matzner 1987: Egon Matzner: „Etatismuskritik und die Frage nach Alternativen zum herkömmlichen Sozialstaat". In: Weidenholzer 1987, 139–152.

Matzner 1993: Egon Matzner: „Was bleibt vom 78-Programm? Der radikale Austro-Keynesianismus und das Konzept der Entscheidungsverhältnisse". In: Weber, Venus 1993, op.cit., 150–154.

Merkel 1993: Wolfgang Merkel: „Ende der Sozialdemokratie? Machtressourcen und Regierungspolitik im westeuropäischen Vergleich". Frankfurt am Main (Campus).

Neisser, Puntscher Riekmann 2002: Heinrich Neisser, Sonja Puntscher Riekmann (Hg.): „Europäisierung der österreichischen Politik. Konsequenzen der EU-Mitgliedschaft". Wien (WUV – Universitätsverlag).

Nowotny 1980: Ewald Nowotny: „Ökonomische Ungleichheit – Tabu oder Herausforderung?" In: Fischer 1980, op.cit., 197–222.

Nowotny 1987: Thomas Nowotny: „Warum es ziemlich langweilig geworden ist, über die Tugenden des Kapitalismus zu reden". In: Weidenholzer 1987, op.cit., 169–190.

Olah 1995: Franz Olah: „Die Erinnerungen". Wien (Amalthea).

Palme 1999: Palme, Liselotte: „Androsch. Ein Leben zwischen Geld und Macht". Wien (Molden).

Pelinka 1980: Anton Pelinka: „Sozialdemokratie in Europa. Macht ohne Grundsätze oder Grundsätze ohne Macht?" Wien (Herold).

Pelinka 1981: Anton Pelinka: „Modellfall Österreich? Möglichkeiten und Grenzen der Sozialpartnerschaft". Wien (Braumüller).

Pelinka 1988: Anton Pelinka: „Die Ära Kreisky". In: Pelinka, Steger (Hg.) 1988, op.cit., 57–63.

Pelinka 1993: Anton Pelinka: „Die Kleine Koalition. SPÖ – FPÖ 1983–1986". Wien (Böhlau).

Pelinka 1996: Anton Pelinka: „,Wanzenjournalismus' und ,Zerfall der Geschlossenheit'". In: Gehler, Sickinger (Hg.) 1996, op.cit., 532–545.

Pelinka, Schaller, Luif 1994: Anton Pelinka, Christian Schaller, Paul Luif: „Ausweg EG? Innenpolitische Motive einer außenpolitischen Umorientierung". Wien (Böhlau).

Pelinka, Steger (1988): Peter Pelinka, Gerhard Steger (Hg.): „Auf dem Weg zur Staatspartei: zu Geschichte und Politik der SPÖ seit 1945". Wien (Verlag für Gesellschaftskritik).

Petritsch 1995: „Bruno Kreisky. Ein politisches Leben". In: „Bruno Kreisky. Gegen die Zeit". Heidelberg (Edition Braus).

Piazza 2001: James Piazza: „De-Linking Labor. Labor Unions and Social Democratic Parties under Globalization". In: Party Politics, Vol.7, No.4, 413–435.

Pick 1999: Hella Pick: „Und welche Rolle spielt Österreich?" Wien (Kremayr & Scheriau).

Pittler 1996: Andreas P. Pittler: „Bruno Kreisky". Reinbeck bei Hamburg (Rowohlt).

Plasser, Ulram 2003: Fritz Plasser, Peter A.Ulram (Hg.): „Wahlverhalten in Bewegung. Analysen zur Nationalratswahl 2002". Wien (WUV).

Pluhar 2000: Erika Pluhar: „Die kleine Parabel vom politischen Geschick". In: Reiter 2000, op.cit., 237 f.

Pohoryles 1990: Ronald Pohoryles: „Die goldenen 70er Jahre? Reformpolitische Optionen und gesellschaftliche Herausforderungen im Modernisierungskontext". Wien Reihe Innovation, Band 3 (Verlag des Verbandes der Wissenschaftlichen Gesellschaften Österreichs).

Rauscher 1987: Hans Rauscher: „Vranitzky – eine Chance". Wien (Ueberreuter).

Rásky 1995: Béla Rásky: „Christian Broda". In: Dachs, Gerlich, Müller (Hg.) 1995, op.cit., 87–93.

Raymond 1994: Gino Raymond: „France During the Socialist Years". Aldershot (Dartmouth Publ.).

Reiter 2000: Franz Richard Reiter (Hg.): „Wer war Bruno Kreisky?" Wien (Ephelant Verlag).

Ross 1996: George Ross: „The Limits of Political Economy: Mitterrand and the Crisis of the French Left". In: Daley, op.cit., 33–55.

Schaller 1994: Christian Schaller: „Die innenpolitische EG-Diskussion seit den 80er Jahren". In: Pelinka, Schaller, Luif 1994, op.cit., 27–270.

Schmid 1999: Gerhard Schmid: „Österreich im Aufbruch. Die österreichische Sozialdemokratie in der Ära Kreisky (1970–1983)". Innsbruck (StudienVerlag).

Schneider 1990: Heinrich Schneider: „Alleingang nach Brüssel. Österreichs EG-Politik". Bonn (Europa Union Verlag).

Secher 1993: H. Pierre Secher: „Bruno Kreisky. Chancellor of Austria. A Political Biography". Pittsburgh (Dorrance Publishing).

Singer 1988: Daniel Singer: „Is Socialism Doomed? The Meaning of Mitterrand". New York (Oxford University).

Skalnik 1972: Kurt Skalnik: „Parteien". In: „Österreich. Die Zweite Republik." Hg. von Erika Weinzierl und Kurt Skalnik. Band II, 197–230. Graz (Styria).

Steinacker, Westphal 1985: Max Steinacker, Andreas Westphal: „Sozialistische Wirtschaftspolitik in Frankreich. Projet socialiste und sozialdemokratische Modernisierung der Volkswirtschaft". Berlin (Wissenschaftlicher Autoren-Verlag).

Steininger 1995: Barbara Steininger: „Hertha Firnberg". In: Dachs, Gerlich, Müller (Hg.) 1995, op.cit., 134–140.

Van der Bellen 2000: Alexander Van der Bellen: „Blitzlichter mit Schatten". In: Reiter 2000, op.cit., 275 f.

Veselsky 1982: Ernst-Eugen Veselsky: „Die 1.400 Experten der SPÖ". In: Khol, Stirnemann (Hg.) 1982, op.cit., 181–190.

Vranitzky 2004: Franz Vranitzky: „Politische Erinnerungen". Wien (Paul Zsolnay).

Weber, Venus 1993: Fritz Weber, Theodor Venus (Hg.): „Austro-Keynesianismus in Theorie und Praxis". Wien (Jugend und Volk).

Weidenholzer 1987: Josef Weidenholzer (Hg.): „Rekonstruktion der Sozialdemokratie". Linz (Sozialwissenschaftliche Vereinigung).
Williams 1983: Philipp Williams: „The Labour Party: The Rise of the Left". In: West European Poltics, Vol.6, No.4, 26–55.
Worm 1981: Alfred Worm: „Der Skandal. AKH: Story, Analyse, Dokumente. Europas größter Krankenhausbau". Wien (Orac).

Namensregister

(Bruno Kreisky und Hannes Androsch scheinen wegen der Häufigkeit der Nennung im nachstehenden Register nicht auf)

3.60
C30